●収録内容一覧

■2025年度中学受験用

工学院大学附属中学校

3年間スーパー過去問

入試問題と解説・解答の収録内容

2024年度　１回Ａ	算数・社会・理科・国語
2024年度　１回Ｂ	算数・国語
2024年度 適性検査型ＭＴ①	適性検査Ⅰ・適性検査Ⅱ （解答のみ）
2023年度　１回Ａ	算数・社会・理科・国語
2023年度　１回Ｂ	算数・国語
2023年度 適性検査型ＭＴ①	適性検査Ⅰ・適性検査Ⅱ （解答のみ）
2022年度　１回Ａ	算数・社会・理科・国語
2022年度　１回Ｂ	算数・国語
2022年度 適性検査型ＭＴ①	適性検査Ⅰ・適性検査Ⅱ （解答のみ）

～本書ご利用上の注意～　以下の点について，あらかじめご了承ください。

★別冊解答用紙は巻末にございます。本書に収録している試験の実物解答用紙は，弊社サイトの各校商品情報ページより，一部または全部をダウンロードできます。

★編集の都合上，学校実施のすべての試験を掲載していない場合がございます。

★当問題集のバックナンバーは，弊社には在庫がございません（ネット書店などに一部在庫あり）。

JN040443

合格を勝ち取るための
『スーパー過去問』の使い方

本書に掲載されている過去問をご覧になって，「難しそう」と感じたかもしれません。でも，多くの受験生が同じように感じているはずです。なぜなら，中学入試で出題される問題は，小学校で習う内容よりも高度なものが多く，たくさんの知識や解き方のコツを身につけることも必要だからです。ですから，初めて本書に取り組むさいには，点数を気にしすぎないようにしましょう。本番でしっかり点数を取れることが大事なのです。

過去問で重要なのは「まちがえること」です。自分の弱点を知るために，過去問に取り組むのです。当然，まちがえた問題をそのままにしておいては意味がありません。

本書には，長年にわたって中学入試にたずさわっているスタッフによるていねいな解説がついています。まちがえた問題はしっかりと解説を読み，できるようになるまで何度も解き直しをしてください。理解できていないと感じた分野については，参考書や資料集などを活用し，改めて整理しておきましょう。

このページも参考にしてみましょう！

◆どの年度から解こうかな　「入試問題と解説・解答の収録内容一覧」

本書のはじめには収録内容が掲載されていますので，収録年度や収録されている入試回などを確認できます。

※著作権上の都合によって掲載できない問題が収録されている場合は，最新年度の問題の前に，ピンク色の紙を差しこんでご案内しています。

◆学校の情報を知ろう!!「学校紹介ページ」

このページのあとに，各学校の基本情報などを掲載しています。問題を解くのに疲れたら息ぬきに読んで，志望校合格への気持ちを新たにし，再び過去問に挑戦してみるのもよいでしょう。なお，最新の情報につきましては，学校のホームページなどでご確認ください。

◆入試に向けてどんな対策をしよう？「出題傾向＆対策」

「学校紹介ページ」に続いて，「出題傾向＆対策」ページがあります。過去にどのような分野の問題が出題され，どのように対策すればよいかをアドバイスしていますので，参考にしてください。

◇別冊「入試問題解答用紙編」

本書の巻末には，ぬき取って使える別冊の解答用紙が収録してあります。解答用紙が非公表の場合などを除き，(注)が記載されたページの指定倍率にしたがって拡大コピーをとれば，実際の入試問題とほぼ同じ解答欄の大きさで，何度でも過去問に取り組むことができます。このように，入試本番に近い条件で練習できるのも，本書の強みです。また，データが公表されている学校は別冊の１ページ目に過去の「入試結果表」を掲載しています。合格に必要な得点の目安として活用してください。

本書がみなさんの志望校合格の助けとなることを，心より願っています。

株式会社　声の教育社　編集部

工学院大学附属中学校

所在地	〒192-8622 東京都八王子市中野町2647-2
電　話	042-628-4914（入試広報部）
ホームページ	https://www.js.kogakuin.ac.jp/
交通案内	JR 線「八王子駅」／京王線「京王八王子駅」／京王相模原線「南大沢駅」／JR線・西武拝島線「拝島駅」／各線「新宿駅」西口よりスクールバス

くわしい情報は
ホームページへ

トピックス

★2022年度より，先進クラスとインターナショナルクラスの2クラス体制となりました。
★JR 線「八王子駅」・京王線「京王八王子駅」から路線バスでアクセス可。

創立年
平成8年

男女共学

高校募集
あり

応募状況

年度	募集数			応募数	受験数	合格数	倍率
2024	①A	30名	男	59名	58名	31名	1.9倍
			女	17名	17名	13名	1.3倍
	適①		男	13名	13名	9名	1.4倍
			女	6名	6名	4名	1.5倍
	①B	30名	男	86名	80名	45名	1.8倍
			女	23名	23名	18名	1.3倍
	②A	10名	男	80名	38名	21名	1.8倍
			女	19名	5名	3名	1.7倍
	②B	15名	男	101名	53名	33名	1.6倍
			女	26名	12名	8名	1.5倍
	③	10名	男	108名	28名	17名	1.6倍
			女	31名	8名	5名	1.6倍
	④	10名	男	88名	15名	4名	3.8倍
			女	22名	3名	2名	1.5倍
	適②		男	16名	8名	2名	4.0倍
			女	6名	3名	2名	1.5倍

入試情報（参考・昨年度）

・試験日程・試験科目：
第１回A　2024年２月１日午前　②④
第１回B　2024年２月１日午後　②
第２回A　2024年２月２日午前　②④
第２回B　2024年２月２日午後　②
第３回　　2024年２月３日午後　②
第４回　　2024年２月６日午後　②

※試験科目は，②が〔国語・算数か英語・算数か英語・国語〕，④が〔国語・算数・社会・理科〕です。ほかに，第１回A・第４回と同じ日程で適性検査型MT①②〔適性検査Ⅰ・Ⅱ〕を実施。
※第１回Bは特待合格を選抜する試験です。特待合格にならなかった場合は一般合格にスライドします。また，国算の「国語重視型」も選択でき，「国語150点満点，算数50点満点の傾斜判定」となります。

学校説明会等日程（※予定）

※下記の学校説明会やオンライン説明会などは，いずれも予約制です。なお，開催の約１か月前より予約受付を開始します。

学校説明会
６月29日　〔授業・部活動体験〕　14：00～
９月７日　〔授業・部活動体験〕　14：00～
10月12日　〔授業・部活動体験〕　14：00～
11月23日　〔入試予想問題体験〕　13：00～

夏休み自由研究教室
７月28日　９：00～

帰国生対象オンライン説明会
６月15日　11：00～，15：00～
10月５日　11：00～，15：00～

クリスマス学校説明会
12月21日　13：30～

入試対策説明会
１月11日　14：00～

夢工祭（文化祭）
９月21日・22日　10：00～

2024年春の主な他大学合格実績

＜国公立大学＞
東京外国語大，山梨大，九州工業大，東京都立大，都留文科大

＜私立大学＞
早稲田大，上智大，国際基督教大，東京理科大，明治大，青山学院大，立教大，中央大，法政大，学習院大，成蹊大，成城大，明治学院大，國學院大，武蔵大，昭和大，順天堂大，東京医科大

編集部注―本書の内容は2024年5月現在のものであり，変更されている場合があります。正式な情報は，学校のホームページ等で必ずご確認ください。

算数　出題傾向＆対策

◆基本データ（2024年度１回Ａ）

試験時間／満点	50分／100点
問題構成	・大問数…５題 計算１題（５問）／応用小問１題（６問）／応用問題３題 ・小問数…20問
解答形式	解答のみを記入する形式で，単位などはあらかじめ印刷されている。
実際の問題用紙	Ａ４サイズ，小冊子形式
実際の解答用紙	Ｂ４サイズ

◆出題傾向と内容

▶過去３年の出題率トップ３
１位：四則計算・逆算20％　２位：角度・面積・長さ14％　３位：体積・表面積６％
▶今年の出題率トップ３
１位：四則計算・逆算25％　２位：角度・面積・長さ９％　３位：濃度など６％

四則計算には，くふうを必要とするものや小数を分数に直すとよいものなどがありますが，数はそれほど多くないので，確実に得点していきましょう。

応用小問は，整数の性質に関するものと，基本的な図形の角度・面積・長さを求めるものが多くなっています。ほかには，数列や特殊算が出題されていますが，どれも基本的なものばかりです。

応用問題では，旅人算や通過算，濃度，売買損益，図形，数の性質に関する問題などから３題が出されています。

◆対策～合格点を取るには？～

計算問題は，ある程度の計算力が必要とされるものが出題されています。毎日５問ずつでもかまいませんから，欠かさず計算練習をする習慣をつけましょう。

また，ひんぱんに出題されている旅人算などの速さ，濃度・売買損益などの割合，相似を利用した図形の問題は，必ず十分な学習を積んでおいてください。

整数の性質などに関する問題も小問ではよく取り上げられていますから，本書で過去問にあたるなどして，十分理解しておく必要があります。

分野＼年度		2024		2023		2022	
		１Ａ	１Ｂ	１Ａ	１Ｂ	１Ａ	１Ｂ
計算	四則計算・逆算	●	●	●	●	●	●
	計算のくふう	○	○	○	○	○	○
	単位の計算						
和と差	和差算・分配算						
	消去算	○					
	つるかめ算		○			○	○
	平均とのべ	○				○	
	過不足算・差集め算			○			
	集まり		○				
	年齢算			○		○	
割合と比	割合と比						
	正比例と反比例				○		
	還元算・相当算						○
	比の性質			○			
	倍数算	○		○			
	売買損益				○	○	◎
	濃度	○	○	○	○		○
	仕事算		○				
	ニュートン算				○		
速さ	速さ	○	○			○	○
	旅人算						○
	通過算			○			
	流水算						
	時計算						
	速さと比				○		
図形	角度・面積・長さ	○	◎	◎	◎	●	◎
	辺の比と面積の比・相似		◎	○		○	
	体積・表面積	◎			◎		○
	水の深さと体積						
	展開図						
	構成・分割	○			○		◎
	図形・点の移動			○	○		
表とグラフ							
数の性質	約数と倍数		○				
	Ｎ進数						
	約束記号・文字式						
	整数・小数・分数の性質					○	○
規則性	植木算						
	周期算	○	○				
	数列			○	○		
	方陣算						
	図形と規則						
場合の数		○				○	
調べ・推理・条件の整理							
その他							

※　○印はその分野の問題が１題，◎印は２題，●印は３題以上出題されたことをしめします。

社会　出題傾向＆対策

◆基本データ（2024年度１回Ａ）

試験時間／満点	30分／50点
問題構成	・大問数…３題 ・小問数…17問
解答形式	記号選択と用語の記入のほかに，字数制限のない記述問題も見られる。
実際の問題用紙	Ａ４サイズ，小冊子形式
実際の解答用紙	Ｂ４サイズ

◆出題傾向と内容

●地理…日本を形成する島と取りまく海をテーマに，地図や写真，グラフなどから多彩な問題が出題されています。日本の国土および自然はもちろん，世界の地理などについても基本的な知識は欠かせません。また，資料に示された数値の理由を記述するような問題も出題されているので注意が必要です。

●歴史…古代から近代まで，各時代を代表する文芸作品を説明した文章から，テーマを設定せずにさまざまな問題が出題されています。政治分野の重要人物はもちろん，文化人についてもその作品をはじめ時代背景なども，確実に整理しておく必要があるでしょう。また，重要な事件や文化については，歴史的な背景や意義にも注意を払うことが大切です。

●政治…日本にとって重要なテーマについて，資料を読み取り，自分の考えを長めの文章で説明する問題が出題されています。日ごろから現在の社会問題や，日本とかかわりのある国際的なニュースに関心をもつことが必要です。

分野＼年度			2024	2023	2022
日本の地理		地図の見方	○		○
		国土・自然・気候	★	○	○
		資源			
		農林水産業	○	○	○
		工業			
		交通・通信・貿易		○	
		人口・生活・文化		○	
		各地方の特色			
		地理総合		★	
世界の地理			○	★	
日本の歴史	時代	原始～古代	○	○	○
		中世～近世	○	○	○
		近代～現代	○	○	○
	テーマ	政治・法律史			
		産業・経済史			
		文化・宗教史			○
		外交・戦争史			
		歴史総合	★	★	★
世界の歴史					
政治		憲法			
		国会・内閣・裁判所			
		地方自治			
		経済			
		生活と福祉			
		国際関係・国際政治		★	
		政治総合			
環境問題					★
時事問題					★
世界遺産					
複数分野総合					

※　原始～古代…平安時代以前，中世～近世…鎌倉時代～江戸時代，近代～現代…明治時代以降
※　★印は大問の中心となる分野をしめします。

◆対策～合格点を取るには？～

全分野に共通することとして，いわゆる難問奇問は見られませんので，まず基本事項を確認し用語を覚えるようにしましょう。そのうえで，暗記したそれぞれのことがらを互いに関連づけられるとよいでしょう。そのためには参考書などを用いて自分なりに知識を整理してみるのが効果的です。

地理的分野については，まず都道府県ごとの位置や形を正確に覚えましょう。そのうえで特ちょう的な地形や産業のようす，県内にある代表的な観光地などをノートに書き出していくとよいでしょう。世界地理については，日本と関係する国や世界の地形などを中心にまとめておきましょう。

歴史的分野については，人物と関連するできごとをセットにして覚えるようにしましょう。また，簡単な年表をつくって，各時代の特ちょうを書きこんでみるのもよいでしょう。つくった年表をくり返し見直すことで，歴史をひとつの流れとしてとらえられるようになります。

政治的分野については出題は多くありませんが，新聞やテレビ番組などで日常的にニュースにふれるようにし，時事的なことがらに慣れておきましょう。そのうえで，現在の社会問題について理解し，その解決策について自分なりの考えを持つようにしてください。

理科 出題傾向＆対策

◆基本データ（2024年度１回Ａ）

試験時間／満点	30分／50点
問題構成	・大問数…４題 ・小問数…19問
解答形式	記号選択と用語の記入が大半をしめているが，作図や記述問題は出ていない。
実際の問題用紙	Ａ４サイズ，小冊子形式
実際の解答用紙	Ｂ４サイズ

分野 ＼ 年度		2024	2023	2022
生命	植物		○	
	動物	★	○	
	人体			
	生物と環境			★
	季節と生物			
	生命総合		★	
物質	物質のすがた			
	気体の性質		○	★
	水溶液の性質	★	★	
	ものの溶け方	○		
	金属の性質			
	ものの燃え方			
	物質総合			
エネルギー	てこ・滑車・輪軸			
	ばねののび方	○		
	ふりこ・物体の運動			
	浮力と密度・圧力			
	光の進み方	○	○	
	ものの温まり方			
	音の伝わり方		○	
	電気回路			★
	磁石・電磁石			
	エネルギー総合	★	★	
地球	地球・月・太陽系			
	星と星座			
	風・雲と天候	★	★	★
	気温・地温・湿度	○	○	
	流水のはたらき・地層と岩石			
	火山・地震	○		
	地球総合			
実験器具				
観察				
環境問題			○	
時事問題				○
複数分野総合				

※　★印は大問の中心となる分野をしめします。

◆出題傾向と内容

中学入試全体の流れとして，「生命」「物質」「エネルギー」「地球」の各分野をバランスよく取り上げる傾向にありますが，本校の理科もそのような傾向をふまえ，各分野から出題されています。

●生命…光合成と呼吸，生物の冬ごし，こん虫，アブラムシの生態，食べる・食べられるという関係，動物のからだのつくり，生物の分類などが出題されています。

●物質…塩酸と水酸化ナトリウム水溶液を混ぜる実験，気体の性質，固体の判別についてなどが取り上げられています。

●エネルギー…音の伝わり方，光の進み方，浮力，かん電池・豆電球のつなぎ方と明るさ，電気回路と磁界などがくり返し出題され，計算問題が多く見られます。

●地球…天気，火山の噴火，地震などが出題されています。環境問題に関する問題や，世界自然遺産をテーマにした総合問題などが出題されたこともあります。

◆対策～合格点を取るには？～

本校の理科は，各分野からまんべんなく基礎的なものが出題されていますから，基礎的な知識をはやいうちに身につけ，そのうえで，問題集で演習をくり返すのがよいでしょう。

「生命」は，身につけなければならない基本知識の多い分野です。ヒトや動物のからだのしくみ，植物のつくりと成長などを中心に，ノートにまとめながら知識を深めましょう。

「物質」は，気体や水溶液，金属などの性質に重点をおいて学習するとよいでしょう。中和反応や濃度，気体の発生など，表やグラフをもとに計算させる問題にも積極的に取り組むように心がけてください。

「エネルギー」では，計算問題としてよく出される力のつり合いに注目しましょう。てんびんとものの重さ，てこ，輪軸，ふりこの運動，かん電池のつなぎ方や豆電球の明るさなどについての基本的な考え方をしっかりマスターし，さまざまなパターンの計算問題にチャレンジしてください。

「地球」では，太陽・月・地球の動き，季節と星座の動き，日本の天気と気温・湿度の変化，地層のでき方・地震などが重要なポイントです。

国語 出題傾向&対策

◆基本データ(2024年度１回Ａ)

試験時間／満点	50分／100点
問題構成	・大問数…３題 　文章読解題３題 ・小問数…21問
解答形式	記号選択と本文中のことばのかきぬきに加え，記述問題もある。記述問題には字数制限のあるものとないものが見られる。
実際の問題用紙	Ａ４サイズ，小冊子形式
実際の解答用紙	Ｂ４サイズ，両面印刷

◆出題傾向と内容

▶近年の出典情報(著者名)
説明文：信原幸弘　鎌田　實　末永幸歩
小　説：江國香織　いしいしんじ　瀬尾まいこ
韻　文：工藤直子　若松英輔　村野四郎

●説明文…理由説明，空らん補充，内容把握などさまざまな問題形式によって，内容の読み取りや文脈の理解力を問うものとなっています。レベルは標準的なものといえます。

●文学的文章…心情把握，語句の意味，内容把握，理由説明などが出題されています。表面的なことがらについてだけでなく，深い読みこみが必要とされる問題もあります。

●韻文…詩の出題が見られます。おもに内容の理解が問われていますが，表現技法などの知識も必要とされています。

◆対策～合格点を取るには？～

読解問題とことばの知識問題に対応できる総合的な国語力を身につけるため，なるべく多くの問題にあたることです。設問の形式がバラエティに富んでいるので，その対策としても多彩な問題形式に慣れておく必要があります。また，出題数は多くありませんが，自分のことばで表現することが求められる場合もあるため，簡潔な文章にまとめられる表現力を身につけましょう。

知識問題については，漢字と語句・文法の問題集を一冊仕上げてください。何冊も手をつけるよりも，気に入った一冊をくり返す方法をおすすめします。分野ごとに，短期間に集中して覚えるのが効果的です。

分野 ＼ 年度			2024		2023		2022	
			１Ａ	１Ｂ	１Ａ	１Ｂ	１Ａ	１Ｂ
読解	文章の種類	説明文・論説文	★	★	★	★	★	★
		小説・物語・伝記	★	★	★	★	★	★
		随筆・紀行・日記						
		会話・戯曲						
		詩	★	★	★	★	★	★
		短歌・俳句						
	内容の分類	主題・要旨	○	○		○		
		内容理解	○	○	○	○	○	○
		文脈・段落構成	○	○	○	○		
		指示語・接続語	○		○		○	○
		その他	○	○	○	○	○	
知識	漢字	漢字の読み	○	○	○	○	○	○
		漢字の書き取り	○	○	○	○	○	○
		部首・画数・筆順						
	語句	語句の意味						
		かなづかい						
		熟語				○		
		慣用句・ことわざ	○	○	○	○		
	文法	文の組み立て						
		品詞・用法						
		敬語						
	形式・技法				○	○		○
	文学作品の知識							
	その他					○		
	知識総合							
表現	作文							
	短文記述				○		○	
	その他							
放送問題								

※　★印は大問の中心となる分野をしめします。

カコを追いかけ
ミライをつかめ

2024
年度

工学院大学附属中学校

【算　数】〈第１回Ａ試験〉（50分）〈満点：100点〉

【注意事項】円周率は3.14とします。

1　次の $\square$ にあてはまる数を求めなさい。

（1）$108 \div 32 \times (22 - 102 \div 6 + 3) = \square$

（2）$1\frac{5}{16} \times 4\frac{4}{7} - 3\frac{1}{8} \div \frac{5}{8} = \square$

（3）$115 \times 93 + 345 \times 11 - 230 \times 13 = \square$

（4）$\left\{\left(\frac{1}{3} + \frac{5}{6}\right) \div \frac{1}{6} - \frac{1}{5}\right\} \div 4\frac{6}{7} = \square$

（5）$\{(17 - \square) \times 2 - 4\} \div 5 = 4$

2　次の問いに答えなさい。

（1）１円玉、５円玉、10円玉を使って合計30円にする方法は何通りありますか。ただし、使わないものがあってもよいものとします。

(2)　まわりの長さが 24 cm で、最も長い辺の長さが 10 cm の直角三角形を８つ、右の図のように並べました。しゃ線部分の正方形の面積は何 cm^2 ですか。

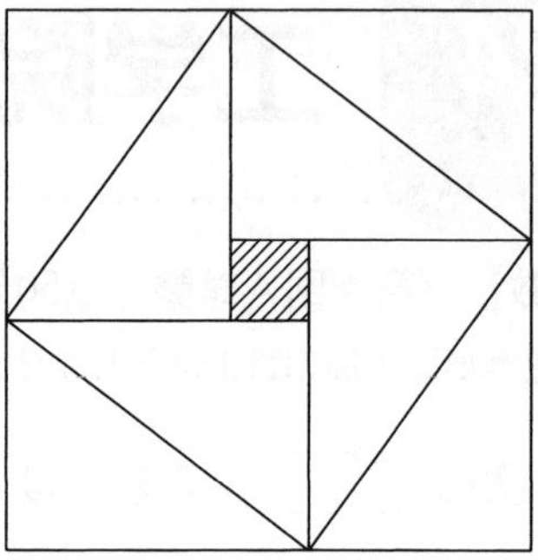

(3)　右の図は、底面の半径５cm、高さ 12 cm の円柱から、底面の半径５cm、高さ６cm の円柱の半分を切り取った立体です。この立体の表面積は何 cm^2 ですか。

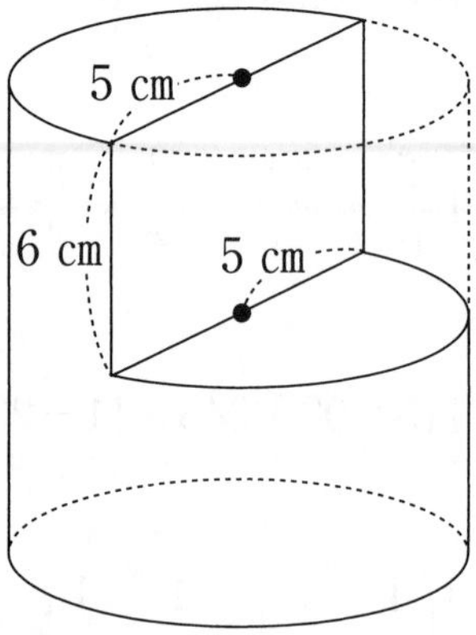

(4)　まなぶさんは算数、国語、理科の３科目のテストを受けました。算数と国語の平均点は 69 点、国語と理科の平均点は 65 点、理科と算数の平均点は 72 点でした。算数の点数は何点ですか。

(5)　はじめ、兄と弟の所持金の比は４：１でしたが、兄が弟に 60 円をあげたので、兄と弟の所持金の比は５：２になりました。はじめの兄の所持金は何円でしたか。

(6)　ある年の３月 24 日は金曜日です。同じ年の８月９日は何曜日ですか。

3 Ａ地点からＢ地点に向かって 10 km の上り坂があり、その坂を太郎さんと花子さんは自転車で何度も往復します。太郎さんはＡ地点から毎時 15 km で、花子さんはＢ地点から毎時 16 km で出発します。

このとき、次の問いに答えなさい。ただし、上り坂は下り坂の $\frac{3}{4}$ 倍の速さになります。

⑴ 太郎さんの下り坂の速さは毎時何 km ですか。

⑵ 太郎さんが１往復にかかった時間は何時間何分ですか。

⑶ 花子さんが１往復したとき、太郎さんはＡ地点から何 km はなれた地点にいますか。

4 右の図のように、１辺３ cm の立方体を３つ重ねた立体をつくりました。

このとき、次の問いに答えなさい。

ただし、角すいの体積は、

$$(\text{底面積})\times(\text{高さ})\times\frac{1}{3}$$

で求められます。

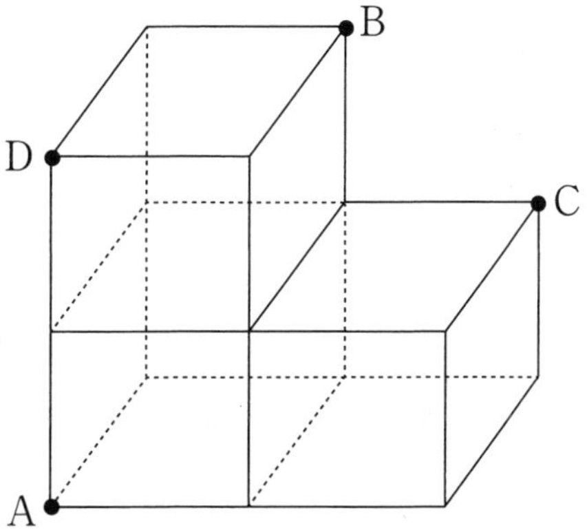

⑴ この立体の表面積は何 cm^2 ですか。

⑵ ３つの頂点Ａ、Ｂ、Ｃを通る平面で切ったときにできる切り口の図形の頂点の個数は何個ですか。

⑶ ⑵で切ったときにできた２つの立体のうち、点Ｄをふくむ立体の体積は何 cm^3 ですか。

5 ３種類の食塩水があり、こさはそれぞれ７％、９％、13％です。これらの食塩水を２種類以上混ぜて８％の食塩水600 gをつくります。用意した３種類の食塩水は十分な量があるものとします。

このとき、次の問いに答えなさい。

(1) 13％の食塩水を使わずに、この食塩水をつくるとき、７％の食塩水は何g混ぜればよいですか。

(2) この食塩水をつくるのに必要な７％の食塩水は、何g以上何g以下ですか。

(3) この食塩水をつくるのに９％と13％の食塩水を３：１の割合で混ぜるとき、７％の食塩水は何g混ぜればよいですか。

【社　会】〈第１回Ａ試験〉（30分）〈満点：50点〉

1　下の新聞記事を読み、あとの設問に答えなさい。

日本は、面積《めんせき》が広い順に本州・北海道・九州・（　あ　）の４つの島と、次に大きい択捉島《えとろふとう》・国後島《くなしりとう》・沖縄島《おきなわじま》・佐渡島《さどがしま》・奄美大島《あまみおおしま》と、その他の多くの島からなる島国です。

日本にある島を数え直したら、これまでの２倍以上だった、というニュースを知っていますか？なぜ増えたのか、そして「島」とは一体何なのか、改《あらた》めてみてみましょう。

国土交通省《こくどこうつうしょう》の役所である国土地理院が日本全国の島の数を約35年ぶりに数え直したところ、１万4125島だったと発表《はっぴょう》しました。島の数は増えましたが、国土の面積などに変わりはありません。しかし、これまで島の数は、海上保安庁《かいじょうほあんちょう》が1987年に公表した6852島とされていたので、２倍以上増えたことになります。これまでは「海図《かいず》」という地図を、担当者が見て島を数えていました。1987年頃は、人が手描《てが》きで海図を作っていたため、すごく小さな島がとなり合っていると、海図に細《こま》かい地形を描《えが》けず、１つの島として数えられていました。

しかし、最近は航空《こうくう》写真をコンピューターに入れて、細かい地図を描《えが》くことができます。こうして作った地図で数え直してみると、１つの島として数えていたものが、実は２つだったというケースがたくさんあったのです。(A) 例えば、江《え》の島《しま》（神奈川県藤沢《ふじさわ》市）の場合、江島神社《えのしまじんじゃ》がある本島の周りにある小さな島は図１では１島でしたが、最近の図２では６島でした。

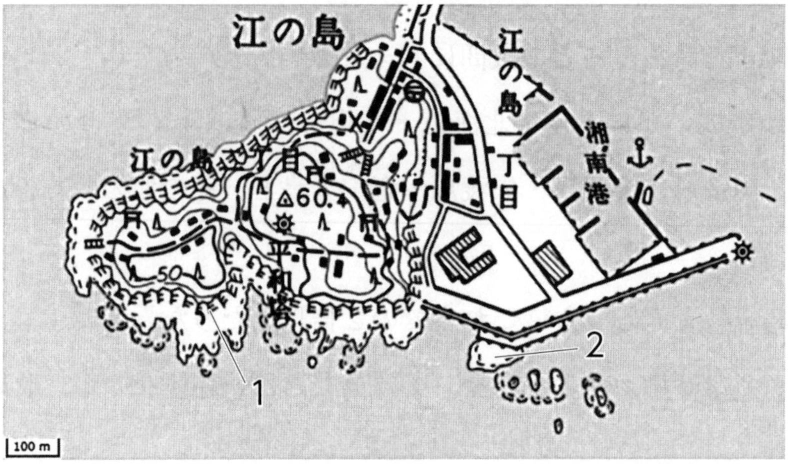

図１　1983年　国土地理院地形図　（1/25000）

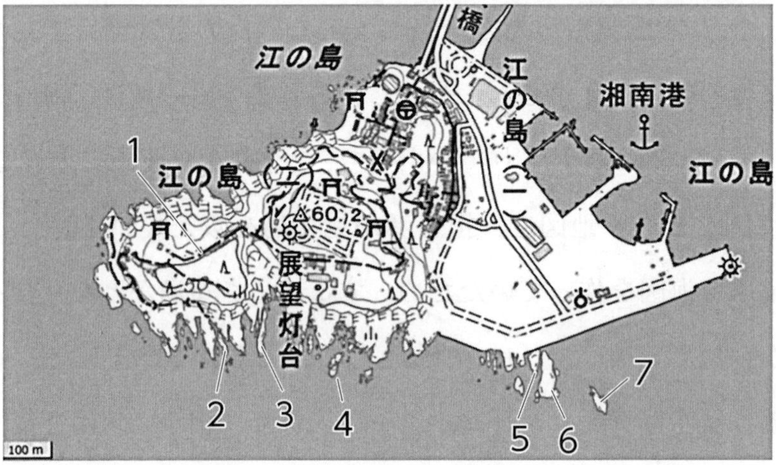

図２　2022年　国土地理院地形図　（1/25000）

では、島《しま》とは何なのでしょうか。国際的《こくさいてき》な取り決めでは、島は自然に作られたもので、水に囲まれていて、満潮時《まんちょうじ》でも水面の上にある陸地と定義《ていぎ》しています。

この定義から外れると、国際的には島とみなされず、その周りの海は、沿岸国《えんがんこく》の主権《しゅけん》が及《およ》ぶ海域である（　い　）や（B）排他的経済水域《はいたてきけいざいすいいき》ではなくなります。これにより、（C）日本の漁業《ぎょぎょう》や資源の確保《かくほ》にもさまざまな問題が発生します。そのため日本政府《せいふ》は、波による浸食《しんしょく》で水没《すいぼつ》しそうだった（　う　）をコンクリートなどで固《かた》めて、波から守ったことがあります。

また条約は別に、学問上は大陸より小さな陸地を島と呼《よ》んでいます。(D) 世界で最も小さな大陸、オーストラリア大陸より小さい陸地が島です。

国土地理院は今回、国連海洋法条約にあてはまる島のうち、「周囲が 100 メートル以上の陸地」を島として数えました。(E) 都道府県ごとの島の数は多い順に、長崎県で 1479 島、北海道で 1473 島、鹿児島県で 1256 島などとなっています。

（毎日小学生新聞　2023 年 4 月 6 日より編集）

問１　（　あ　）～（　う　）にあてはまる語句を答えなさい。なお、下の写真は（　う　）の写真です。

問２　下線部（A）について、図１の 1983 年と図２の 2022 年の地図を比べ、江の島の周りの島はなぜ増えたのでしょうか、簡単に説明しなさい。

問３　下線部（B）の排他的経済水域について、あとの問いに答えなさい。

(1) 排他的経済水域について、あてはまらないものを次のページのア～エより１つ選び、記号で答えなさい。

ア　沿岸から200海里《かいり》の海域でおよそ370kmである。

イ　沿岸から200海里までの地下資源は自由に採掘《さいくつ》できる。

ウ　他国の船は12海里より外側を通ることができる。

エ　日本の排他的経済水域は国土面積のおよそ３倍である。

(2)　表１は世界の排他的経済水域が広い国を順に並べたものです。インドネシア、日本、ニュージーランドに共通する国土の特色は何ですか。図３も参考にして説明しなさい。

表１　世界の排他的経済水域面積ランキング

順位	国名	排他的経済水域 (万 km^2)
1位	アメリカ	762
2位	オーストラリア	701
3位	インドネシア	541
4位	ニュージーランド	483
5位	カナダ	470
6位	日本	447

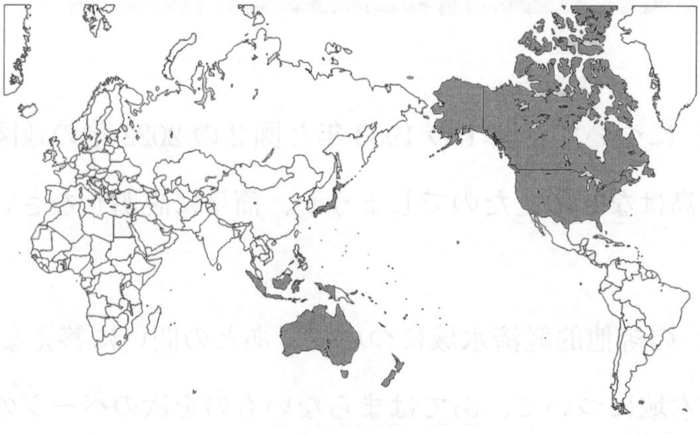

図３　排他的経済水域が広い国の分布

問4　下線部（C）について、あとの問いに答えなさい。

(1) 日本とロシア間の北方《ほっぽう》領《りょう》土《ど》問題に含まれる島はどれですか。下のア～エより1つ選び、記号で答えなさい。

ア　択捉島　　イ　奄美大島　　ウ　沖縄島　　エ　佐渡島

(2) ア～ウは択捉島、沖縄島、佐渡島の島の形です。佐渡島にあてはまる島の形を下のア～ウより1つ選び、記号で答えなさい。なお、縮尺《しゅくしゃく》は異なります。

ア	イ	ウ
	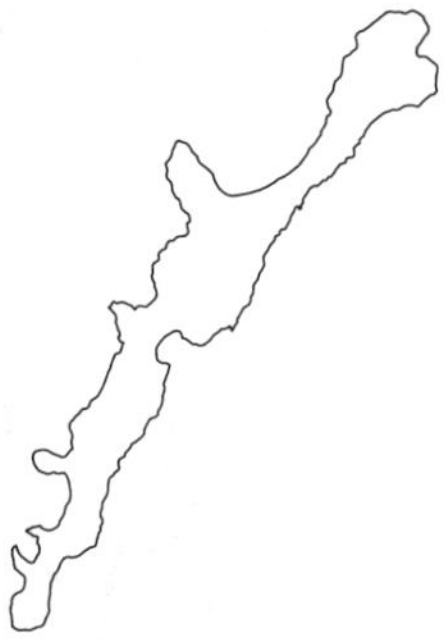	

(3) ア～エは、漁業の種類について説明したものです。「栽培《さいばい》漁業」にあてはまるものを下より1つ選び、記号で答えなさい。

ア 2～3日で帰れるところが漁場で、「巻《ま》き網《あみ》漁法」などでイワシ・サバなどを獲《と》る。

イ 世界の海が漁場で、マグロを獲ってくる「延縄《はえなわ》漁業」、カツオを釣《つ》りざおをつかって釣る「カツオ一本《いっぽん》釣《づ》り漁業」などがある。

ウ 人工のいけすなどで、魚や貝を育て、成長させてから獲る。

エ 魚や貝をある程度の大きさになるまで育てたあと、自然の海に放流《ほうりゅう》し成長してから獲る。

(4) 図4は漁業別の漁獲量の変化を表しています。これを説明したものとしてあてはまらないものを下のア～エより選び、記号で答えなさい。

ア　沖合漁業は、1985年には700万tの漁獲量があったが、2017年には半分以下になっている。

イ　海面養殖業は、緩《ゆる》やかな増加傾向にあったが、2011年の東日本大震災の被害を受け、減少した。

ウ　1970年以降の輸入量は急速に拡大したが、近年は国内消費の減少により減少傾向にある。

エ　沖合漁業が遠洋漁業の漁獲量をこえたのは、1970年代である。

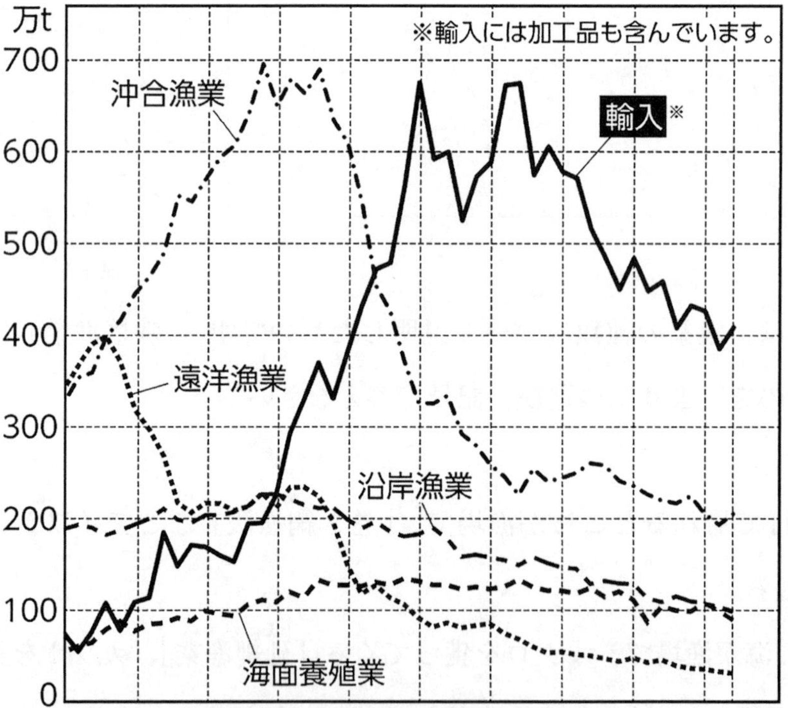

図4　日本の漁業部門別漁獲量と輸入量の変化（農林水産省資料などにより）

(5) 図4を見ると、日本の遠洋漁業は1970年代後半、大きく減少しています。なぜ大きく減少したのでしょうか。説明しなさい。

問5　下線部（D）について、世界の大陸に関連し、世界で最も広いユーラシア大陸にない国を下のア～エより1つ選び、記号で答えなさい。

ア　中国　　イ　アメリカ合衆国　　ウ　インド　　エ　フランス

問6　下線部（E）長崎県の説明にあてはまるものを下のア～エより1つ選び、記号で答えなさい。

ア　八代《やつしろ》平野ではたたみの原料であるい草の栽培がさかんである。
イ　火山灰が積もってできたシラス台地では、畜産《ちくさん》や茶の栽培がさかんである。
ウ　阿蘇山《あそざん》には噴火《ふんか》した時にできたカルデラという大きなくぼ地がある。
エ　1991年に島原《しまばら》半島の雲仙普賢岳《うんぜんふげんだけ》は噴火し、火砕流《かさいりゅう》が発生した。

2 下の文章を読み、設問に答えなさい。

次の【A】～【E】はある作品についての説明文です。各文章を読み、あとの設問に答えなさい。

【A】

この作品は、弟子の曾良《そら》とともに故郷《こきょう》を出発してから、奥州や北陸の名所・旧跡《きゅうせき》を巡り、現在の岐阜《ぎふ》県に位置する美濃国《みのこく》の大垣《おおがき》に至るまでの約５か月にわたる旅の記録を記したものである。「①」などをはじめとした、著者《ちょしゃ》が各地で詠《よ》んだとされる多数の俳句《はいく》が読み込まれているため、旅行記としてだけでなく文学作品としても愛されている。この時代には京都・大阪《おおさか》を中心に経済活動が活発化し、(あ) 交通網《もう》も整備されたことから、庶民《しょみん》の間で旅行も盛《さか》んにおこなわれるようになった。

【B】

全20巻からなる和歌集《わかしゅう》で、天皇《てんのう》から貴族、防人《さきもり》や農民など、さまざまな身分の人々が詠んだ歌が約4500首《しゅ》おさめられている。その中でも、(い) 大流行した疫《えき》病からの復興《ふっこう》政策や東大寺の大仏建設などの仏教政策で知られる ② 天皇が詠んだ歌は11首おさめられ、この和歌集におさめられている天皇としては最多《さいた》である。この和歌集は、和歌の原点ともされ後世《こうせい》に大きな影響を与えたが、方言による歌もおさめられていることから、方言学の資料としても重要視されている。

【C】

藤原定子《ていし》に仕えた女房《にょうぼう》により執筆《しっぴつ》された随筆《ずいひつ》である。「春はあけぼの」の書き出しで知られるこの書物は、日常生活や四季の自然の移り変わり、宮廷《きゅうてい》のようすなどを題材にしていて、この時代の宮廷内の女性たちの暮らしや価値観、考え方を知ることができる貴重《きちょう》な作品である。また、当時は（う）中国文化が日本風の独自文化へと発展し、女性たちは漢字をもとにした ③ をもちいて次々と文学作品を世に送り出していた。

【D】

「吾輩《わがはい》は猫《ねこ》である」という書き出しから始まり、中学の英語教師の日常と、書斎《しょさい》に集まる知識人たちの言動を、猫の目を通して描《えが》いた長編小説である。当時の日本は、従来の日本文化を受け継《つ》ぎながら、西洋から流入した近代文化を思想・学問などの分野で受け入れ、独特の新しい文化様式が出来上がっていた。この作品は、そのような社会を猫の視点から面白おかしく批判《ひはん》し、当時『ホトトギス』という雑誌《ざっし》で連載《れんさい》され、著者の代表作となった。

【E】

源氏《げんじ》を退《しりぞ》け、娘を天皇の妃《きさき》として権力を握った ④ を中心とする平家一族の繁栄《はんえい》と滅亡《めつぼう》、没落《ぼつらく》した貴族と新たに力をつけた武士たちの人間模様《もよう》などを描いた軍記物語である。この物語は貴族社会から武家社会への時代の移り変わりを、「どれほど栄えていてもいつかは滅《ほろ》びる」という仏教の「無常観」を交えてどこか物悲しく描いている。また、読み物としてだけでなく、琵琶《びわ》法師により語られたことで多くの人に愛され、（え）能《のう》や狂言《きょうげん》をはじめとした後世の文学に大きな影響を与えた。

問1　空欄 ① に俳句としてあてはまらないものを下のア～ウより1つ選び、記号で答えなさい。

ア　やせ蛙 負けるな一茶 これにあり
イ　古池や 蛙《かわず》飛びこむ 水の音
ウ　夏草や 兵《つわもの》どもが 夢のあと

問2　下線部（あ）に関連して、かつて日本の交通網を支えた特に大きな街道《かいどう》のうち、江戸から京都を海沿いにつないだ街道は何ですか。下のア～エより1つ選び、記号で答えなさい。

ア　中山《なかせん》道　　イ　甲州街道　　ウ　東海道　　エ　北海道

問3　下線部（い）について、 ② の人物がおこなった復興政策として正しいものを、下のア～エより1つ選び、記号で答えなさい。

ア　武士の慣習《かんしゅう》や道徳をもとに、裁判《さいばん》や罰則《ばっそく》の基準を取り決めた御成敗式目《ごせいばいしきもく》が制定《せいてい》された。
イ　自分で開拓《かいたく》した田畑は、永久に私有地として認められるという墾田永年《こんでんえいねん》私財法《しざいほう》が制定された。
ウ　田畑の生産量を把握《はあく》する目的で、各地で太閤検地《たいこうけんち》がおこなわれた。
エ　治安を安定させるため、各地の武士たちが守るべき法である、武家諸法《ぶけしょはっ》度《と》が制定された。

問4　空欄 ② にあてはまる語句を答えなさい。

問５　下線部（う）に関連して、中国と日本との関係について述べた文として正しいものを、下のア～エより１つ選び、記号で答えなさい。

ア　縄文《じょうもん》時代の終わりごろから、朝鮮《ちょうせん》や中国から渡来《とらい》人が日本に移住し、法制度をもたらした。

イ　飛鳥《あすか》時代には、聖徳太子《しょうとくたいし》が遣隋使《けんずいし》として小野小町《おののこまち》を中国に派遣《はけん》した。

ウ　鎌倉《かまくら》時代には、中国を支配したモンゴル軍が２度にわたり日本を襲《おそ》った。

エ　江戸時代では、外国との貿易が禁じられ、中国との貿易は鹿児島県に位置する出島《でじま》でのみ認められた。

問６　空欄 ③ にあてはまる適切な語句を答えなさい。

問７　空欄 ④ にあてはまる語句を答えなさい。

問８　下線部（え）に関連して、能や狂言を保護したことで知られる足利義満が建設させた寺院は何ですか。答えなさい。

問９　文章【A】～【E】を古い順に並べかえなさい。

3 下の文章を読み、あとの設問に答えなさい。

本校では、基本的な知識・理解を獲得《かくとく》する学習、思考力を養成する学習、そして、さまざまな社会課題を解決するために「デザイン」して、挑戦《ちょうせん》する学習を展開しています。

「デザイン」する、とはどういうことなのか考えてみたいと思います。

「デザイン」の語源は、「計画を記号に表す」という意味のラテン語がもとで、20世紀初頭から広くもちいられるようになったと言われています。

現代における「デザイン」の意味を調べていくと、デザインとは、

> ・「常にヒトを中心に考え、目的を見出《みいだ》し、その目的を達成する計画を行い実現化する。」この一連のプロセスのこと。　―　日本デザイン振興《しんこう》会
>
> ・「デザインとは、現状を少しでも望ましいものに変えようとするための一連の行為《こうい》である。」　―　ハーバート・サイモン※

とありました。デザインという言葉は目に見えているカタチだけではなく、そのカタチがうまれた「一連のプロセス」や「一連の行為」を表す言葉ということになります。

語源によれば「計画を記号に表す」とありますが、記号のひとつにシンボルマークがあります。シンボルマークとは、その家系、会社、団体、個人などを象《しょう》徴《ちょう》するマークです。スポーツの国際大会などのマスコットもこの一種にあたるそうです。

「デザイン」という言葉の意味から、目に見えているモノがすべてではないこと、その背景に人々の思考やねらいがあることがわかります。言いかえれば、目に見えるモノやコト、そして、ヒトの背景に何があるのか、「なぜ？それで？本当に？」という問いを持ちながら探究《たんきゅう》することで、人々の営《いとな》みへの理解や自己を取りまく社会への洞察《どうさつ》が深くなると言えるのではないでしょうか。

古代ギリシャの哲学《てつがく》者ソクラテスは“無知の知”を説《と》きました。私は知らないということを知っている（だから真理への探究を続ける）、ということをスター

トラインとして哲学はその後発展していきます。「わかる」とはどういうことなのでしょうか、日々の生活や学習のなかで大切にしていきたい問いです。歴史にのこる「デザイン」を考察し、思考力を磨《みが》き、あなたが、そして、人々が望む未来をデザインしていきましょう。

※　ハーバート・サイモン（1916年－2001年）　アメリカ合衆国の政治学者・認知心理学者・経営学者・情報科学者。

問１　本文に関連して、下図は戦国時代の武家の戦旗《せんき》です。この戦旗は何のためにデザインされ、つかわれたと考えますか、時代背景をふまえながら、あなたの考えを述べなさい。

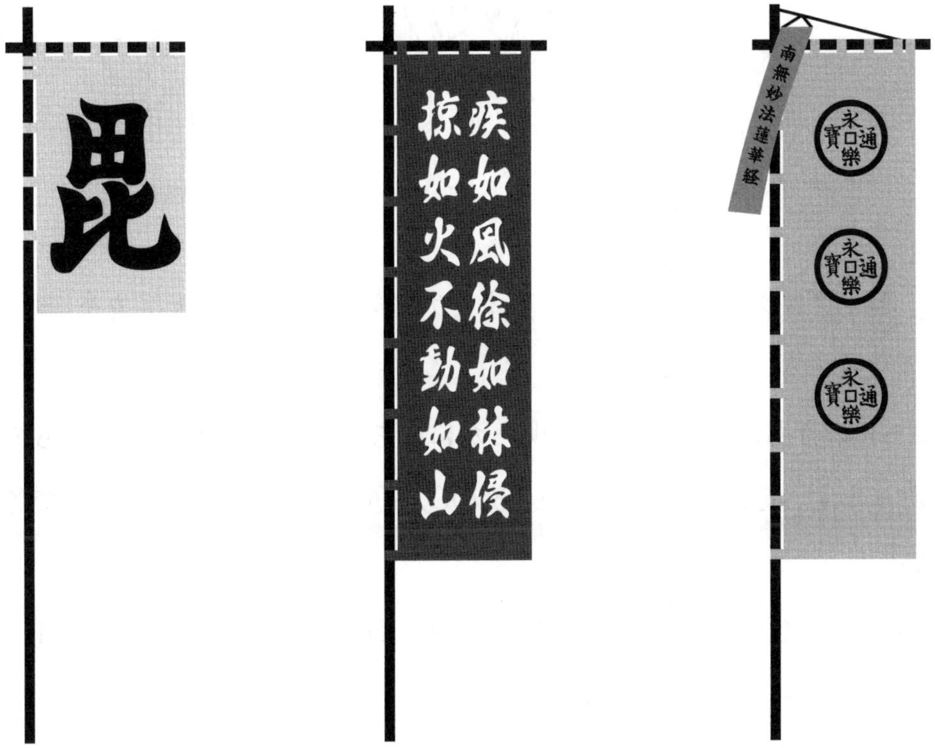

問２　あなたはどのような未来を望みますか。①　あなたが望む未来を「デザイン」（イラストやシンボルマーク等で描き）し、②　なぜそのようなデザインにしたのか理由を説明しなさい。自分の未来でも、自分を取りまく社会や世界についてでも題材は自由に選択してください。

【理　科】〈第１回Ａ試験〉（30分）〈満点：50点〉

1　次のA～Fに示した図は、６種類のこん虫の簡単なスケッチです。大きさの関係は無視してえがかれています。あとの問題に答えなさい。

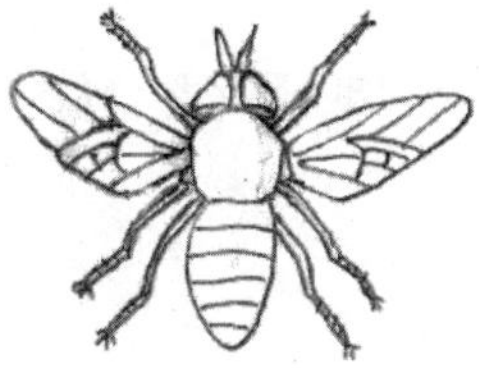

A　アカアブ

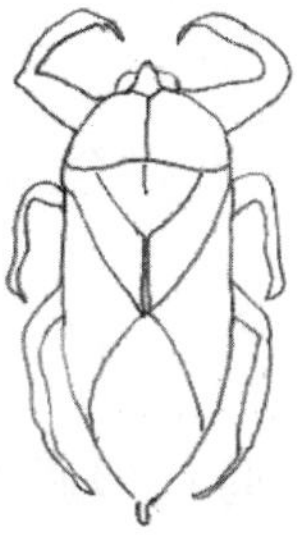

B　タガメ

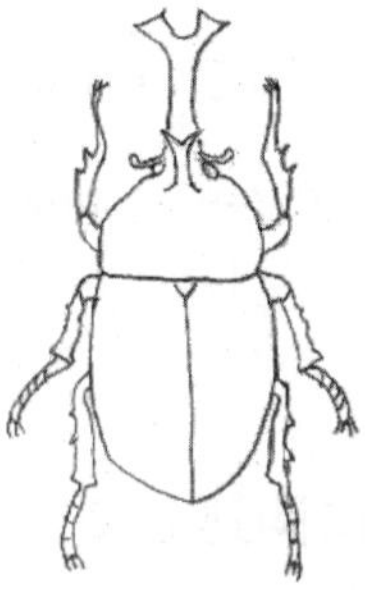

C　カブトムシ

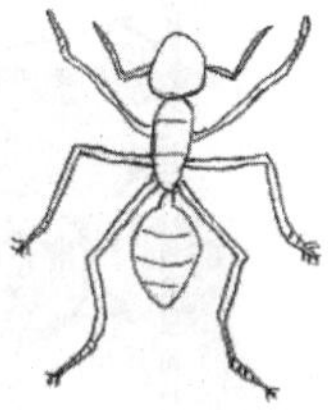

D　クロクサアリ

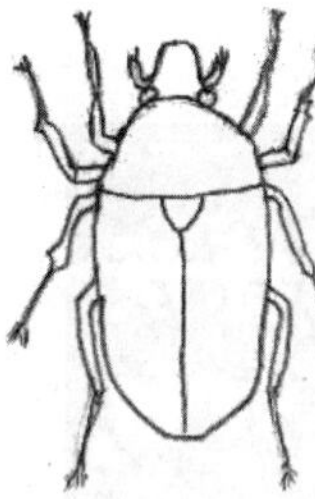

E　アオカナブン

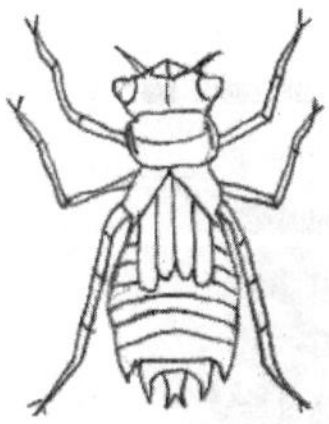

F　アキアカネ

問１　A～Fのうち、体のつくりが明らかにまちがってえがかれているものが１つあります。それはどれですか。次の①～⑥から１つ選んで、番号で答えなさい。

①　A　　②　B　　③　C　　④　D　　⑤　E　　⑥　F

問２　A～Fのうち、成虫ではない段階をえがいているものが１つあります。それはどれですか。次の①～⑥から１つ選んで、番号で答えなさい。

①　A　　②　B　　③　C　　④　D　　⑤　E　　⑥　F

問３　Ａ～Ｆのうち、水中にすんでいるものが２つあります。それはどれですか。次の①～⑥から１つ選んで、番号で答えなさい。

①　ＡとＢ　　②　ＢとＣ　　③　ＢとＥ　　④　ＢとＦ

⑤　ＤとＦ　　⑥　ＥとＦ

問４　Ａ～Ｆのうち、性別が一目ではっきりとわかるものが１つあります。それはどれですか。次の①～⑥から１つ選んで、番号で答えなさい。

①　Ａ　　②　Ｂ　　③　Ｃ　　④　Ｄ　　⑤　Ｅ　　⑥　Ｆ

問５　Ａ　アカアブ　の体は、ハエやカと同じつくりをしています。アカアブのしょっ角の数、あしの数、はねの数の合計はいくつになりますか。数字で答えなさい。

問６　Ｄ　クロクサアリ　は、初夏から夏の間、アブラムシ（植物の茎《くき》や葉などにつくこん虫）とともに観察されることが多いようです。調べてみると、クロクサアリとアブラムシは、「共にいることでお互《たが》いに利益がうまれる関係」にあることがわかりました。以下のクロクサアリとアブラムシの互いの関係を示す図において、図中の（　　）に当てはまる言葉を漢字２文字で答えなさい。

クロクサアリとアブラムシの関係

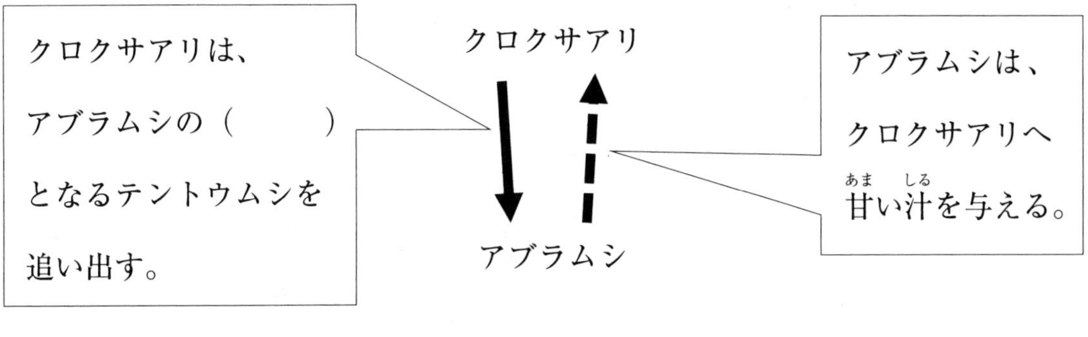
クロクサアリは、
アブラムシの（　　）
となるテントウムシを
追い出す。
クロクサアリ
アブラムシ
アブラムシは、
クロクサアリへ
甘《あま》い汁《しる》を与える。

2 天気を表すには、晴れやくもりのような見た目の天気と、気温、気圧、風向、風力、それに雨や雪が降っていれば降水量などのこう目があります。

また、天気図にはいろいろな記号もあります。

問１　以下の図は、令和５年７月31日夕方〜８月２日夕方の東京都のある地点の気温と降水量のグラフです。横じくはどちらも同じ時間になっています。この２つのグラフについて述べた次の文章（ア）〜（エ）のうちで誤っているものを１つ選び、記号で答えなさい。

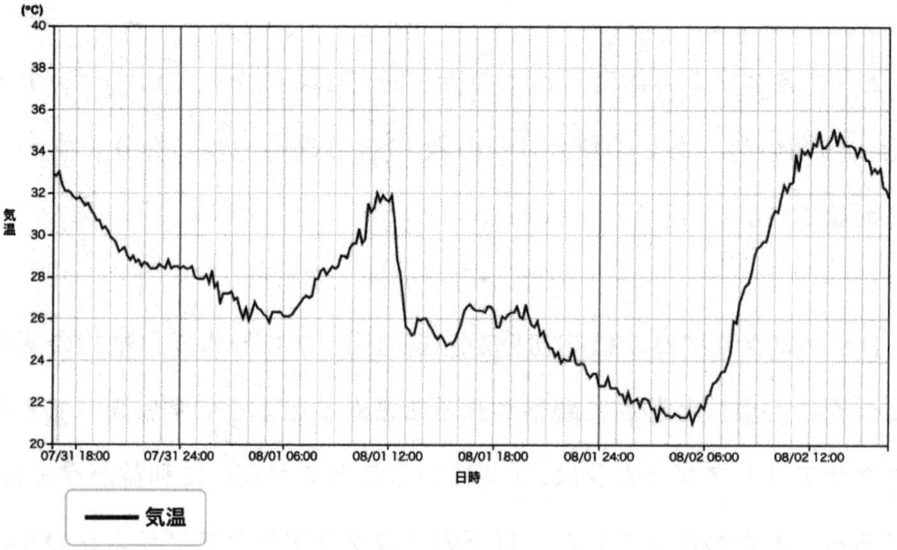

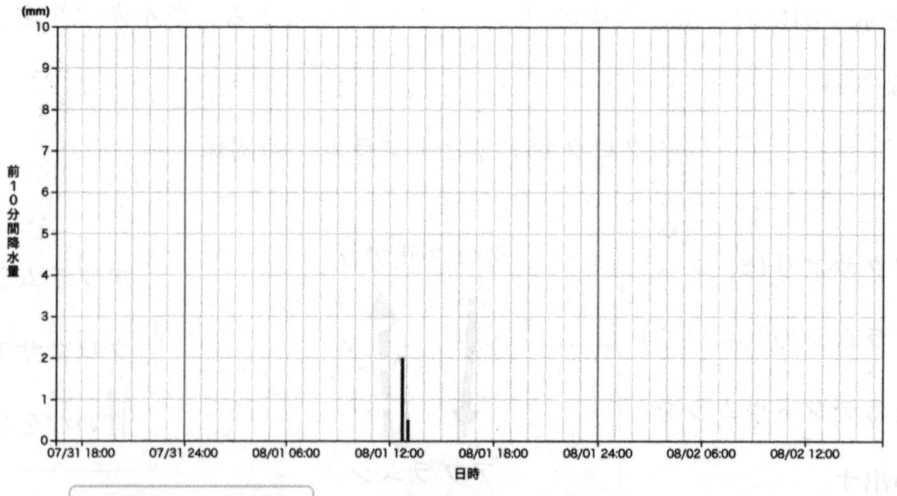

前10分間降水量　☆その時間までの10分間に降った降水量のこと

（ア） ８月１日の最低気温は日の出のころである。

（イ） ８月１日のお昼過ぎに雨が降っているが、そのときちょうど気温も下がっている。

（ウ） ８月２日の朝一番低い気温とお昼過ぎの気温では10度以上の差がある。

（エ） ８月１日の最高気温は７月31日の最高気温より低い。

問２　新聞で見る天気図には、主な地点での見た目の天気が天気記号で表されています。その記号は21種類あります。その天気記号のうち、雪を表すのはどれですか。以下の（ア）～（エ）の中から１つ選び、記号で答えなさい。

（ア）○　　（イ）●　　（ウ）◎　　（エ）⊗

問３　天気図には「前線」というものが書かれていることがあります。これは冷たい空気と暖かい空気がぶつかり合っている場所を示します。そのぶつかり合いのうち、冷たい空気が暖かい空気を押しているところを「寒冷前線」といいますが、その寒冷前線を示している図はどれですか。以下の（ア）～（エ）の中から１つ選び、記号で答えなさい。

（ア）

（イ）
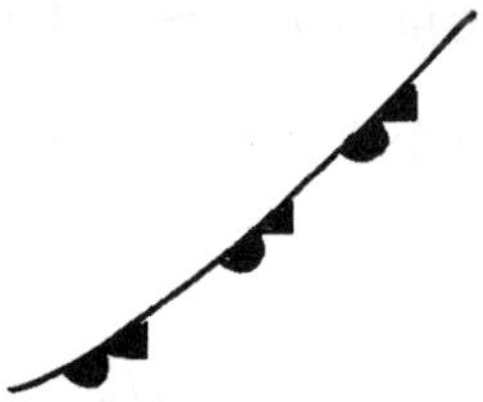

（ウ）

（エ）

問４　台風とは、西太平洋の北半分における、熱帯低気圧が発達して強くなったものをいいます。特に夏場は太平洋高気圧に阻《はば》まれて日本列島に近づくことが少ないですが、太平洋高気圧の勢力が弱まる秋は日本列島に近づいてきて、大雨や高潮《たかしお》などの災害をもたらす危険があります。

以下に、そのような台風についての文章（ア）～（エ）を示します。この中で明らかに誤りであるものが１つあります。それはどれですか。記号で答えなさい。

（ア）　台風は温帯低気圧と違って前線がない。
（イ）　台風は北上して寒気と触れて前線を持つと温帯低気圧に変わる。
（ウ）　台風が熱帯低気圧になったら災害の危険性はなくなる。
（エ）　台風が遠くにあっても、その勢力によっては高潮の危険性も考えないといけない。

日本に住んでいる私たちは、天気などの気象以外に地震《しん》や火山についても考えないといけません。日本は地震大国といわれるくらい、地震が多く、また火山も多いです。

問５　以下の文章（ア）～（エ）は地震について述べたものです。この中で誤りがある文章が１つあります。それはどれですか。記号で答えなさい。

（ア）　日本の震度階級は震度０～震度７の８段階である。
（イ）　マグニチュードは地震の規模を表すものであり、震度はその場所のゆれの大きさを表すものである。
（ウ）　震源地が海底だと、津波《つなみ》が発生することがある。
（エ）　震源地が遠くても、津波の大きさが大きくなることがあるので、油断してはいけない。

問６　火山についての以下の文章（ア）～（エ）の中で誤りがある文章が１つあります。それはどれですか。記号で答えなさい。

（ア）　火山の噴火《ふんか》は前ぶれがあることが多いが、時間的に非常に短いことや人が気づかないこともあるので、注意が必要である。

（イ）　火山に行くときは気象庁が発表している情報をよく調べる必要がある。

（ウ）　海底火山は噴火をしても海上に影響が無い。

（エ）　海底火山の噴火によって、島ができる場合もある。

3　以下の問題に答えなさい。

植物などを拡大して観察するように、キャラクターの正面に虫めがねを近づけました（図1）。ここから、観測者と虫めがねの距離《きょり》は変えず、ゆっくりとキャラクターから虫めがねを離《はな》していきました。虫めがねで見えるキャラクターの像は［　A　］。その後、(B) ある距離をこえると、［　C　］のように見えるような像になりました。

図１

問１　［ A ］に入るものを以下の（ア）～（エ）から１つ選び、記号で答えなさい。

（ア）　大きくなる　　　　（イ）　小さくなる

（ウ）　大きさは変わらず暗くなる　　　　（エ）　大きさは変わらず明るくなる

問２　下線（B）について、以下の（ア）～（エ）で誤っているものをすべて選び、記号で答えなさい。

（ア）　その場所がしょう点である。

（イ）　(B）の２倍の場所がしょう点である。

（ウ）　その場所では、像を見ることができない。

（エ）　その場所では、像はもとのキャラクターと同じ大きさで見ることができる。

問３　［ C ］の様子に近いものを、以下の（ア）～（エ）から１つ選び、記号で答えなさい。

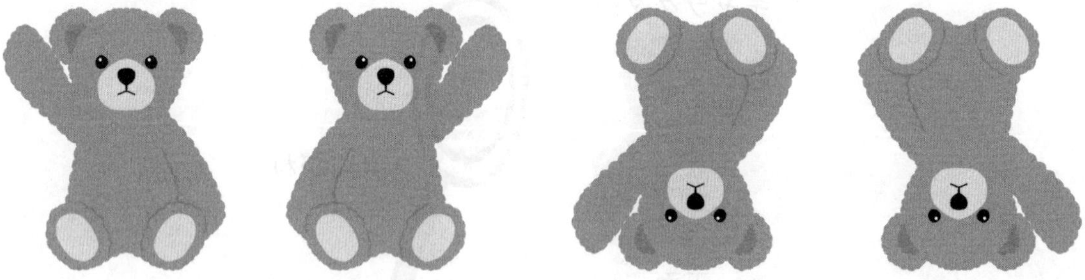

（ア）　　（イ）　　（ウ）　　（エ）

問４　以下の（ア）～（エ）は日常生活でよくみられる鏡です。役割に応じて、主に、①平らにできた平面鏡、②中央付近が盛り上がった凸《とつ》面鏡、③中央付近がへこんだ凹《おう》面鏡などがあります。

問３の像と同じ種類の像を作ることができる鏡はどれですか。（ア）～（エ）から１つ選び、記号で答えなさい。

（ア）エレベーターのかべについている鏡

（イ）道路の曲がり角などにある鏡

（ウ）スマホケースについている鏡

（エ）かい中電灯の明りを効率よくする鏡

問５　以下の図のように、もとの長さが 15cm で、100g で 2cm のびるばね A と別の種類でもとの長さが 15cm のばね B があります。

以下の（X）と（Z）にあてはまる数値を答えなさい。

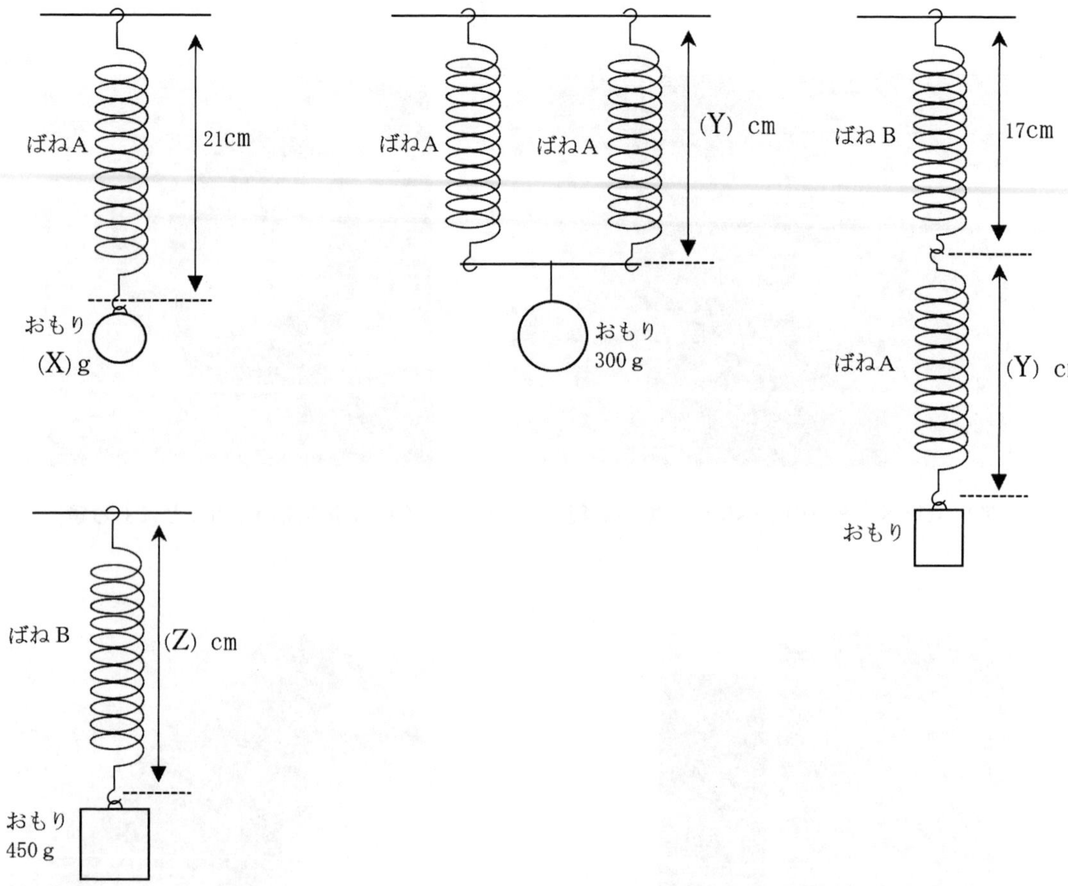

4 以下の粉末A〜Eは台所にある、砂糖、食塩、粉末酢《す》、ミョウバン、片栗粉《かたくりこ》（バレイショデンプン）のいずれかであります。これらを調べるために、以下のような操作をしました。なお、見た目で判断しないこととします。（どれも細かくくだいてあり、見分けがつかないものとします。）

操作

粉末A〜Eを水に溶《と》かしたところ、Cは白くにごった溶液《ようえき》になりましたが、ほかはよく溶けました。また、これらの水溶液をリトマス試験紙で調べたところ、Eが溶けている溶液は青いリトマス紙が赤くなりました。なお、Cについてはヨウ素液を加えたところ青むらさき色をしめしました。

残りのA、B、Dが溶けた溶液の一部をとり、火であぶったところ、Bの溶液が水分を失ったら黒く焦《こ》げました。

さらに、AとDのちがいをみるために、それらの一部をとり、両方にアンモニア水を加えたところ、Dの方が白くにごりました。

問1　粉末A〜Eについて、それぞれどれですか。以下の（ア）〜（オ）から選び、記号で答えなさい。

（ア）　砂糖　　（イ）　食塩　　（ウ）粉末酢　　（エ）　ミョウバン

（オ）　片栗粉

問2　台所にはほかにも「小麦粉」がありました。この小麦粉について以下の（ア）〜（エ）から、正しいものを1つ選び、記号で答えなさい。

（ア）　水によく溶け、水溶液はとう明になる。

（イ）　水溶液は赤色リトマス紙を青くする。

（ウ）　ヨウ素液で青むらさき色になる。

（エ）　乾燥《かんそう》させて焼いても黒く焦げない。

問三　空欄 2 ～ 6 にあてはまる文を次からそれぞれ選び、記号で答えなさい。

ア「これは基礎《きそ》だからね。これがわからないと中学に行って苦労するぞ」

イ「問五、暮林やれ」

ウ「わかりませーん」

エ「問五、暮林くん、やってみてくれるかな」

オ「わからないのかぁ。問四の応用なんだけどなぁ」

問四　傍線②「やった。とん汁だ」とありますが、恭介はなぜこのような反応をしたのですか。最も適切なものを後から一つ選び、記号で答えなさい。

ア　とん汁の担当になることで、気になっている野村さんと少しでも話をすることができると思ったから。

イ　とん汁をつぐ仕事をしっかりこなすことで、野村さんや大島先生の気をひこうと思ったから。

ウ　給食当番になって一度もとん汁にあたったことがなく、卒業間近に良いことがあったと思ったから。

エ　給食当番として野村さんが嫌いなとん汁を担当し、彼女に対していじわるをしてやろうと思ったから。

問五　二重傍線Ａ・Ｂ「ドキドキ」とありますが、このときのそれぞれの恭介の気持ちを二十字以内で説明しなさい。

問六　傍線③「ジャングル」とありますが、恭介にとって「ジャングル」とはどのような場所ですか。最も適切なものを後から一つ選び、記号で答えなさい。

ア　恭介にとって未来への不安や希望などの様々な現実から離れられるような場所。

イ　動物を飼ったり狩りをしたりして生活するという恭介の願望がかなえられる場所。

ウ　野村さんと二人きりで過ごすことのできる恭介の心の中だけに存在する場所。

エ　恭介の未来がジャングルのように暗く危険であることを示している場所。

問七　空欄 7 にあてはまる野村さんへのメッセージとして最も適切なものを後から一つ選び、記号で答えなさい。

ア　大人は判《わか》ってくれない　　イ　俺たちに明日はない　　ウ　勝手にしやがれ　　エ　君を忘《わす》れない

問八　波線（ａ）～（ｅ）の漢字はひらがなに、カタカナは漢字にそれぞれ直しなさい。

は机の前にすわり、青いサインペンで、ノートに大きくこう書いた。

野村さんへ。

［7］暮林恭介

いつか観《み》た映画の題名は、そっくりそのまま今の恭介の気持ちだった。

次の日、恭介がサイン帖をわたすと、野村さんは、

「ありがとう」

と言ってにっこり笑った。机のひきだしにしまってある自分のサイン帖のことが、恭介の頭をかすめた。あいつの下駄箱に入れておいたら、あいつは何て書いてくれるだろう。女の子だから、やっぱり思い出とか、お別れとか、書くんだろうか。恭介は、首のあたりがくすぐったいような気がした。教室の中は、ガラスごしの日ざしがあかるい。

「おはよう。みんないるかぁ」

教室に入ってきた大島先生が、いつものようにまのぬけた声で言う。もう三月が始まっていた。

江國《えくに》香織《かおり》著『僕はジャングルに住みたい』

問一　傍線《ぼうせん》①「ぶっちょうづら」とありますが、その表情として最も適切なものを後から一つ選び、記号で答えなさい。

ア

イ

ウ

エ

問二　空欄《くうらん》［1］には、「なんとなく恥ずかしい様子」という意味の慣用句が入ります。最も適切なものを後から一つ選び、記号で答えなさい。

ア　頭が上がらなさそうに　イ　きまり悪そうに　ウ　壁につきあたったかのように　エ　白い目で見るように

「去年の春に、遠足に行ったろ。あのとき買い食いしたのは暮林くんだけじゃないって、わかってたんだ。代表でおこられてもらったんだよ。すまなかったね」

「はぁ」

「話はそれだけだ。もうじき卒業だから、きちんと言っておきたくてね。じゃ、気をつけて帰れよ」

「……はい」

いったいなんなんだ。へんなやつ。恭介は下駄箱《げたばこ》でくつをはきかえながら、まだ心臓がＢドキドキしていた。もちろん、遠足のときのことは恭介もよくおぼえていた。

僕と、高橋と、清水と、それから三組のやつらも何人かいっしょに、アイスクリームを買い食いした。集合の時、僕だけがおこられた。――でも、そんな昔のこともういいよ。教師があやまるなんて、気持ちわるい。ちぇっ、大島ともあと一ヵ月のつきあいだと思うとせいせいする。

大島先生の言葉や態度は、いつも恭介をイライラさせる。すまなかったね、なんて。もうじき卒業だから、なんて。

「あれ」

下駄箱の奥に、白い表紙のノートが入っている。サイン帖だった。

「誰のだろう」

ぱらぱらとページをめくり、恭介はびくんとして手をとめた。あいつのだ。あいつのサイン帖だ。どのページもみんな、なみちゃんへ、で始まっている。なみちゃんというのは野村さんの名前だった。恭介は、すのこをがたがたとけって校庭にとびだした。冬の(e)**透明**な空気の中を、思いきり走る。かばんがかたかた鳴る。

家にとびこんで、ただいま、と一声どなると、恭介は階段をかけあがり、自分の部屋に入った。かばんの中からサイン帖をだす。野村さんのサイン帖。一ページずつ、たんねんに読む。おなじような言葉ばかりが並んでいた。卒業、思い出、別れ、未来。

「おもしろくもないや」

声にだしてそう言って、恭介はノートを机の上にぽんとほうった。

その日はそのあとずっと、サイン帖のことが頭をはなれなかった。夕食のあいだも、おふろのあいだも、テレビをみているあいだも、恭介は頭のどこかでサイン帖のことを考えていた。みんなの前で、僕は書かないよって言ったんだ。書けるわけがないじゃないか。それなのにこっそり下駄箱に入れるなんて、絶対、書いてなんかやるもんか。恭介はいつもより少し早く、自分の部屋にひきあげた。

ドアをあけると、机の上の白いノートがまっさきに目にとびこんでくる。あーあ。やっぱり僕は③ジャングルに住みたい。ジャングルには卒業なんてないもんな。そりゃあ、中学にいけばいいこともあるかもしれない。あいつよりかわいい子がいて、大島よりぼんやりした教師がいるかもしれない。でも、それはあいつじゃないし、大島じゃない。僕だって、今の僕ではなくなってしまうかもしれない。恭介

「それはよくないなぁ。野村さん、がんばって食べてごらん」
野村さんは、大きな目できゅっと、恭介をにらみつけた。

お母さんが、恭介のちゃわんに、くたくたに(b)煮えたすきやきのにんじんを入れた。
「好き嫌いしてると背がのびないわよ」
実際、恭介は背が低かった。野村さんは女子の中でまん中より少し小さく、その野村さんとならんで、ほとんどおなじくらいだった。
「もういらないよ。ごちそうさまっ」
恭介ははしをおいて、二階にあがった。部屋に入るとベッドの上に大の字に横になる。野村さんの顔がうかんでくる。動物でいうならバンビだ、と恭介は思う。三年生の時にはじめていっしょのクラスになって、四年生は別々で、五年生、六年生とまたいっしょになった。野村さんについて恭介が知っていることといえば、(c)ホケン委員で、とん汁が嫌いで、女子にしては足がはやい、ことくらいだった。今朝あんなことがあったから、今日は一日、誰《だれ》も恭介にサイン帖を持ってこなかった。もちろん野村さんもだ。恭介はベッドからおりて、机のひきだしをあけた。青い表紙のサイン帖が入っている。ちぇっ、恭介はひきだしをしめて、もう一度ベッドに横になった。
中学にいったら生活がかわるだろうなぁ、と恭介は思った。勉強だってしなくちゃいけないし、先生だって大島みたいなのんきなやつじゃないにきまっている。野球とか基地ごっこばかりをやっているわけにはいかなくなる。クラスのみんなもばらばらになってしまう。あいつなんか私立にいってしまうから、なおさら会えない。あーあ。ジャングルに住みたい。
ジャングルに住んだら、と恭介は考える。勉強もない、家もない、洋服も着ない。穴をほってその中で暮らそう。ライオンとゴリラを飼おう。狩《か》りをして、その獲物《えもの》を食べればいい。皮をはいで(d)毛布にしよう。となりのほら穴にあいつが住んでいて、僕があいつの分も狩りをしてやる。僕とあいつのほかには人間は誰もいなくて、猿《さる》とか、へびとか、しまうまとか、ペットっぽくない動物だけが住んでるといい。
恭介が大島先生に呼びだされたのは、次の日の放課後だった。職員室はストーブがききすぎていてあつい。大島先生は今まで生徒を呼びだしたことなど一度もなかったので、恭介は少し(A)ドキドキした。
「わざわざ呼びだしたりして悪かったね」
先生が言った。
「何の用だと思う」
「わかりません」
「そうだよな。ずいぶん前のことだし」
「はぁ」

「何だよ。書きたくないんだからいいだろ」

「もういいわよ。暮林《くればやし》くんになんかたのまない」

女の子はサイン帖をかかえたまま、小走りで自分の席にもどった。みんなの視線が恭介にあつまる。

「ちぇっ、何だよ」

恭介はどすんと席にすわった。机の上に、一時間めの教科書と、ノートと、ふでばこをだす。ちぇっ、あいつも見ていた。ななめ前の方から、暮林くんのいじわる、という顔をして、恭介を見ていた。一時間めは算数だった。担任の大島は男らしくない、と恭介は思う。たとえば今日だって、

[　2　]

なんて言う。

[　3　]

がふつうだと思う。恭介は立ちあがった。

[　4　]

と言う。算数はきらいじゃないけれど、今朝はなんとなくいやな気分だったし、わかりません、と言えば先生が自分でやってくれることがわかっていた。

[　5　]

先生は頭をかきながら、黒板に問題をといてみた。

[　6　]

給食は、あげパンと、とん汁《じる》と、牛乳とみかんだった。恭介は給食当番で、かっぽう着を着て給食をとりにいく。

②「やった。とん汁だ」

恭介は、今までとん汁の日に給食当番になったことが一度もなかった。教室のうしろに立って、一人一人の器(a)にとん汁をつぐ。みんなステンレスのお盆《ぼん》を持って一列にならぶ。あと三人、あと二人、あと一人。恭介はドキドキした。あいつの番だ。

「少しにして」

あいつが言う。恭介は、なるべく豚肉《ぶたにく》の多そうなところを、じゃばっと勢いよくつぐ。なみなみとつがれたとん汁をみて、あいつはまゆをしかめた。

「少しにしてって言ったでしょ」

「せんせーっ、野村さんが好き嫌《きら》いします」

恭介が声をはりあげると、大島先生はまのぬけた声でこたえる。

問七　この文章の内容を説明しているものとして最も適切なものを後から一つ選び、記号で答えなさい。
ア　物事のクオリアを知っても深く理解することはできないので、体験学習を通じて多くの知識を得るべきである。
イ　世界を理解するためには物事を頭で考えたり感じたりするだけでなく、身体の動きと連動した体験が必要である。
ウ　実際に経験をしないとクオリアを理解することはできないので、手間暇をかけて色々なことに挑戦しなければならない。
エ　外側から世界を変えるためには人間の一人称的な視点だけでなく、神の視点をもって世界に働きかけるべきである。
オ　世界を正確に理解するためには三人称視点が大事なので、自分勝手な一人称の主観的世界をもつ必要はない。

問八　波線《なみせん》（ａ）〜（ｅ）の漢字はひらがなに、カタカナは漢字にそれぞれ直しなさい。

三

次の文章をよく読んで、後の問いに答えなさい。

夕食のあいだじゅう、恭介《きょうすけ》はきげんが悪かった。きげんの悪い時、恭介はいつも思う。僕《ぼく》はジャングルに住みたい。
「もうすぐ、卒業式ね」
すきやきのなべにお砂糖をたしながら、お母さんが言った。
「そうしたら、恭介も中学生か」
お父さんが言った。
「まだだよ。まだ二月だから小学生だよ」
「でも、もうすぐじゃないか。入学手続きだってすませたんだろ」
「うん」
恭介は①ぶっちょうづらのまま、しらたきを口いっぱいにほおばった。
今朝、学校に行ったら、女の子たちがサイン帖《ちょう》をまわしていた。もうすぐおわかれだね、とか、さみしいね、とか、そんなことばかり話していた。ひとりが、恭介のところにもサイン帖を持ってきた。
「俺《おれ》、書かないよ」
「どうして」
「だって、さみしくねぇもん」
女の子は［　1　］そこに立っていた。

※３　俯瞰……高所から見おろして眺めること。
※４　傍観者……物事のなりゆきを離れた立場で見ている人。

問一　空欄《くうらん》［１］に入る故事《こじ》・ことわざを答えなさい。

問二　傍線《ぼうせん》①「クオリア（qualia）」を知ることができる例として**適切でない**ものを後から一つ選び、記号で答えなさい。
ア　農家で野菜の収穫体験をして、野菜がそれぞれどんな大きさや形をしているのかが分かった。
イ　地震車で大地震の体験をして、どれくらいの震度《しんど》で人が立っていられなくなるかが分かった。
ウ　水族館で飼育員《しいくいん》体験をして、川や海にはどんな魚や生き物が生息しているのかが分かった。
エ　着物の染物《そめもの》体験をして、自分が普段着ている服がどうやって作られているかが分かった。

問三　傍線②「わざわざそのような体験を試みることは避けるべきだ」とありますが、それはなぜですか。空欄にあてはまる形で、二十字以内で答えなさい。
クオリアを知るためだからといって［　　　］から。

問四　空欄《くうらん》［２］～［５］に入る言葉を、後からそれぞれ一つ選び、記号で答えなさい。
ア　あくまで　イ　しかし　ウ　かりに　エ　たんに

問五　傍線③「体験の世界は、とりわけ『一人称の世界』である」とありますが、「体験の世界」とはどのような世界ですか。本文中から三十三字でぬき出して答えなさい。

問六　傍線④「一人称の主観的な世界が必要だ」とありますが、それはなぜですか。「～から。」につながる形で、本文中から十七字でぬき出しなさい。

「いま、ここからの眺め」という一人称の世界を超えて、「どこからでもない眺め」である三人称の世界を獲得できるのは、人間のきわめてすぐれた能力である。それは一人称の主観的世界を超えて三人称の客観的世界を手にすることを意味する。[3]、私たち人間が三人称の客観的世界を獲得《かくとく》できるのは、[4]一人称の主観的世界を基礎にしてのことだ。世界のなかに身をおいて、「いま、ここ」から世界を眺め、それにもとづいて世界に働きかける。これができるようになると、つぎは「ここ」からではなく、[5]「あそこ」から世界を眺めると、世界がどう立ち現れるか、そしてそれにもとづいて世界にどう働きかけるかが想像できるようになる。「いま」についても、同様だ。こうして想像のなかで、どんな一人称的な視点からでも世界を眺めることができるようになる。これが三人称の客観的世界の獲得にほかならない。

このように三人称の客観的世界の獲得は、一人称の主観的世界を基盤にしてなされる。しかも、三人称の客観的世界を手に入れても、世界に働きかけるためには、やはり④一人称の主観的な世界が必要だ。「いま、ここ」から世界を捉《とら》えてこそ、「いま、ここ」から世界に働きかけることができる。世界から身を切り離して、外側から世界を捉えているだけでは、「そこ」に椅子《いす》があり、「あそこ」に机があるといった一人称的な把握ができない。そのため、その椅子に座るとか、あの机に向かって行くとかといった行動を実行できない。身体でもって世界に働きかけるためには、世界のうちに身を置いて、一人称的に世界を把握しなければならない。※4傍観《ぼうかん》者のままでは、行動を起こせないのである。

体験の世界は一人称の世界である。したがって、体験して覚えるということは、世界との一人称的な交わりを通じて、物事が「どんな感じ（クオリア）なのか」を知ることである。「いま、ここ」から世界を知覚的・情動的に感知し、それにもとづいて世界に身体的に働きかける。このようにして、たとえば、「美しい光景を楽しむ」ことがどんな感じなのかを知ることができるようになる。体験して覚えることは、この「感じ（クオリア）」をつかむことなのである。

「覚える」という知的活動はⓓ**多岐**にわたる。私たちは暗記し、身体で覚え、まねして覚え、体験して覚える。意味もわからずに丸暗記するのは、苦痛だが、理解への第一歩として重要だ。身体で覚えるには、練習して適切な身体をつくらなければならない。まねして覚えるとき、試しにやったことの良し悪しがよくわかれば、学習がⓔ**ジュンチョウ**に進む。体験して覚えるというのは、体験によって物事がどんな感じか（物事のクオリア）を知ることだ。三人称の客観的世界を獲得できるのは人間のすぐれた能力だが、それは一人称の主観的世界を基盤として可能になる。

——信原幸弘著『「覚える」と「わかる」　知の仕組みとその可能性』より

注　※1　白木蓮……庭木や街路樹として植栽されている、早春の葉が展開する前に、白色の大きな花が上向きに咲く木。

※2　味蕾……舌の表面にあるブツブツしたもので、味を感じる小さな器官。

②わざわざそのような体験を試みることは避けるべきだ。人を傷つけることがどのようなことかを知るためには、じっさいに人を傷つける必要があるが、だからといってそれをやってみるべきではない。何らかの事情で他者を傷つけてしまい、それによって他者危害《きがい》のクオリアを知ることはあるが、そのクオリアを知るために、わざわざ他者危害を試みることは許されないだろう。

　悪い結果をもたらす物事については、体験学習は控《ひか》えざるをえない。しかし、それでも擬似《ぎじ》体験は可能である。じっさいに人を傷つけることが許されないとしても、たとえば人を傷つける演技をしてみることはできる。演技はじっさいの体験ではないから、本当のクオリアを知ることにはならないが、擬似的なクオリアを知ることはできる。演技で人を傷つけても、その傷つけられた人が演技で苦悶《くもん》の表情を浮かべ、強い怒りのまなざしを差し向けてくれれば、他者危害のクオリアをある(c)テイドは知ることができよう。少なくとも、そのような演技をせずに、たんに言葉で理解しようとするだけの場合と比《くら》べれば、擬似的とはいえ、それなりのクオリアを把握《はあく》できるだろう。

　体験は手間暇《てまひま》がかかる。擬似体験ですら、そうだ。言葉で知ることができるなら、そのほうがはるかに手っ取り早い。しかし、体験して覚えることはきわめて重要である。体験しなければ、クオリアを知りえない。クオリアを知っても、必ずしも深い理解にはならないが、それでもクオリアの知は物事の理解のひとつの重要な側面なのである。

　私たちは世界を知覚や情動《じょうどう》によって感知し、それにもとづく行動をすることで世界に働きかける。そしてその結果をふたたび知覚的・情動的に感知《かんち》し、また新たに世界に働きかける。このような知覚や情動と行動の絶えざる循環《じゅんかん》が私たちの体験の世界だ。本書では、「感情」という言葉ではなく、「情動」というあまり馴染《なじ》みのない言葉をあえて用いるが、それは心に「感じる」側面ではなく、心臓の鼓動《こどう》や手足の震《ふる》えなどの身体の「動き」の側面を強調したいからである。恐怖は［２］怖《こわ》いという感じが心に生じることではなく、それに加えて心臓が高鳴《たかな》り、身体が震えることである。

　知覚や情動と行動の絶えざる循環からなる③体験の世界は、とりわけ「一人称の世界」である。私は「いま、ここ」にいて、そこから世界を感知し、世界に働きかける。たとえば、私はいま、公園の池のそばにいて、そこから美しい花を見つけ、その花に感動し、それに近づく。このように私のいる「いま、ここ」という特定の位置から、世界を知覚し、情動を抱《いだ》き、世界に働きかけることが、一人称の世界である。世界のなかで「いま、ここ」という位置を占《し》めて、そこから世界と交わる存在は「世界内存在」とよばれる。一人称の世界というのは、ようするに世界内存在として世界と交わることによって、自分に立ち現れてくる世界にほかならない。

　これにたいして三人称の世界は、自分を世界の外に置き、その外側の視点から※3俯瞰的《ふかんてき》に眺《なが》めた世界である。それは「いま、ここからの眺め（the view from now and here）」ではなく、世界のどこにも視点を置かない「どこからでもない眺め（the view from nowhere）」である。「彼は喫茶店《きっさてん》に行き、彼女は図書館に行った」と語るとき、私は彼や彼女のいる世界から自分の身を切り離し、世界の外側の視点からただ世界を眺める。私は世界を超越《ちょうえつ》しているので、世界に身体でもって働きかけることはできない。超越的視点から、世界を眺めるだけである。神なら、超越的視点からでも世界に働きかけることができるかもしれないが、人間はただ眺めるだけである。

問三　傍線②「あんたの哲学は、とても美しくてとても立派」とありますが、かたつむりは、ライオンの哲学を何だと思っていますか。
解説文から七字でぬき出しなさい。

問四　空欄 2 に入る言葉を本文中から四字でぬき出しなさい。

問五　傍線③「哲学の本体」とは、どのようなことをすることですか。解説文の言葉を使って、十字前後で説明しなさい。

二

次の文章をよく読んで、後の問いに答えなさい。

本を読んだり、話を聞いたりして覚えるのではなく、自分でじっさいに体験して覚える。このような体験学習の重要性がよく叫《さけ》ばれる。たしかに、自分で体験してみないと、覚えられないことも多い。私たちはバナナの味や※1白木蓮《はくもくれん》の香りを覚えているが、それはバナナを食べ、白木蓮の香りを嗅《か》いだことがあるからだ。そのような体験がなければ、バナナがどのような味がするのか、白木蓮がどんな香りがするのかを知ることができない。いくら言葉を尽《つ》くして説明してもらっても、じっさいの体験には遠く及《およ》ばない。 1 だ。

どんなことでも、それがどのようなことかは、じっさいに体験してはじめて知ることができる。貧乏《びんぼう》であることがどのようなことかは、じっさいに貧乏になってみないと、本当のところは知りえない。

あることがどのようなことかは、「どんな感じなのか」とも表現できる。この感じ（そのことに備《そな》わるそれ独特の感じ）は①「クオリア(qualia)」とよばれる。「クオリア」は、もともとは質《しつ》を意味する英単語だが、哲学《てつがく》ではとくに感覚的な質を意味する言葉として用いられている。貧乏になると、貧乏のクオリア（貧乏であることがどのようなことか）が知られる。物事のクオリアはその物事をじっさいに体験してはじめて知られるのである。

ただし、物事を体験してそのクオリアを知っても、必ずしもその物事を深く理解したことにはならない。貧乏になって貧乏のクオリアを知ったからといって、必ずしも貧乏であることがⓐ**ケイザイ**的にどんな状態なのか、自分の人生にどんな影響をもたらすのかを詳細《しょうさい》に知ったことにはならない。ただたんに貧乏であることがどんな感じなのかを知っただけにとどまることもある。

物事のクオリアを知ることは、物事への深い理解を意味しないが、物事の理解の重要な側面のひとつである。バナナの味について、その神経科学的な事実（バナナが※2味蕾《みらい》をどう刺激《しげき》し、その刺激が脳のどの部位に伝えられてどうⓑ**ショリ**されるか）をいくら詳《くわ》しく知っても、バナナの味のクオリアを知らなければ、味の理解にとって決定的に重要なことを欠《か》いていると言わざるをえない。

じっさいに体験してクオリアを知ることは、物事の理解にとって重要である。しかし、じっさいの体験が悪い結果をもたらす場合は、

「やあ、ライオン。それはよかった。で、どんなだった？」
「うん。こんなだった」
ライオンは、てつがくをやった時のようすをしてみせた。さっきと同じように首をのばして右斜め上をみると、そこには夕焼けの空があった。
「あゝ、なんていいのだろう。ライオン、②あんたの哲学は、とても美しくてとても立派《りっぱ》」
「そう？　……とても……何だって？　もういちど云《い》ってくれない？」
「うん。とても美しくて、とても立派」
「そう、ぼくのてつがくは、とても美しくてとても立派なの？　ありがとうかたつむり」
ライオンは肩こりもお腹すきも忘れて、じっと[2]になっていた。

詩集『昭和三十七年―昭和四十七年』

解説文

工藤直子の『昭和三十七年―昭和四十七年』という詩集には、パリにあこがれるくじら、殻《から》の中でそっとウェストをはかるかたつむり、ふとりたくないろば、笑い上戸《じょうご》の犀坊《サイボウ》、さびしさのあまり餌《えさ》である縞馬《しまうま》と硬《かた》い友情を結んでしまうライオン、さまざまの動物が出てきます。かれらはいたって友情厚きものどもで、その友情は、うるさい心理の屈折《くっせつ》がなく、淡々《たんたん》として清らかです。

「てつがくのライオン」にもそれがよく出ています。

別に哲学者をひやかしているわけではないんですが、ともだちのかたつむりが美しい夕焼け空を、哲学そのものと思いこんでしまったのがすばらしい。ライオンも③哲学の本体なんかどうでもいいと思っているらしいところがおかしいのです。威風堂々《いふうどうどう》のライオンは、深遠《しんえん》なことを考えていそうな様子ですが、ほんとうはライオン語でたてがみの具合なんかばっかり気にしているのかもしれない。

私はときどき思い出して、彼らに会いたくなり、『工藤直子詩集』をひらきます。なつかしくて心が洗われるようです。

茨木のり子著『詩のこころを読む』

注　※　前肢……（動物の）前足。

問一　空欄《くうらん》[1]に入る言葉を本文中から五字でぬき出しなさい。

問二　傍線《ぼうせん》①「てつがくだった」とはライオンがどのようなことをしていたことを言っていますか、説明しなさい。

2024年度

工学院大学附属中学校

【国　語】〈第一回Ａ試験〉（五〇分）〈満点：一〇〇点〉

【はじめに】問題本文は、問題作成上、元の文を一部変えています。また、文中の※印がついていることばは、本文の後に意味の説明があります。なお、設問で文字数の指定がある場合は、句読点や記号も一つにつき一文字として数えますので注意してください。

一　次の詩と解説文をよく読んで、後の問いに答えなさい。

てつがくのライオン　　工藤直子

ライオンは「てつがく」が気に入っている。［１］が、ライオンというのは獣《けもの》の王で哲学《てつがく》的な様子をしているものだと教えてくれたからだ。
きょうライオンは「てつがくてき」になろうと思った。哲学というのは坐《すわ》りかたから工夫した方がよいと思われるので、尾を右にまるめて腹ばいに坐《すわ》り、※前肢《ぜんし》を重ねてそろえた。首をのばし、右斜め上をむいた。尾のまるめ工合からして、その方がよい。
尾が右で顔が左をむいたら、でれりとしてしまう。
ライオンが顔をむけた先に、草原が続き、木が一本はえていた。ライオンは、その木の梢《こずえ》をみつめた。梢の葉は風に吹かれてゆれた。ライオンのたてがみも、ときどきゆれた。
（だれか来てくれるといいな。「なにしてるの？」と聞いたら「てつがくしてるの」って答えるんだ）
ライオンは、横目で、だれか来るのを見はりながらじっとしていたが誰《だれ》も来なかった。
日が暮れた。ライオンは肩がこってお腹《なか》がすいた。（てつがくは肩がこるな。お腹がすくと、てつがくはだめだな）
きょうは「てつがく」はおわりにして、かたつむりのところへ行こうと思った。
「やあ、かたつむり。ぼくはきょう、①てつがくだった」

2024年度

工学院大学附属中学校　▶解説と解答

算　数　＜第１回Ａ試験＞（50分）＜満点：100点＞

解　答

[1] (1)　27　(2)　1　(3)　11500　(4)　$1\frac{2}{5}$　(5)　5　[2] (1)　16通り　(2)　4 cm^2　(3)　499.6cm^2　(4)　76点　(5)　560円　(6)　水曜日　[3] (1)　毎時20km　(2)　１時間10分　(3)　$4\frac{3}{8}$km　[4] (1)　126cm^2　(2)　６個　(3)　45cm^3　[5] (1)　300ｇ　(2)　300ｇ以上500ｇ以下　(3)　400ｇ

解　説

[1]　四則計算，計算のくふう，逆算

(1)　$108 \div 32 \times (22 - 102 \div 6 + 3) = 108 \div 32 \times (22 - 17 + 3) = 108 \div 32 \times (5 + 3) = 108 \div 32 \times 8 = \frac{108 \times 8}{32} = 27$

(2)　$1\frac{5}{16} \times 4\frac{4}{7} - 3\frac{1}{8} \div \frac{5}{8} = \frac{21}{16} \times \frac{32}{7} - \frac{25}{8} \times \frac{8}{5} = 6 - 5 = 1$

(3)　$A \times B + A \times C = A \times (B + C)$となることを利用すると，$115 \times 93 + 345 \times 11 - 230 \times 13 = 115 \times 93 + 115 \times 3 \times 11 - 115 \times 2 \times 13 = 115 \times 93 + 115 \times 33 - 115 \times 26 = 115 \times (93 + 33 - 26) = 115 \times (126 - 26) = 115 \times 100 = 11500$

(4)　$\left\{\left(\frac{1}{3} + \frac{5}{6}\right) \div \frac{1}{6} - \frac{1}{5}\right\} \div 4\frac{6}{7} = \left\{\left(\frac{2}{6} + \frac{5}{6}\right) \div \frac{1}{6} - \frac{1}{5}\right\} \div \frac{34}{7} = \left(\frac{7}{6} \times \frac{6}{1} - \frac{1}{5}\right) \div \frac{34}{7} = \left(7 - \frac{1}{5}\right) \div \frac{34}{7} = \left(\frac{35}{5} - \frac{1}{5}\right) \times \frac{7}{34} = \frac{34}{5} \times \frac{7}{34} = \frac{7}{5} = 1\frac{2}{5}$

(5)　$\{(17 - \square) \times 2 - 4\} \div 5 = 4$より，$(17 - \square) \times 2 - 4 = 4 \times 5 = 20$，$(17 - \square) \times 2 = 20 + 4 = 24$，$17 - \square = 24 \div 2 = 12$　よって，$\square = 17 - 12 = 5$

[2]　場合の数，面積，表面積，平均とのべ，消去算，倍数算，周期算

(1)　10円玉が３枚の場合，右の図１の㋐の１通りある。10円玉が２枚の場合，10円玉以外の合計は，30－10×２＝10(円)だから，図１の㋑のように，（５円玉，１円玉）＝（２枚，０枚），（１枚，５枚），（０枚，10枚）の３通りある。同じように考えていくと，10円玉が１枚の場合，図１の㋒の５通りあり，10円玉が０枚の場合，図１の㋓の７通りある。よって，全部で，１＋３＋５＋７＝16(通り)ある。

図１

	㋐	㋑			㋒					㋓						
10円玉(枚)	3	2			1					0						
５円玉(枚)	0	2	1	0	4	3	2	1	0	6	5	4	3	2	1	0
１円玉(枚)	0	0	5	10	0	5	10	15	20	0	5	10	15	20	25	30

(2)　右の図２で，直角三角形のまわりの長さは24cmだから，アとイの長さの和は，24－10＝14(cm)である。よって，正方形ABCDの１辺の長さは14cmなので，正方形ABCDの面積は，14×14＝196(cm^2)

図２

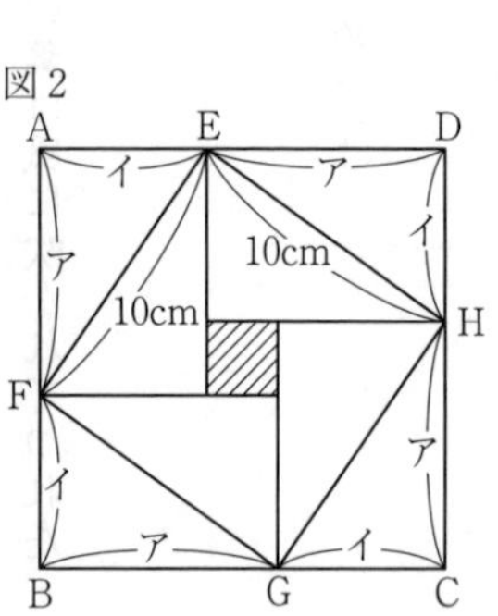

となる。したがって，直角三角形４つの面積は，正方形ABCDの面積から正方形EFGHの面積をひいて，196－10×10＝96(cm^2)となるから，しゃ線部分の面積は，正方形EFGHの面積から直角三角形４つの面積をひいて，10×10－96＝４(cm^2)と求められる。

(3)　右の図３で，上から見える半円２つを合わせると，半径５cmの円になるので，半円２つの面積の和は，５×５×3.14＝25×3.14(cm^2)であり，下から見える円の面積も(25×3.14)cm^2である。また，底面の半径が５cm，高さが12cmの円柱の側面の面積は，縦が12cmで，横が(５×２×3.14)cmの長方形の面積と等しいので，12×(５×２×3.14)＝120×3.14(cm^2)となる。同様に考えると，切り取った立体の曲面の面積は，６×(５×２×3.14÷２)＝30×3.14(cm^2)なので，図３の立体の側面のうち，曲面の面積は，120×3.14－30×3.14＝(120－30)×3.14＝90×3.14(cm^2)とわかる。さらに，長方形の面の面積は，６×(５×２)＝60(cm^2)となる。よって，図３の立体の表面積は，25×3.14×２＋90×3.14＋60＝(25×２＋90)×3.14＋60＝140×3.14＋60＝439.6＋60＝499.6(cm^2)と求められる。

図３

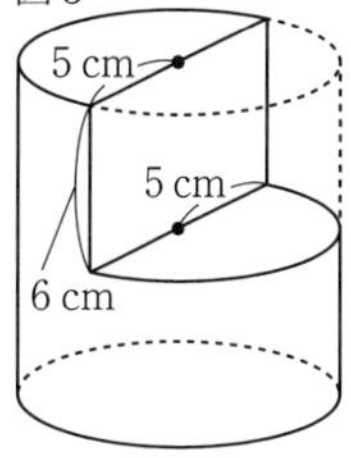

(4)　(合計点)＝(平均点)×(科目の数)より，算数と国語の合計点は，69×２＝138(点)，国語と理科の合計点は，65×２＝130(点)，理科と算数の合計点は，72×２＝144(点)なので，右の図４のようになる。図４のア，イ，ウをすべてたすと，算数，国語，理科の合計点の２倍が，138＋130＋144＝412(点)とわかるから，算数，国語，理科の合計点は，412÷２＝206(点)と求められる。よって，算数の点数は，206－130＝76(点)となる。

図４

算＋国　　＝138(点)…ア
　　国＋理＝130(点)…イ
算＋　　理＝144(点)…ウ

(5)　兄が弟に60円あげる前と後で２人の所持金の合計は変わらない。そこで，２人の所持金の合計を，４＋１＝５と，５＋２＝７の最小公倍数である35とすると，はじめの兄と弟の所持金の比はそれぞれ，$35\times\frac{4}{4+1}=28$と，$35\times\frac{1}{4+1}=7$で，兄が60円あげた後の兄と弟の所持金の比はそれぞれ，$35\times\frac{5}{5+2}=25$と，$35\times\frac{2}{5+2}=10$になる。よって，28－25＝３にあたる金額が60円だから，比の１にあたる金額は，60÷３＝20(円)とわかる。したがって，はじめの兄の所持金は，20×28＝560(円)と求められる。

(6)　３月24日の次の日(３月25日)から３月31日までは，31－24＝７(日間)あるので，３月24日の次の日から８月９日までは，７＋30＋31＋30＋31＋９＝138(日間)ある。つまり，８月９日は３月24日から138日後なので，138÷７＝19余り５より，３月24日の19週間後からさらに５日後となる。よって，８月９日の曜日は，３月24日の曜日(金曜日)の５つ後の曜日だから，水曜日とわかる。

3　速さ

(1)　太郎さんの上り坂の速さは毎時15kmで，上り坂の速さは下り坂の$\frac{3}{4}$倍だから，太郎さんの下り坂の速さを毎時□kmとすると，$□\times\frac{3}{4}=15$(km)となる。よって，$□=15\div\frac{3}{4}=20$より，太郎さんの下り坂の速さは毎時20kmとわかる。

(2)　太郎さんが上りにかかる時間は，$10\div15=\frac{2}{3}$(時間)，下りにかかる時間は，$10\div20=\frac{1}{2}$(時間)なので，１往復にかかる時間は，$\frac{2}{3}+\frac{1}{2}=\frac{7}{6}=1\frac{1}{6}$(時間)となる。$\frac{1}{6}$時間は，$60\times\frac{1}{6}=10$(分)だから，これは１時間10分である。

(3)　花子さんは下り坂の速さが毎時16kmで，上り坂の速さは毎時，$16\times\frac{3}{4}=12$(km)である。よって，花子さんが下りにかかる時間は，$10\div16=\frac{5}{8}$(時間)，上りにかかる時間は，$10\div12=\frac{5}{6}$(時間)だから，１往復にかかる時間は，$\frac{5}{8}+\frac{5}{6}=\frac{35}{24}=1\frac{11}{24}$(時間)となる。よって，花子さんが１往復したとき，太郎さんは１往復してＡ地点にもどってからさらに，$1\frac{11}{24}-1\frac{1}{6}=\frac{7}{24}$(時間)進んでいるので，Ａ地点から，$15\times\frac{7}{24}=\frac{35}{8}=4\frac{3}{8}$(km)はなれた地点にいる。

4 立体図形—表面積，分割，体積

⑴　右の図１で，正面と真後ろから見える１辺３cmの正方形の個数は合わせて，$3\times2=6$(個)となる。また，上，下，左，右から見える正方形の個数は合わせて，$2\times4=8$(個)である。よって，この立体の表面積は，１辺３cmの正方形，$6+8=14$(個)分の面積と等しいから，$3\times3\times14=126$(cm^2)と求められる。

図１

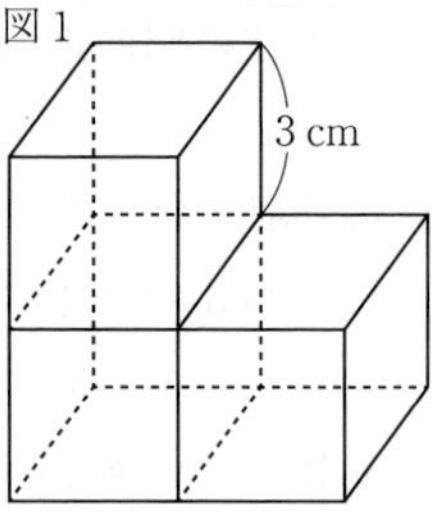

⑵　右下の図２のように，直線BC，EF，EGをそれぞれのばして，交わる点をH，Ｉとすると，頂点Ａ，Ｂ，Ｃを通る平面は，頂点Ａ，Ｈ，Ｉを通る平面になる。ここで，点Ａと点H，点Ａと点Ｉをそれぞれ結んで，立体の辺と交わる点Ｊ，Ｋをとると，点Ｊ，Ｋは切り口の図形の頂点となる。また，直線AHと直線LMの交わる点をＮとし，直線NCと直線OPの交わる点をＱとすると，点Ｑも切り口の図形の頂点となる。よって，切り口の図形の頂点は，Ａ，Ｂ，Ｃ，Ｊ，Ｋ，Ｑの６個ある。

図２

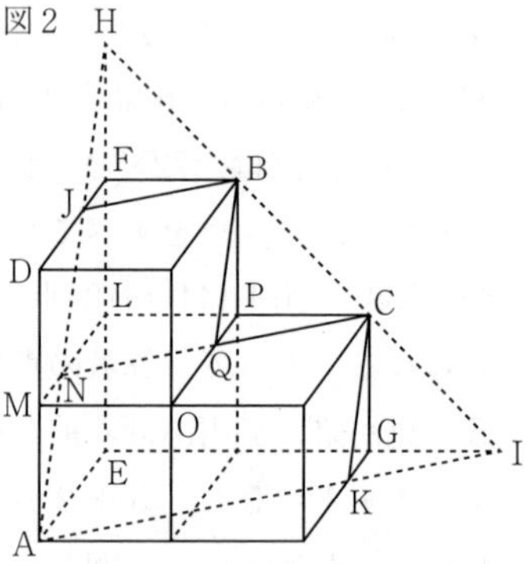

⑶　図２で，切ってできた２つの立体のうち，点Ｄをふくまない方の立体は，三角すいH－AEIから，三角すいH－JFB，B－QPC，C－KGIを取り除いた立体とみることができる。まず，三角形HFB，三角形CGIはいずれも三角形BPCと合同な直角二等辺三角形になるので，辺HF，GIの長さはいずれも３cmである。すると，辺HE，EIの長さは，$3\times3=9$(cm)となるから，三角すいH－AEIの体積は，$(3\times9\div2)\times9\times\frac{1}{3}=40.5$(cm^3)とわかる。また，三角すいH－JFB，B－QPC，C－KGIはいずれも三角すいH－AEIを，$3\div9=\frac{1}{3}$(倍)に縮小した立体だから，体積はいずれも三角すいH－AEIの，$\frac{1}{3}\times\frac{1}{3}\times\frac{1}{3}=\frac{1}{27}$(倍)で，$40.5\times\frac{1}{27}=1.5$(cm^3)となる。よって，点Ｄをふくまない方の立体の体積は，$40.5-1.5\times3=36$(cm^3)であり，切る前の立方体３つを重ねた立体の体積は，$(3\times3\times3)\times3=81$(cm^3)なので，点Ｄをふくむ方の立体の体積は，$81-36=45$(cm^3)と求められる。

5 濃度《のうど》

⑴　７％と９％の食塩水だけを混ぜて８％の食塩水600ｇをつくるときのようすは，下の図１のように表せる。図１で，かげをつけた部分は７％と９％の食塩水にふくまれる食塩の重さの和を表し，太線で囲んだ部分は混ぜてできた８％の食塩水にふくまれる食塩の重さを表すので，これらの部分の面積は等しくなる。すると，アとイの面積も等しくなり，アとイの縦の長さの比は，$(8-7)$：$(9-8)=1：1$だから，横の長さの比も１：１となる。よって，７％と９％の食塩水の重さの比は１：１になるから，７％の食塩水は，$600\times\frac{1}{1+1}=300$(ｇ)混ぜればよい。

図１

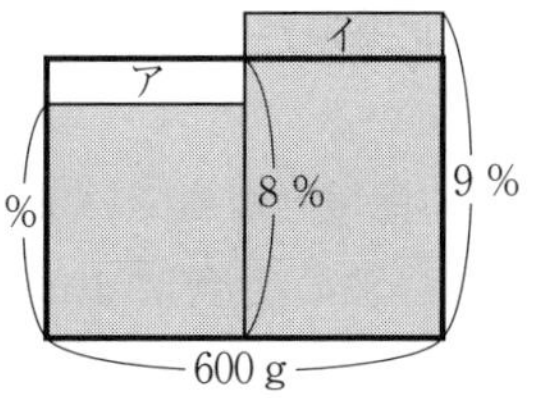

図２

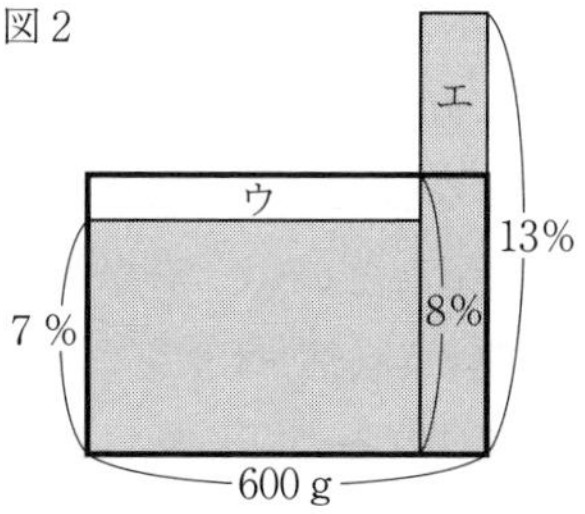

図３

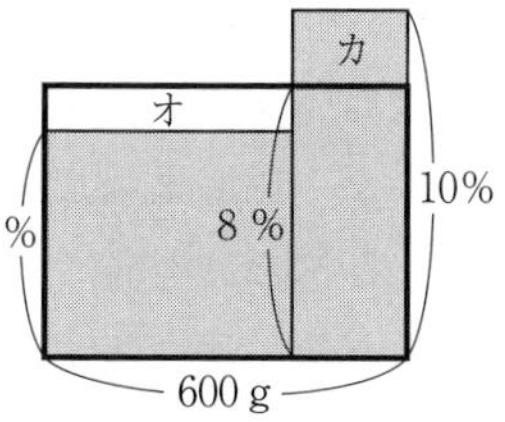

(2)　必要な７％の食塩水が最も少なくなるのは，７％と９％の食塩水だけを混ぜるときだから，このときの７％の食塩水の重さは，(1)より300 g である。また，必要な７％の食塩水が最も多くなるのは，７％と13％の食塩水だけを混ぜるときである。このとき，(1)と同様に考えると，上の図２で，ウとエの面積が等しくなり，ウとエの縦の長さの比は，（８－７）：(13－８)＝１：５だから，横の長さの比は，$\frac{1}{1}:\frac{1}{5}=5:1$となる。よって，このときの７％の食塩水の重さは，$600\times\frac{5}{5+1}=500$(g)なので，必要な７％の食塩水は300 g 以上500 g 以下とわかる。

(3)　９％の食塩水300 g と13％の食塩水100 g を混ぜると，食塩の重さは，300×0.09＋100×0.13＝40(g)，食塩水の重さは，300＋100＝400(g)だから，こさは，40÷400×100＝10(％)になる。そこで，７％と10％の食塩水を混ぜて，８％の食塩水を600 g つくると考えればよい。このとき，上の図３で，オとカの面積が等しくなり，オとカの縦の長さの比は，（８－７）：(10－８)＝１：２だから，横の長さの比は，$\frac{1}{1}:\frac{1}{2}=2:1$となる。よって，７％の食塩水は，$600\times\frac{2}{2+1}=400$(g)混ぜればよい。

社　会　＜第１回Ａ試験＞（30分）＜満点：50点＞

解　答

1　**問１**　**あ**　四国　**い**　領海　**う**　沖ノ鳥島　**問２**　（例）　技術が進歩したためより詳細な地図を表現できるようになった。　**問３**　(1)　エ（ウ）　(2)　（例）　共通点は島国であり，海岸線が長いため排他的経済水域も広くなる。　**問４**　(1)　ア　(2)　ア　(3)　エ　(4)　ア　(5)　（例）　排他的経済水域の設定と石油危機の発生により遠洋漁業が衰退した。　**問５**　イ　**問６**　エ　**2**　**問１**　ア（イ）　**問２**　ウ　**問３**　イ　**問４**　聖武　**問５**　ウ　**問６**　かな文字　**問７**　平清盛　**問８**　金閣（鹿苑寺）　**問９**　B→C→E→A→D

3　**問１**　（例）　各地で争いがくりひろげられていたので，戦場で敵か味方かを一目で区別できるように，戦国武将の信念などを表した戦旗が用いられた。

問２　**シンボルマークやイラスト**…（例）　右の図を参照

説明…（例）　世界中の人々がおたがいを思いやり，心を通わせ，世界平和が実現できるようにとの願いをこめて虹のかけ橋を描いた。

解　説

1　**日本の島についての問題**

問１　**あ**　日本は，面積が広い順に本州(約23万km^2)，北海道(約８万km^2)，九州(約４万km^2)，四国(約２万km^2)の４つの島と，次に大きい択捉《えとろふ》島(北海道)，国後《くなしり》島(北海道)，沖縄島(沖縄県)，佐渡島(新潟県)，奄美《あまみ》大島(鹿児島県)をはじめとする多くの島からなっている。　**い**　一般《いっぱん》的に，沿岸から12海里(約22km)以内の海を領海といい，沿岸国の主権がおよぶ海域となっている。
う　日本の最南端《たん》に位置する沖ノ鳥島(東京都)はサンゴ礁《しょう》からなる島で，波の浸食《しんしょく》によって水没《すいぼつ》すると海洋法に関する国際連合条約第121条の「自然に形成された陸地であって，水に囲まれ，高潮時においても水面上にあるものをいう」という島の定義から外れるおそれがある。もし島ではなくなると，日本の排他的経済水域が大幅に減少するために，1987年から周囲をコンクリートで囲む補強工事が開始され，護岸の維持管理が続けられている。

問２　本文に「最近は航空写真をコンピュータに入れて，細かい地図を描《えが》くことができます」とあることから，技術の進歩により島の形や数を正確に把握《はあく》することができるようになったことがわかる。それにより，今までは島であると認識されていなかったところや，１つの島として数えていたところが複数の島でできていることが判明するなどしたため，島の数が増えたと考えられる。

問３　(1)　12海里の領海内において，全ての国の船に対して無害通航権が認められているので，他国の船も領海の内側を通ることができる(ウ…×)。また，排他的経済水域は，沿岸から200海里(約370km)までの，領海をのぞいた海域を指し，沿岸国には海域内の水産資源や海底資源の主権的権利が認められている。表１より，日本の排他的経済水域は世界で６番目に広い約405万km^2を有し，国土面積のおよそ11倍となっている(エ…×)。なお，表１の日本の排他的経済水域面積には領海の面積がふくまれている。　(2)　インドネシア，ニュージーランド，日本はいずれも島国であり海岸線が長いため，領土に対して排他的経済水域の面積が広くなるという共通点がある。

問４　(1)　択捉島は日本の最北端に位置する島で，国後島・色丹《しこたん》島・歯舞《はぼまい》群島とともに北方領土と呼ばれる日本固有の領土である。しかし現在はロシアによって不法に占領《せんりょう》されており，日本政府はその返還《へんかん》を求めている。　(2)　佐渡島は，アルファベットの「Ｓ」のような形をしている，日本海側で最も大きな離島《りとう》である(ア…○)。なお，イは択捉島，ウは沖縄島である。　(3)　栽培《さいばい》漁業は，人工的に魚や貝の卵をふ化させ，いけすや囲い網の中である程度の大きさになるまで育て，生育しやすい環境《かんきょう》の海に放流した後，自然の中で成長して大きくなったものをとる漁業である。近年は，水産資源の持続性を保つという観点からも取り組みが進んでいる(エ…○)。なお，アは沖合漁業，イは遠洋漁業，ウは養殖《ようしょく》漁業についての説明。　(4)　沖合漁業が700万ｔの漁獲《ぎょかく》量があったのは1984年で，1985年には700万ｔを下回っている(ア…×)。なお，2017年には200万ｔほどなので，半分以下になっているという記述は正しい。　(5)　遠洋漁業は，1973年の石油危機により漁船の燃料費が高騰《こうとう》すると，漁獲量が大きく減少した。その後，世界各国が海岸から200海里の範囲の海で外国の漁船がとる魚の種類や漁を制限するようになった(排他的経済水域を設定した)ため，漁獲量は減少の一途《いっと》をたどっている。

問５　世界は，ユーラシア大陸(アジア＋ヨーロッパ)，アフリカ大陸，北アメリカ大陸，南アメリカ大陸，オーストラリア大陸，南極大陸の六大陸と，太平洋，大西洋，インド洋の三大洋で構成されており，アメリカ合衆国は北アメリカ大陸に位置している(イ…×)。

問６　長崎県の島原半島の中央部に位置する雲仙普賢岳《うんぜんふげんだけ》は，1990年11月に198年ぶりに噴火《ふんか》活動を再開し，翌年６月に起きた火砕流《かさいりゅう》や土石流によって43名の死者・行方不明者を出した(エ…○)。

なお，アの八代平野とウの阿蘇山は熊本県，イのシラス台地は鹿児島県の説明である。

2 歴史的な作品についての問題

問１　Ａは松尾芭蕉《ばしょう》の『おくのほそ道』についての説明である。「夏草や　兵《つわもの》どもが　夢のあと」は，平泉で芭蕉が詠《よ》んだ俳句である。「やせ蛙　負けるな一茶　これにあり」は信濃《しなの》国(現在の長野県)生まれで，化政文化を代表する小林一茶の俳句である。一茶は平易な言葉でユーモアのある俳句を多く詠んだことで知られる(ア…×)。また，「古池や　蛙《かわず》飛びこむ　水の音」も同様に芭蕉の句であるが，『おくのほそ道』には収録されていない(イ…×)。

問２　東海道は，江戸時代に整備された五街道の１つで，江戸の日本橋と京都の三条大橋を海沿いに結んでいる。現在の東京都から神奈川県，静岡県，愛知県，三重県，滋賀県を経て京都府にいたる道で，道中に53の宿場が置かれていた(ウ…○)。なお，中山道と甲州街道も五街道の１つだが，東海道が海沿いを通ったのに対し，中山道は現在の長野県などの中央部を経て京都に続く道である。甲州街道は江戸から現在の山梨県に通じ，下諏訪(長野県)で中山道と合流する。

問３，問４　流行した疫病《えきびょう》やききんなどで混乱した世の中の不安を仏教の力によってしずめ，国を安らかに治めようとして，東大寺の大仏造立《ぞうりゅう》を行ったのは聖武天皇である。聖武天皇は，人口増加による口分田の不足をおぎなうため，自分で開拓《かいたく》した田畑の永久私有を認める墾田《こんでん》永年私財法を743年に定めた。

問５　モンゴル帝国の第５代皇帝で元(中国)の初代皇帝フビライ＝ハンは，鎌倉幕府の第８代執権北条時宗に降伏を求めたが断られたため，鎌倉時代の1274年と1281年の２度にわたり，元と高麗《こうらい》の連合軍をおくって博多湾沿岸を襲撃《しゅうげき》した(ウ…○)。なお，渡来人が日本に移住したのは主に古墳時代である(ア…×)。聖徳太子は遣隋《けんずい》使として小野妹子を派遣《はけん》した(イ…×)。中国との貿易は長崎の唐人屋敷で行われた(エ…×)。

問６　漢字をくずした形からつくられたひらがな，漢字のへんやつくりからつくられたカタカナをかな文字という。平安時代に，女性たちはこのかな文字を用いて日本人独特の感情や考え方をいきいきと表現し，物語，随筆《ずいひつ》，日記などを書くようになった。

問７　平清盛は，1159年の平治の乱で源義朝(源頼朝の父)を破ると平家の勢力を拡大させ，1167年には武士として初めて太政《だいじょう》大臣の位についた。その後，娘の徳子を高倉天皇の妃《きさき》，その間に生まれた子を天皇にして権力を強め，平家一族の繁栄《はんえい》を築いた。

問８　室町幕府の第３代将軍足利義満は，14世紀末に京都の北山にある西園寺《さいおんじ》家の山荘《さんそう》をゆずり受けて別邸《べってい》とし，三層の造りで外壁《がいへき》に金箔《きんぱく》がほどこされた金閣を建てた。義満の死後，この寺院は鹿《ろく》苑《おん》寺と名づけられている。

問９　Ａは江戸時代(『おくのほそ道』)，Ｂは奈良時代(『万葉集』)，Ｃは平安時代半ば(『枕草子』)，Ｄは明治時代(『吾輩《わがはい》は猫《ねこ》である』)，Ｅは鎌倉時代初め(『平家物語』)の作品についての説明文なので，年代の古い順に，Ｂ→Ｃ→Ｅ→Ａ→Ｄとなる。

3 デザインについての問題

問１　戦旗は，平安時代末期の源平合戦のころから，敵と味方を識別するために使われていたとされ，源氏は白い旗，平氏は赤い旗であった。戦国時代になると，武将が自分の信念や思想などを記した戦旗が多く見られ，戦場で用いられた。

問２　問１に示された戦旗は，左から順に，上杉謙信，武田信玄，織田信長のものである。謙信は毘沙門天《びしゃもんてん》を，戦旗の中にある「風林火山」でも知られる信玄は諏訪《すわ》明神《みょうじん》を敬い，そのご加護があるようにと願っていたと考えられる。また，信長は明《みん》銭である永楽通宝をデザインしていることから，経済の発展と安定をかかげていたと思われる。以上のように，自分の考えや望んでいることを絵に表し，その理由を書けばよい。

理　科　＜第１回Ａ試験＞（30分）＜満点：50点＞

解　答

1 問１　⑤　問２　⑥　問３　④　問４　③　問５　10　問６　(例)　天敵
2 問１　(ア)　問２　(エ)　問３　(ウ)　問４　(ウ)　問５　(ア)　問６　(ウ)　**3** 問１　(ア)　問２　(イ)，(エ)　問３　(エ)　問４　(エ)　問５　X　300　Z　21　**4** 問１　A　(イ)　B　(ア)　C　(オ)　D　(エ)　E　(ウ)　問２　(ウ)

解　説

1　こん虫についての問題

問１　こん虫のなかまは胸に６本のあしがついているが，問題文中の図でＥのアオカナブンは，あしの数が８本になっているのでまちがっている。

問２　図のＦは，トンボのなかまであるアキアカネの幼虫のすがた(ヤゴ)をえがいたものである。

問３　タガメとトンボの幼虫であるヤゴは水中で生活をしていて，水中の小さな魚やこん虫などをえさとしている。

問４　一般《いっぱん》に，カブトムシのオスの成虫は頭部に大きな角と胸部に小さな角をもっているので，メスの成虫とはっきりと見分けることができる。

問５　アカアブは，２本のしょっ角と６本のあしをもち，ハエやカと同じくはねは２枚なので，しょっ角とあしとはねの数の合計は，２＋６＋２＝10となる。

問６　テントウムシは幼虫の時期も成虫になってもアブラムシをエサとして食べる。つまり，テントウムシはアブラムシにとっての天敵になる。そのため，問題の図にあるように，アブラムシはクロクサアリに甘《あま》い汁《しる》を与《あた》えるかわりに，天敵のテントウムシを追い出してもらっている。このような互《たが》いに利益が生まれる関係のことを共生(相利共生)という。

2　天気，地震《じしん》や火山についての問題

問１　気温の変化のグラフを見てみると，８月１日の最低気温は日付が１日から２日にかわる真夜中の時間帯に記録されていることがわかるので，(ア)は誤り。

問２　雪を表す天気記号は，白丸の中が３本の線で区切られていて，雪の結晶《けっしょう》のように見える(エ)である。

問３　寒冷前線は冷たい空気の勢いが強く，暖かい空気を押《お》し上げていて，(ウ)のように，冷たい空気が進む方向に三角形をかいた線で表す。

問４　台風は熱帯低気圧のうち，中心付近の最大風速が17.2m/秒以上になったものである。また，台風の勢力が弱まって中心付近の最大風速が17.2m/秒を下回っても，強い風を吹《ふ》かせ，発達した雨雲をともなっていることが多いので，災害の危険性がなくなることはない。

問５　日本の震度階級は震度０から震度７まであり，震度５と震度６にはそれぞれ強弱の２段階があるので，全部で10段階になっている。

問６　海底火山が激しく噴火《ふんか》した場合，海上では津波《つなみ》が発生したり，軽石などの噴出物が海上に流れ出たりすることがある。

３　光の進み方，ばねののび方についての問題

問１　はじめに見える像は，キャラクターと同じ向きで大きさが大きく見えている像である。この状態で，キャラクターを離《はな》していくと，あるところまでは少しずつ像が大きくなっていく。

問２　虫めがねのような両側の中央付近が盛り上がったレンズを凸《とつ》レンズという。凸レンズには光を集める性質があり，光が集まる点をしょう点とよぶ。図１の状態からキャラクターを離していくと，ちょうどキャラクターが虫めがねのしょう点の位置にきたときに，像がはっきりと見えなくなる。

問３　しょう点からさらに虫めがねを離していくと，(エ)のような元のキャラクターと上下左右が反対の像(倒立《とうりつ》実像)が見えるようになる。

問４　中央部がへこんだ凹《おう》面鏡では，凸レンズの倒立実像と同じく，実物と上下左右が反対になった像を見ることができる。(エ)のようなかい中電灯の内部には，光を効率よく集めるために凹面鏡が使われている。

問５　X g のおもりをつるしたときの，ばねＡののびは，$21-15=6$ (cm)であり，ばねＡは100 g で２cmのびるので，おもりの重さは，$100\times\frac{6}{2}=300$ (g)とわかる。また，ばねＡを２本横に並べて300 g のおもりをつるすとき，ばねＡ１本あたりには，$300\div2=150$ (g)の重さがかかる。すると，右上の図でばねＡとばねＢを縦につないだときも，ばねＡが Y cmになっているので，おもりの重さが150 g となる。よって，ばねＢは150 g で，$17-15=2$ (cm)のびる。したがって，左下の図でばねＢに450 g のおもりをつるしたとき，ばねＢの長さは，$15+2\times\frac{450}{150}=21$ (cm)と求められる。

４　水溶液《すいようえき》についての問題

問１　粉末Ｃは水に溶《と》けず白くにごり，ヨウ素液を加えると青むらさき色に変化したことから片栗《かたくり》粉《こ》とわかる。粉末Ｄと粉末Ｅを溶かした溶液は青いリトマス紙を赤くしたので，水に溶けると酸性を示す粉末酢《す》かミョウバンとなる。また，粉末Ｂは溶液を加熱すると黒く焦《こ》げたことから砂糖とわかる。さらに，ミョウバンを水に溶かしてアンモニア水を加えると白い沈殿《ちんでん》ができるので，粉末Ｄはミョウバンとなる。すると，粉末Ｅが粉末酢とわかり，残った粉末Ａが食塩になる。

問２　小麦粉の主成分はデンプンで水に溶けにくく，加熱すると黒く焦げる。また，デンプンがヨウ素液と反応するため青むらさき色に変化する。

国　語　＜第１回Ａ試験＞（50分）＜満点：100点＞

解　答

一　**問１**　かたつむり　**問２**　(例)　姿勢を整えて，木の梢を見つめていたこと。　**問３**　美しい夕焼け空　**問４**　てつがく　**問５**　(例)　深遠なことを考えること。　二　**問１**

百聞は一見にしかず　**問2**　ウ　**問3**　(例)　(クオリアを知るためだからといって)他者を傷つけ危害を加えることは許されない(から。)　**問4**　**2**　エ　**3**　イ　**4**　ア　**5**　ウ　**問5**　世界内存在として世界と交わることによって，自分に立ち現れてくる世界　**問6**　傍観者のままでは，行動を起こせない(から。)　**問7**　イ　**問8**　(a)〜(c)，(e)　下記を参照のこと。　(d)　たき　三　**問1**　イ　**問2**　イ　**問3**　**2**　エ　**3**　イ　**4**　ウ　**5**　オ　**6**　ア　**問4**　エ　**問5**　**A**　(例)　先生の呼び出しの理由がわからない不安。　**B**　(例)　先生の言葉や態度に対する怒り。　**問6**　ア　**問7**　イ　**問8**　(a)　うつわ　(b)　に(えた)　(c)　下記を参照のこと。　(d)　もうふ　(e)　とうめい

●漢字の書き取り

二　**問8**　(a)　経済　(b)　処理　(c)　程度　(e)　順調　三　**問8**　(c)　保健

解　説

一　**出典：工藤直子《くどうなおこ》『昭和三十七年―昭和四十七年』，茨木《いばらぎ》のり子《こ》『詩のこころを読む』**。何かわからないまま「てつがく」をするライオンについての詩と，その解説文である。

問1　「てつがく」を終わりにしたライオンは，かたつむりのところへ行き，「てつがくをやった時のようすをしてみせ」ている。ここから，「ライオンというのは獣《けもの》の王で哲学《てつがく》的な様子をしているものだと教えてくれた」のは，かたつむりだとわかる。

問2　「てつがくてき」になろうと考えたライオンは，すわり方から姿勢，顔のむきに至るまできちんと整え，その視線の先にあった「木の梢《こずえ》」を見つめている。よって，「姿勢を整えて，木の梢を見つめていたこと」のようにまとめる。

問3　「てつがく」のようすを披露《ひろう》したライオンの視線の先にあった「夕焼けの空」を見て，かたつむりは「あゝ，なんていいのだろう」としみじみ感じ入っている。解説文にあるとおり，かたつむりはここで，「美しい夕焼け空」を「哲学」そのものだととらえたのである。

問4　直前に「じっと」とあるとおり，かたつむりに自分がほめられたと思ったライオンは同じ姿勢を崩《くず》さなかったのだから，「てつがく」をし続けていたのだろうと考えられる。

問5　続く部分で，「威風《いふう》堂々のライオンは，深遠なことを考えていそうな様子」だが，ほんとうは「たてがみの具合なんかばっかり気にしているのかもしれない」と解説されている。つまり，ライオンにとって「どうでもいい」ものであろう「哲学の本体」とは，「深遠なことを考え」ることにあたる。

二　**出典：信原幸弘《のぶはらゆきひろ》『「覚える」と「わかる」―知の仕組みとその可能性』**。私たちがじっさいに何かを体験した主観的世界を基盤《きばん》にして客観的世界を獲得《かくとく》できることについて，詳《くわ》しく説明されている。

問1　「いくら言葉を尽《つ》くして説明してもらっても，じっさいの体験には遠く及《およ》ばない」というのだから，“人から何度も聞くよりも一度実際に自分の目で見るほうが確かでよくわかる”という意味の「百聞《ひゃくぶん》は一見にしかず」があてはまる。

問2　じっさいにものごとを体験することで得られる「感じ」のことを，「クオリア」という。水族館ではじっさいの川や海のことは知ることができないので，ウが適切でない。

問3　「そのような体験」とは，「悪い結果をもたらす」，つまり「他者危害」の要素をふくむ体験にあたる。続く部分で述べられているとおり，「人を傷つけることがどのようなことかを知るため」

に，「わざわざ他者危害を試みることは許されない」のだから，「(クオリアを知るためだからといって)他人をじっさいに傷つけてはいけない(から)」のようにまとめるとよい。

問４　**２**　「情動」という言葉を説明するための例として，筆者は「恐怖《きょうふ》」を取り上げている。「怖《こわ》いという感じ」に，「心臓」の「高鳴り」や「身体」の「震《ふる》え」をともなってはじめて「恐怖」といえるというのだから，そのことがらに限られるようすを表す，「たんに」が合う。　**３**，**４**　「一人称《いちにんしょう》の主観的世界を超《こ》えて三人称の客観的世界」を得られるのは人間の優《すぐ》れた能力だが，三人称の客観的世界を手にするためには「一人称の主観的世界」の獲得が大前提になっているというのだから，空欄３には，前のことがらを受けて，それに反する内容を述べるときに用いる「しかし」が入り，空欄４には，“どこまでも”という意味の「あくまで」があてはまる。　**５**　直後に「眺《なが》めると」とあるので，これと呼応して“もし～ならば”という意味を表す「かりに」がよい。

問５　同じ段落の最後で，「一人称の世界」とは「世界内存在として世界と交わることによって，自分に立ち現れてくる世界」であると述べられている。

問６　続く部分で筆者は，三人称の視点から「世界を捉《とら》えているだけでは，『そこ』に椅子《いす》があり，『あそこ』に机があるといった一人称的な把握《はあく》ができ」ず，自らの「身体でもって世界に働きかけ」られないと述べている。つまり，「『いま，ここ』から世界を捉えてこそ，『いま，ここ』から世界に働きかけ」られるのであって，「傍観《ぼうかん》者のままでは，行動を起こせない」ため，「一人称の主観的な世界が必要」だというのである。

問７　三人称の客観的世界の獲得だけでなく，体験して覚えるという世界との一人称的な交わりが必要だというのが筆者の主張である。よって，「考えたり感じたりするだけ」ではなくて「体験が必要」だとしたイがふさわしい。

問８　(a)　金銭《きんせん》のやりとり。　(b)　ものごとを取りさばいて始末をつけること。　(c)　度合い。　(d)　ものごとが多方面に分かれているさま。　(e)　ものごとがとどこおりなくはかどるさま。

三　**出典：江國香織《えくにかおり》『僕《ぼく》はジャングルに住みたい』**。恭介《きょうすけ》の，間もなく小学校を卒業する複雑な心境が描《えが》かれている。

問１　「ぶっちょうづら(仏頂面)」は，不きげんにふくれた顔つきのこと。

問２　もうすぐ卒業だからとサイン帖《ちょう》をまわしていたなか，恭介に「俺《おれ》，書かないよ」「だって，さみしくねぇもん」とそっけなく断られてしまった女の子は，居づらそうに「そこに立っていた」と想像できる。よって，イの「きまり悪そうに」があてはまる。「きまり悪い」は気恥《きは》ずかしいようす，体裁が悪く恥ずかしいさま。なお，「頭が上がらない」は引け目を感じるようす，「壁《かべ》につきあたる」は“困難に直面する”という意味，「白い目で見る」は“冷淡《れいたん》な，悪意のこもった目で人を見る”という意味。

問３　**２**　恭介に「男らしくない」と思われている「担任の大島」の授業におけるせりふなので，エの「問五，暮林《くればやし》くん，やってみてくれるかな」が選べる。　**３**　恭介は，男らしい言い方をするのが「ふつう」だと思っているのだから，イの「問五，暮林やれ」が合う。　**４**　「今朝《けさ》はなんとなくいやな気分だったし，わかりません，と言えば先生が自分でやってくれることがわかっていた」のだから，恭介は「わかりませーん」と言ったものと判断できる。　**５**，**６**　「わかりませーん」と恭介に言われた先生は，「わからないのかぁ。問四の応用なんだけどなぁ」と自分で「問題をといてみ」つつも，「これがわからないと中学に行って苦労するぞ」と釘《くぎ》をさしたはずである。

問４　後にあるように，野村さんは「とん汁が嫌《きら》い」である。そのことを知ったうえで恭介は，とん汁をつぐときの「少しにして」という野村さんの要望を受け入れず，「なみなみと」ついでいる。野村さんがいやがることをあえてしているのである。

問５　**A**　「大島先生は今まで生徒を呼びだしたことなど一度もなかったので」，恭介はドキドキしたのだから，なぜ先生が呼び出したのかわからずに不安になったのだろうと推測できる。　**B**　先生から，去年の遠足でのできごとに対する謝罪を受けた恭介は，「教師があやまるなんて，気持ち悪い」，「へんなやつ」だと思っている。恭介はこのとき，先生の言葉や態度に「イライラ」しているのだから，先生に対して怒《いか》りを感じていると読み取れる。

問６　きげんが悪いときに恭介は「ジャングルに住みたい」と考えている。このきげんの悪さは，「中学にいったら生活がかわる」ことが原因であると推測できる。恭介は中学校での生活について，「勉強」や「先生」のこと，「クラスのみんなもばらばらに」なること，野村さんに会えなくなることなどを気にしている。また，「いいこともあるかもしれない」と考えながらも，「僕だって，今の僕ではなくなってしまうかもしれない」と，自分のこともぼんやりとではあるが不安に感じている。ジャングルとは，そのようなことを考えずにすむ，現実から遠く離《はな》れた環境《かんきょう》を指していると考えられるので，アがふさわしい。

問７　問６でみたとおり，恭介は未来に不安を抱《かか》えている。「そっくりそのまま今の恭介の気持ち」に合うものだから，イがよい。

問８　(a)　音読みは「キ」で，「容器」などの熟語がある。　(b)　音読みは「シャ」で，「煮沸《しゃふつ》」などの熟語がある。　(c)　健康を守り保つこと。　(d)　寝具《しんぐ》などに用いる，毛織の布。　(e)　すきとおっていて，にごりのないさま。

2024年度　工学院大学附属中学校

【算　数】〈第１回Ｂ試験〉（50分）〈満点：100点〉

【注意事項】円周率は3.14とします。

1　次の □ にあてはまる数を求めなさい。

（1）$3\times5-(46-3\times4)\div17\times3+2=\square$

（2）$2\frac{4}{5}\times4\frac{2}{7}-3\frac{1}{8}\div\frac{5}{8}=\square$

（3）$12000\times3.26+2400\times25.7+120\times160=\square$

（4）$\left\{\left(\frac{1}{3}-\frac{1}{5}\right)\div\frac{1}{4}-\frac{2}{5}\right\}\div\frac{2}{5}=\square$

（5）$39-\{23-2\times(7-\square)\}=26$

2　次の問いに答えなさい。

（1）１から100までの整数のうち、３でも７でも割り切れない数は何個ありますか。

(2)　半径３cm の８個の円が、右の図のようにぴったりくっついています。しゃ線部分の面積は何 cm^2 ですか。

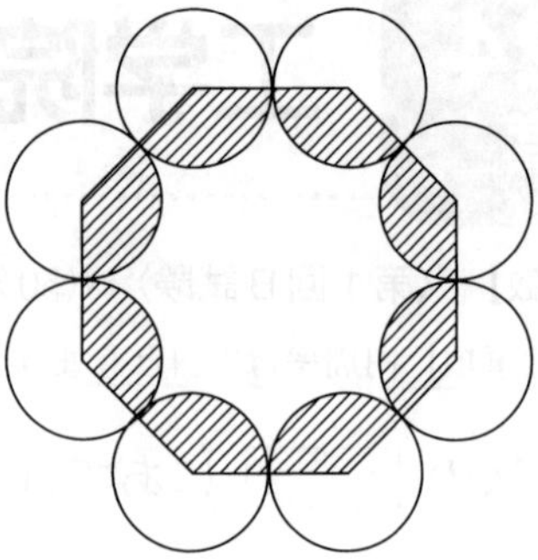

(3)　右の図は、中心が点Ｏの半円で、３点Ａ、Ｂ、Ｃはこの半円周上にあります。角 x の大きさは何度ですか。

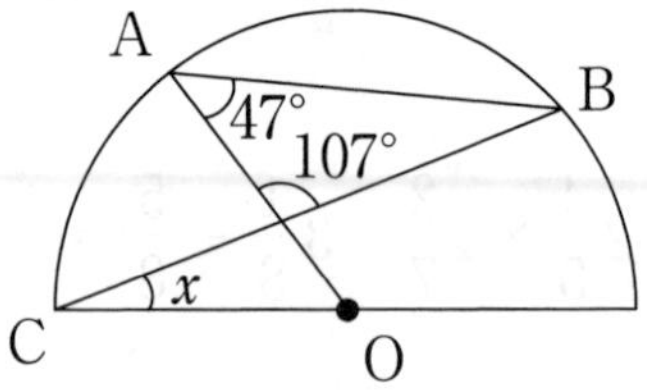

(4)　花子さんはお皿を洗う仕事をしています。１枚洗うごとに 30 円もらえますが、お皿を割ってしまうと１枚につき 90 円はらわなければなりません。ある日、花子さんはお皿を 100 枚洗って仕事を終わらせたところ、2520 円もらいました。花子さんが割ったお皿は何枚ですか。

(5)　兄が１人ですると 12 日、弟が１人ですると 20 日かかる仕事があります。この仕事を兄が１人で４日した後、残りを兄と弟の２人ですると、仕事を始めてから仕事が終わるまで全部で何日かかりますか。

(6)　食塩水Ａと食塩水Ｂを１：２の割合で混ぜると 12 ％の食塩水になり、食塩水Ａと食塩水Ｂを３：１の割合で混ぜると７％の食塩水になりました。食塩水Ａのこさは何％ですか。

3 太郎さんは10時に家を出発し、5 kmはなれたA駅まで自転車で向かいます。毎時15 kmの速さで行くと電車の発車時刻のちょうど9分後に着きます。

このとき、次の問いに答えなさい。ただし、太郎さんは一定の速さで移動するものとします。

(1) 家から駅まで行くのにかかる時間は何分ですか。

(2) 電車の発車時刻は何時何分ですか。

(3) 電車の発車時刻のちょうど3分前に着くための速さは、毎時何kmですか。

4 右の図のように辺 AD と辺 BC が平行で、辺 AD が 4 cm、辺 BC が 6 cm の台形 ABCD があります。辺 BC 上に点 Q を、辺 CD 上に点 P をとります。辺 AD を頂点 D の方に延長した直線と、BP を点 P の方に延長した直線が交わる点を E とします。そして、BP、AQ はそれぞれ台形の面積を 2 等分します。

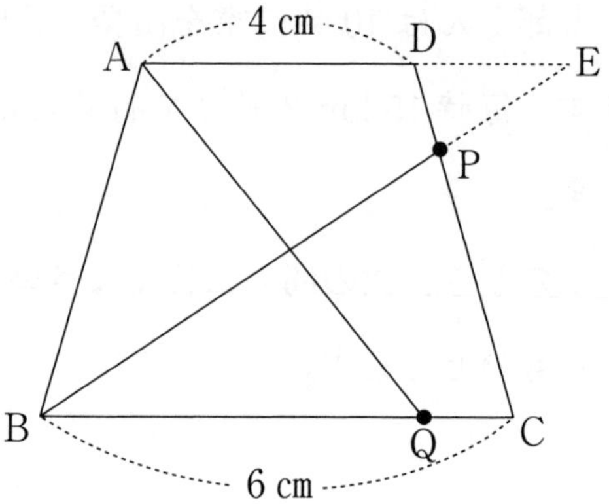

このとき、次の問いに答えなさい。

(1) QC の長さは何 cm ですか。

(2) DP の長さと PC の長さの比を、もっとも簡単な整数の比で答えなさい。

(3) DE の長さは何 cm ですか。

5 $\frac{1}{7}$ を小数で表したとき、次の問いに答えなさい。

(1) 小数第 2024 位の数はいくつですか。

(2) 小数第 1 位の数から小数第 32 位の数までの和はいくつですか。

(3) 「小数第 1 位から小数 □ 位の数までの和は 4 けたの数になります。」
この □ に入る数は全部で何個ありますか。

問五　空欄 2 に文意が通るように並べ替《か》え、その順番を記号で答えなさい。

ア　その夜アルバイト先で、画学生は酔客《すいきゃく》を殴《なぐ》りました。

イ　「編み物教室の隣で描いているような絵」というものもいた。

ウ　彼は勾留《こうりゅう》され、アルバイトをくびになり、昨日ようやくアパートへもどりました。

エ　非《ひ》は客のほうにあったのですが、間《ま》の悪いことに婦人警官が三人、奥のテーブルで愚痴《ぐち》をこぼしあっている最中《さいちゅう》だった。

オ　講師《こうし》や先輩《せんぱい》たちは、古くさい彼の絵を鼻で笑いとばしました。

問六　傍線④「店先にイーゼルを立ててスケッチをはじめました」とありますが、その理由として適当なものを後から選び、記号で答えなさい。

ア　グレープフルーツのお礼として、最高の果物の絵を描きプレゼントしたかったから。

イ　果物を描くには太陽の光のもとで描くのが一番だとたつ子さんに強く言われたから。

ウ　どの果物を描くのが一番自分にとって良いのかを見つけるのに最良の場所だから。

エ　今回は腐ることのない果物を売っている店とそこで働いている人を描きたかったから。

問七　空欄 3 に入る言葉を本文中から二字でぬき出しなさい。

問八　傍線⑤「額にいれた絵」に描かれているものを本文を参考に説明しなさい。

問九　波線（a）～（e）の漢字はひらがなに、カタカナは漢字にそれぞれ直しなさい。

「そこに描いてある絵がどんなものか、俺にはだいたい見当がつく」

たつ子さんは、さくらんぼのような頬《ほお》を揺《ゆ》らし、照れくさげに笑いました。そして、ゆっくり席を立つと、布につつまれた画学生の贈《おく》り物を、レジのうしろに立てかけました。

いしいしんじ著「果物屋のたつ子さん」（『雪屋のロッスさん』所収）

注　※１　疎水《そすい》……灌漑《かんがい》・発電などのための水を通す目的で土地を切り開いて設けた水路。
※２　仲買人……売り手と買い手との間に立って、物品や権利の売買の仲介をして利益を得ることを業とする人。
※３　庇……日光や雨などを防ぐため、建物の窓・出入り口・縁側などの上に張り出した片流れの屋根。
※４　風体……みなり。
※５　ごとく……三脚または四脚をつけた鉄製などの輪。
※６　啞然……事の意外さにあきれて言葉につまるさま。

問一　空欄《くうらん》［１］に入る言葉を本文中から三字でぬき出しなさい。

問二　傍線①「足下のもの」とは何ですか、簡潔《かんけつ》に説明しなさい。

問三　傍線②「子どもが追いついてきて、決まり悪げに顔をうかがう」とありますが、その理由を説明しなさい。

問四　傍線③「冷静な口調ですが、声はわずかに震えています」とありますが、「声はわずかに震えてい」た理由として適当なものを後から選び、記号で答えなさい。

ア　学生に文句を言ったので、その仕返しをされることを恐れていたから。
イ　自分の好きな果物たちへの扱いがあまりにひどくて悲しかったから。
ウ　あまり会話したことのない学生に話をすることに緊張《きんちょう》していたから。
エ　自分が育てた果物がひどい扱いを受けたことがショックだったから。

においしかった。早く描きあげて、それを口にいれるのが、筆を動かしながら楽しみでならなかったほどです」

　四日前、画学校で合評会《がっぴょうかい》がありました。[2]

蒸《む》し暑い部屋へはいると、置きざらしの果物から、煙のあがっているのが見えます。よくよく見ると、それは蝿《はえ》の群れでした。

「ひどい光景でした。蝿は果物だけでなく、あらゆるものにたかっていました。絵の具やカンバス、鏡、ぼく自身にも。一刻も早く捨てなくちゃと思った。ぼくは、片っ端《ぱし》からゴミ袋に詰《つ》め、窓から投げ捨てたのです。ほんとうに申し訳ありません。自分のやったことに吐《は》き気がします。奥さんのすばらしい果物を、あんなふうに捨てるだなんて」

　たつ子さんはしばらく黙っていました。そして席を立つと、奥の業務用冷蔵庫から、大きなグレープフルーツをとってきました。※5ごとくのような爪《つめ》で、さくさくと剥《む》く。これまで何千、何万個の果物を、大切に扱《あつか》ってきた分厚い爪で、あっという間に剥いてしまう。

「さあ、おたべなさい」

　薄皮《うすかわ》を割り、たつ子さんはいいました。

「たべて、腐ったもののことは忘れちまいなさい。いまどきのグレープフルーツは、まったく目がさめるような味がしますよ」

　画学生は頭をさげ、指を伸ばしました。ひとつ口へ入れるや、みずみずしい香気《こうき》とともに、明るい霧《きり》のような笑みが、顔全体にひろがっていきます（おいしい果物をたべたなら誰《だれ》もの顔がそうなる）。

　画学生は翌日から、④店先にイーゼルを立ててスケッチをはじめました。たつ子さんがそうするよう強く主張したのです。

「わたしは、絵のことなんてちんぷんかんぷんだけど、果物のことならわかる」

　たつ子さんはいいました。

「果物の色は外で、太陽に当てて見るのがいちばんだ。あんなじめじめした部屋の暗がりじゃあ、腐ったような色にしか見えないよ」

「じめじめで悪かったな」

　不動産屋のじいさんが脇《わき》で口をとがらせ、

「そういう文句《もんく》なら、大家《おおや》にいってくれ」

　盆《ぼん》休みに、画学生は帰省《きせい》することになりました。たつ子さんのにらんでいたとおり、[3]のうまれでした。冬は雪にとざされ、りんごの産地としても有名な山村です。学生は微笑《ほほえ》みながら、⑤額《がく》にいれた絵を一枚、たつ子さんにプレゼントしました。そして古びたリュックを背負い、旅だっていきました。

　渡された絵を胸元でちらとのぞき、たつ子さんは※6唖然《あぜん》となりました。数日前にしあがったというそれは、果物だけの絵ではなかったのです。

「よう、たっちゃん。俺にはわかるぜ」

　じいさんはにやにやといいます。

たばこをくわえながら※3庇《ひさし》をくぐり、自分で(c)椅子をだして堂々と腰掛《か》ける。

「あいかわらず、静かなもんだ」

「そうだねえ」

たつ子さんがうなずくと、

「あんた、この世でいちばん気持ちのいい音は、いったいなんだと思うね」

「さあ、なんだろうかねえ」

じいさんはうっすら金歯を見せ、

「そいつはな、隣《となり》の家の蔵《くら》が、ある日崩《くず》れおちてく音よ」

たつ子さんはクスクスと笑います。

この店に最近、若い常連《じょうれん》がひとりできた。近所のアパートへ越《こ》してきた、短髪《たんぱつ》の学生です。週に二度、眠《ねむ》たげな目つきでふらりとやってきては、傷《いた》んだものの特売箱から、りんごやバナナをとりあげます。すりきれたセーターに、裾《すそ》をまくりあげた作業ズボン。ほとんど喋《しゃべ》りませんが、品物を見るその目つきから、たつ子さんには彼がずいぶん果物好きらしいことがわかりました。北国の、山の生まれかもしれない。あそこか、それともあの地方かも、などと、ひそかに想像しています。

とある夕方、たつ子さんは買い物かごをさげ、疎水べりの道を歩いていました。かごにはカマスの開きがはいっています。(d)ショカの夕陽がちろちろと水面をなめている。小さな橋の上を、ゴム製のサッカーボールがてんてんと転がってくる。たつ子さんは苦笑し、ボールのあとを追って、下駄《げた》をひきずり、アパートの自転車置き場にはいっていきました。

ボールはすぐに見つかりました。大きな袋《ふくろ》に当たってとまったのです。たつ子さんはしばらくその場に立ちつくし、①足下《あしもと》のものを見つめていました。②子どもが追いついてきて、決まり悪げに顔をうかがう。すぐにボールを拾いあげ、疎水のほうへ駆《か》けていきます。

翌日の昼間、いつもの※4風体《ふうてい》でやってきた学生に、悪いけれどもう、あんたに果物は売れない、とたつ子さんはいいました。

③「たべやしないのに」

冷静な口調ですが、声はわずかに震《ふる》えています。

「買ってくれたものをどうしようが、お客さんの勝手だって、それはそうかもしれませんがね。でも、かわいそうですよ。まるで手がつけられないまま、あんなにひどく腐っちまうってのは、果物たちにしたらね、ほんとうに無念《むねん》なことだったと思いますよ」

しばらく黙《だま》っていた学生は、苦しげに息をついて、しずかに話しはじめました。彼は画《が》学生《がくせい》でした。ここしばらく、朝な夕な、果物のスケッチにとりくんできたのです。アルバイトに出かける以外、ほぼ一日部屋にこもり、絵の具にまみれて過《す》ごしてきた。

「でも、奥さん、描いた果物は、全部たべていました。絵に写したあと、すべて(e)タイらげていたのです。ここの果物はどれも、ほんとう

問八　本文の内容として適切なものには○、そうでないものは×を答えなさい。

ア　周りの人と同じように振るまい、調和を大切にする日本人の性質が、コロナ禍の日本で起こった他人を非難したり排除《はいじょ》したりするような状況をつくりだしてしまったといえる。

イ　コロナ時代以降、コミュニケーションのあり方がＳＮＳやオンラインへと変化し、ますます相手の身になる力が失われていってしまうことが予想される。

ウ　コロナに感染した人に対する非難や偏見の目はその人の過去や感染症が治った後にまでおよび、医療従事者にいたってはその家族までも影響を受けた。

エ　台湾のオードリー・タンというＩＴ担当大臣が開発したアプリのおかげでマスクが手に入りやすくなった一方、マスクの色が気に入らないという国民の声が広まっていった。

問九　波線（ａ）～（ｅ）の漢字はひらがなに、カタカナは漢字にそれぞれ直しなさい。

三

次の文章をよく読んで、後の問いに答えなさい。

たつ子さんの店は、※1疎水《そすい》に面した四つ角に建《た》っています。まわりには、看板《かんばん》をおろした空き家のバー、磨《す》りガラス窓の不動産屋《ふどうさんや》。七十二歳になったいまも毎朝四時に起き、みずからトラックのハンドルをたぐって青物《あおもの》市場へ向かいます。孫のような年の※2仲買人《なかがいにん》たちが、目をこすりこすり、バナナやりんごの段ボール箱を彼女の荷台まで運んでくれる。たつ子さんは彼らに塩むすびをふるまいます。

たつ子さんはおもに、季節ごとの果物を**商**（ａ）っている。春にびわ、夏にはすいか。秋の**梨**（ｂ）に、真冬のみかん。昔から、果物の質《しつ》には、いっさい妥協《だきょう》しません。

ごくいいものだけをたつ子さんは選んで、店頭にならべていました。景気のよかったころには、まわりのバーには、新鮮な季節の香《かお》りがみちみちていたものです。ただ、立派《りっぱ》な果物もいつかは腐《くさ》ります。繁華《はんか》をきわめた飲食街も、いまは［１］ばかりとなり、店を訪れるお客たちも、年々数少なくなっていました。二年前、駅前に全国チェーンのスーパーができました。たつ子さんは、仕入れの箱数を、それまでの三分の一に減《へ》らしました。

毎日顔を見せるお客に、ロバ顔の、不動産屋のじいさんがいます。バーの店主たちに追い立てをくらわせたことを、いまも後悔していない、と胸を張っていいます。

「よう、たっちゃん」

※４　破綻……破れ、ほころびること。
※５　隔離……へだて、離すこと。
※６　横柄……いばって、人を無視した態度をとること。また、無礼なこと。
※７　ニュアンス……言葉などの微妙《びみょう》な意味合い。
※８　危惧……あやぶみ、おそれること。

問一　傍線《ぼうせん》①「とても素敵な話」とありますが、筆者はなぜ素敵であると感じたのですか。その理由を表している一文を本文中より探し、最初の五字をぬき出しなさい。

問二　傍線②「新型コロナに感染した人を多くの人が非難するという風潮」とありますが、これを言いかえている部分を本文中から十字でぬき出しなさい。

問三　空欄《くうらん》[1]には、「こそこそせずに、堂々と振るまうこと」という意味の慣用句が入ります。最も適切なものを後から一つ選び、記号で答えなさい。

ア　尻尾《しっぽ》を振って　　イ　頭を振って　　ウ　大手を振って　　エ　棒を振って

問四　傍線③「誤った正義感」とありますが、何が「誤っ」ているのですか。「〜こと。」に続くように、本文中から十六字でぬき出しなさい。

問五　傍線④「肩身の狭い」と同じ意味を持つ慣用句を次の中から一つ選び、記号で答えなさい。

ア　息がつまる　　イ　口が減らない　　ウ　図に乗る　　エ　面目《めんぼく》ない

問六　傍線⑤「花束を贈る人と、感染者をバッシングする人」とありますが、なぜこのような違いがうまれてしまうのですか。本文中の言葉を使い、四十字以内で説明しなさい。

問七　空欄[2]にあてはまる言葉以外のコミュニケーション方法を一つ考え、そのコミュニケーションに関する自分自身の経験を説明しなさい。

い大学に入ったり、一生懸命《いっしょうけんめい》働いてある成果を出すことが求められます。こうした社会を生き抜《ぬ》くには、相手のことなんて考えないほうがいいと言う人もいます。相手のことなんて心配していたら、競争に勝てないばかりか、自分が損《そん》してしまうという思い込みも広がっています。

もう一つは、言葉に偏《かたよ》ったコミュニケーション社会という仕組みです。今の若い人たちは、僕が若いころと比べると話が上手で、話題が(e)ホウフ、発信力がある人が多いように感じます。すばやく反応して、文章を短くおもしろくまとめたりする力は、ＳＮＳで鍛《きた》えられているのでしょう。気のきいた話で、周囲をクスッと笑わせることができる人は人気者。子どもたちの世界の〝スクールカースト〟でも上位に君臨《くんりん》できているのは、そういう人かもしれません。けれど、こうしたウケることを重視したコミュニケーションの陰《かげ》で、自分の言葉をもつということと、相手の身になるという力は忘れがちになっているように思います。

そもそもコミュニケーションとは、言葉だけではありません。言葉はコミュニケーション全体のたったの７％といわれています。残りの93％は、［２］といった言葉以外のもの。僕たちは言葉そのものより、言葉以外のものからずっと多くを受け取って、コミュニケーションをとっているのです。どんなにいいことを言っていても、その人が踏《ふ》ん反《ぞ》り返って横柄《おうへい》※6な態度でいたら、何か信用ができないと感じてしまうのは、そのためなのです。

ＳＮＳでのコミュニケーションのほとんどは、言葉に偏《かたよ》っています。どういう気持ちが込められているのか、細かなニュアンス※7を文字から読み取るのは、けっこう難しいもの。人によってはまったく逆の受け取り方をしてしまうこともあるでしょう。相手の姿が見えないところで相手の身になるというのは、もともと難しいことなのです。

さらにコロナ時代になって、オンラインでのコミュニケーションが一気に進みました。画面越《ご》しに顔を見て会話ができたとしても、やはり直接会って話をするのとは違って、相槌《あいづち》がぶつかったり、間合いが取れなかったり、何となく話がかみ合わないような感じがします。特に、初めて話す人はストレスを感じるでしょう。こうしたオンラインでのやりとりは、コロナ後もある程度続いていくことが予想されます。

すると、今後も、ＳＮＳやオンラインでの発信力のあることが重視され、そうした能力をもった人が競争社会でも有利になっていくことは間違いありません。そうすると、ますます相手の身になる力がないがしろにされてしまうのではないか。僕はこれをとても危惧《きぐ》※8しています。

鎌田實著『相手の身になる練習』

注
※１　閣僚……内閣を組織する各大臣。
※２　登壇……演説などのために壇にあがること。
※３　総統……国の政治や軍事全体をまとめる役職。

日本の嫌《いや》なところばかり書いてしまいましたが、コロナ禍で素敵なことも起きています。

ある女性タレントが濃厚接触者《のうこうせっしょくしゃ》となり、２週間の自宅待機となりました。感染は確定していませんでしたが、その人の住んでいるマンションではエレベーターや玄関《げんかん》などが消毒されたといいます。きっと、そのタレントは他人に迷惑《めいわく》をかけてしまったと④肩身《かたみ》の狭《せま》い思いをしたことでしょう。

１歩も外へ出ず、２週間の自主※5隔離《かくり》期間が終わりました。初めて外へ出て、ポストを見ると、小さな花束が入っているのに気づきました。

『おめでとうございます。自宅待機の２週間、何もなくてよかったです』

手紙も添《そ》えてありました。

タレントの女性は、感激で涙があふれて止まらなかったといいます。

人間は、こんなに温かなこともできるのです。

僕は感染者をバッシングする人が特別悪い人間だとは思いません。常識や思いやりのないひどい人間というわけではないのです。むしろ、僕たちの身近にいる普通《ふつう》の人たちです。その人だって、きっと家族や友人にはやさしい面をもっているでしょう。

では、⑤花束を贈《おく》る人と、感染者をバッシングする人とでは、いったい何が違うのか。ただ一つ違いがあるとすれば、「相手の身になることができたかどうか」だと思います。

相手の身になることができれば、感染した人の気持ちに近づくことができます。もし、感染したのが自分だったら、どんな気持ちになるでしょうか。発熱やだるさ、息苦しさなどの体の症状も、不安だろうな。ひとり隔離されて、心細いかもしれないな。あるいは、小さな子どもを育てていたり、体の弱いお年寄りを介護していたりしたら、自分のことより、子どもやお年寄りのことが気がかりかもしれないな……。

ひとくくりに考えていた「感染者」にも、一人ひとり名前があって、それぞれ違う事情を抱《かか》えていることがわかったら、簡単に非難することはできません。

人間は、感染者をバッシングする人にもなれるし、花束ややさしい言葉で思いやりを示す人にもなれます。どちらにもなれるとするならば、君はどちらの人間になりたいですか？

幼稚園や小学校で、友だちと仲よく遊んだりするとき、「相手の身になりましょう」と言われたりします。けれど、そのことの大切さをよく考えたり、毎日の生活のなかで実践《じっせん》できているかどうかというと、疑問が残ります。現代の社会は、意識して相手の身になろうとしなければ、相手の身にならなくても済《す》んでしまう仕組みになっているからです。

一つは、競争社会という仕組みです。結果を出すことを問われる成果主義の現代社会では、まず自分が勉強して資格を取得したり、いまき散らしている」「逮捕《たいほ》しろ」などと書き込んだり、その女性のものとされる顔写真や卒業アルバムまで出回ったのです。

非難の対象は、ライブハウスや飲食店などにも向けられました。「営業ヤメロ」と貼《は》り紙をしたり、ネットで脅迫《きょうはく》したりしたのです。それぞれの事情はいっさい無視して、自粛《じしゅく》しない人を一方的に非難する、いわゆる「自粛警察」です。

さらに、医師や看護師といった医療《いりょう》従事者に対しても、偏見《へんけん》や差別の目が向けられました。医師や看護師を親にもつ子どもが、保育園や幼稚園《ようちえん》への登園を拒否《きょひ》されたり、友だちから仲間はずれにされたりしたというのです。「病院で働いている人は、感染しているかもしれない」という疑心暗鬼が、「病院で働いている人の家族には近寄らないほうがいい」という過剰《かじょう》な反応になったのでしょう。けれど、だからといって、人を差別したり、ウイルス扱いしていいわけはありません。

多くの医療従事者が、過酷《かこく》な労働のなかで、感染を広げないように神経をすり減らしながら患者《かんじゃ》さんを診《み》ています。自分自身は人の命を支えることに使命感をもっていたとしても、家族がつらい目にあうというのは、何ともやり切れない気持ちになったことでしょう。追いつめられて病院を辞めていく人も多いと聞きます。もし、そうした人が増えていけば、日本の医療は※4破綻《はたん》してしまいます。

感染者を非難する社会をこのまま放っておくとどうなってしまうのか。おそらく「感染者」にならないために、病院に行ったり、検査を受けたりするのを避《さ》ける人が増えてくるでしょう。ＰＣＲ検査が十分に受けられない医療体制の問題ではなく、多くの人が自主的に検査を控《ひか》えてしまう。そんなことになれば、結果として感染を広げることにつながります。つまり、感染者を非難する社会は、感染症に弱い社会ということなのです。

日本人は他人と同じようにふるまうことを好んだり、集団のなかの調和をⓒダイジにする人が多いといわれています。このような人が多数を占《し》める社会では、他人と違《ちが》うことをする人やルールに従えない人は非難され、排除《はいじょ》されがちです。

特に、現在のような多くの人が我慢をⓓ強いられるような状況《じょうきょう》では、イライラや不満がたまり、人を許す心の柔らかさが失われていきます。

「みんながこんなに我慢して暮らしているのに、一部の人が自分勝手に行動するなんて許せない」

こんな感情がどんどんふくらんでいった結果、「自分勝手に行動した人」を罰《ばっ》するためにＳＮＳに感染者の個人情報を流したり、悪口をまくしたてたりするようになっていく。そうした行為が「悪いこと」という自覚はなく、むしろ社会のためになっているという③誤った正義感さえ抱いて、ますます過激になっていきます。

こういう行動は、今回のコロナ以前にもあった根深い問題だということを知っておいてほしいと思います。

〈 中略 〉

二 次の文章をよく読んで、後の問いに答えなさい。

２０２０年、新型コロナウイルスが広がり、世界中が同じ問題に直面しました。深刻なマスク不足が起こり、日本でも、店頭からマスクが消えました。病院や介護施設《かいごしせつ》では、マスクがないために院内感染や施設内《しせつない》感染の恐怖《きょうふ》が広がっていました。

マスクを全員に行きわたらせたい——。台湾《たいわん》では、オードリー・タンというＩＴ担当大臣がアプリを開発、身近な地域のどの店にマスクがあるか一目でわかるアプリで、その結果、マスクが格段《かくだん》に手に入りやすくなりました。

ただし、マスクの色や柄《がら》はランダムに配られ、本人は選べませんでした。男の子にピンク色のマスクが配られることもあり、実際にピンク色のマスクを学校につけて行った男の子が友だちからからかわれた、という話がそこここで聞かれるようになっていました。

この話を聞いた台湾の※1閣僚《かくりょう》たちは、驚《おどろ》くべき行動に出ました。記者会見で全員ピンク色のマスクをつけて※2登壇《とうだん》したのです。閣僚は、ダークスーツを着たおじさんたち。記者からピンク色のマスクの理由を聞かれて、「ピンク色もいいですよ」とコメントしました。蔡英文《さいえいぶん》※3総統も「男子か女子かにかかわらず、ピンクは素敵な色」とＳＮＳに**投稿**(a)しています。世の中にある、男はこうあるべき、女はこうあるべき、という思い込《こ》みにとらわれず、人間は多様であり、もっと自由に生きよう、というメッセージが温かく伝わってきます。

この話を聞いたとき、①とても素敵な話だと思いました。そして、もし日本で同じようなことが起こったら？　と想像してみました。

「みんなマスク不足で困っているのだから、色なんかでわがままを言うな」

ＳＮＳやテレビのコメンテーターらが、子どもやその親を非難する、そんな悲しい光景を想像しました。コロナという非常時なのだから、みんな我慢《がまん》すべき。確かにそのとおりで正しいのですが、何かお互《たが》いに気持ちの余裕《よゆう》のなさが目立ち、それがさらに生きづらさにつながっているような気がするのです。

コロナ禍《か》の日本で起こったことのなかで僕《ぼく》がいちばん気になっているのは、②新型コロナに感染した人を多くの人が非難するという風潮です。感染症《かんせんしょう》というのは病気の一つです。病気になったことを、他人から非難されるというのはおかしなことですよね。「花粉症になるなんてけしからん」なんて誰も言わないでしょう。けれど、そのおかしなことが［１］行われました。

たとえば、大学生の感染者が出たと情報が流れると、どこの大学か、どこに住んでいるのか、ふだんどんな行動をしているのか、さまざまな情報がネットにあげられました。こんな軽率な行動をしていた、許せない、というような誹謗中傷《ひぼうちゅうしょう》でした。身に覚えのないことまで書かれ、まるで犯罪者のように扱《あつか》われた学生は、感染症が治った後も、通学に不安を感じる日々を過ごしているそうです。

東京に住む20代女性は、地方に帰省した際ＰＣＲ検査を受け、陽性とわかったのにもかかわらず(b)**コウキョウ**交通機関を使って東京に戻《もど》っていたことがわかりました。確かに軽率な行動だったかもしれませんが、ネットでの誹謗中傷はそれ以上に暴力的でした。「コロナを

優れている
ということになっても
すぐに　別な人に
追い抜《ぬ》かれるかもしれない

君が
誰でもない
君であるなら
②誰でもない光を
放つようになるだろう

本当に
輝きたいなら
君は　いつも
[2]でいなくては
ならない

―若松英輔「若い人たちへ」（『詩集　美しいとき』所収）より

問一　傍線《ぼうせん》①「何かを分かったように　思い込んでは　いけない」とありますが、それはなぜですか。二十五字以内で答えなさい。

問二　空欄《くうらん》[1]に入る言葉を、後から一つ選び、記号で答えなさい。
ア　争《あらそ》う　イ　学ぶ　ウ　遊ぶ　エ　話す　オ　比《くら》べる

問三　傍線②「誰でもない光を　放つようになるだろう」とありますが、それはどういうことですか。「〜ということ。」に続くように答えなさい。

問四　空欄[2]に入る言葉を、後から一つ選び、記号で答えなさい。
ア　賢者《けんじゃ》　イ　正直者　ウ　君自身　エ　努力家　オ　善人《ぜんにん》

2024年度

工学院大学附属中学校

【国　語】〈第一回B試験〉（五〇分）〈満点：一〇〇点〉

【はじめに】問題本文は、問題作成上、元の文を一部変えています。また、文中の※印がついていることばは、本文の後に意味の説明があります。なお、設問で文字数の指定がある場合は、句読点や記号も一つにつき一文字として数えますので注意してください。

一　次の詩をよく読んで、後の問いに答えなさい。〈編集部注：実際の試験問題では、詩は上段→下段の順に示されていますが、本誌においては編集の都合上、16ページ上段→16ページ下段→15ページ上段→15ページ下段の順になっています。〉

君たちは　こんなに
柔《やわ》らかな知性を
持っているのだから
そんなに早く
分かったなどと
言ってはいけない

世の中には
分かることと
けっして
分からないことが
存在するのを
見過《す》ごしたままで

分かることだけで
自分の世界を
塗《ぬ》りつぶして
①何かを分かったように
思い込んでは
いけない

ほんとうに
輝きたいなら　君は
誰かと
［1］のを
止めなくてはならない

ある人より

2024年度

工学院大学附属中学校　▶解説と解答

算　数　＜第１回B試験＞（50分）＜満点：100点＞

解　答

[1] (1)　11　(2)　7　(3)　120000　(4)　$\frac{1}{3}$　(5)　2　[2] (1)　57個　(2)　84.78 cm²　(3)　21度　(4)　４枚　(5)　９日　(6)　４％　[3] (1)　20分　(2)　10時11分　(3)　毎時37.5km　[4] (1)　1 cm　(2)　1 ： 5　(3)　1.2cm　[5] (1)　4　(2)　140　(3)　2001個

解　説

[1] 四則計算，計算のくふう，逆算

(1)　$3\times5-(46-3\times4)\div17\times3+2=15-(46-12)\div17\times3+2=15-34\div17\times3+2=15-2\times3+2=15-6+2=9+2=11$

(2)　$2\frac{4}{5}\times4\frac{2}{7}-3\frac{1}{8}\div\frac{5}{8}=\frac{14}{5}\times\frac{30}{7}-\frac{25}{8}\times\frac{8}{5}=12-5=7$

(3)　$A\times B+A\times C=A\times(B+C)$となることを利用すると，$12000\times3.26+2400\times25.7+120\times160=120\times100\times3.26+120\times20\times25.7+120\times160=120\times326+120\times514+120\times160=120\times(326+514+160)=120\times(840+160)=120\times1000=120000$

(4)　$\left\{\left(\frac{1}{3}-\frac{1}{5}\right)\div\frac{1}{4}-\frac{2}{5}\right\}\div\frac{2}{5}=\left\{\left(\frac{5}{15}-\frac{3}{15}\right)\div\frac{1}{4}-\frac{2}{5}\right\}\div\frac{2}{5}=\left(\frac{2}{15}\times\frac{4}{1}-\frac{2}{5}\right)\div\frac{2}{5}=\left(\frac{8}{15}-\frac{6}{15}\right)\div\frac{2}{5}=\frac{2}{15}\times\frac{5}{2}=\frac{1}{3}$

(5)　39－{23－２×(７－□)}＝26より，23－２×(７－□)＝39－26＝13，２×(７－□)＝23－13＝10，７－□＝10÷２＝５　よって，□＝７－５＝２

[2] 約数と倍数，集まり，面積，角度，つるかめ算，仕事算，濃度《のうど》

(1)　１から100までの整数のうち，３で割り切れる数は，100÷３＝33余り１より，33個あり，７で割り切れる数は，100÷７＝14余り２より，14個ある。また，３と７の最小公倍数は21だから，３でも７でも割り切れる数は21で割り切れる数となり，１から100までの整数の中では，100÷21＝４余り16より，４個ある。よって，１から100までの整数のうち，３または７で割り切れる数は，33＋14－４＝43(個)あるので，３でも７でも割り切れない数は，100－43＝57(個)ある。

(2)　N角形の内角の和は，180×(N－２)で求められるから，問題文中の図で，八角形の内角の和は，180×(８－２)＝1080(度)となる。よって，しゃ線部分のおうぎ形の面積の和は，半径３cmの円の，1080÷360＝３(個分)の面積と等しいので，３×３×3.14×３＝84.78(cm²)とわかる。

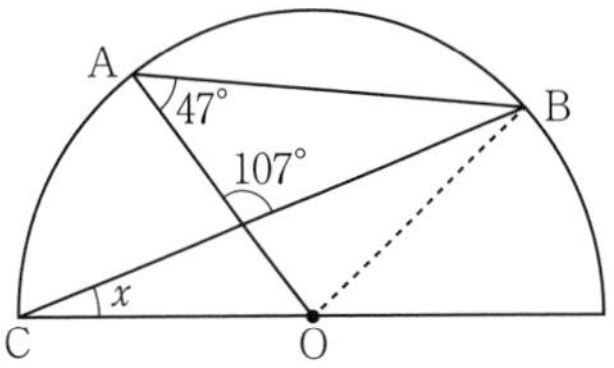

(3)　右の図で，角ABCの大きさは，180－(107＋47)＝26(度)である。また，三角形OABは二等辺三角形だから，角OBAの大きさは，角OABと等しく，47度になる。よって，角OBCの大きさ

は，47－26＝21(度)となり，三角形OBCは二等辺三角形だから，角 x の大きさも21度とわかる。

(4)　お皿を１枚も割らなかったとすると，もらえる金額は，30×100＝3000(円)となり，実際にもらった金額よりも，3000－2520＝480(円)多くなる。また，お皿を１枚割ると，30円がもらえずに90円をはらわないといけないから，割る枚数が１枚増えるごとに，もらえる金額は，30＋90＝120(円)ずつ減ることになる。よって，割ったお皿の枚数は，480÷120＝４(枚)とわかる。

(5)　仕事全体の量を12と20の最小公倍数より，60とすると，兄は１日あたり，60÷12＝５，弟は１日あたり，60÷20＝３の仕事ができる。よって，兄が１人で４日すると，残りの仕事の量は，60－５×４＝40になり，これを兄と弟の２人ですると，終わるまでにあと，40÷(５＋３)＝５(日)かかる。したがって，全部で，４＋５＝９(日)かかる。

(6)　食塩水Ａを100ｇ，食塩水Ｂを200ｇ混ぜると，こさが12％になり，食塩水Ａを300ｇ，食塩水Ｂを100ｇ混ぜると，こさが７％になる。そこで，食塩水Ｂの重さを200ｇにそろえると，食塩水Ａを600ｇ，食塩水Ｂを200ｇ混ぜても，こさが７％になる。すると，食塩水Ａを100ｇ，食塩水Ｂを200ｇ混ぜた食塩水には食塩が，(100＋200)×0.12＝36(ｇ)ふくまれ，食塩水Ａを600ｇ，食塩水Ｂを200ｇ混ぜた食塩水には食塩が，(600＋200)×0.07＝56(ｇ)ふくまれる。よって，食塩水Ａ，600－100＝500(ｇ)にふくまれる食塩の重さは，56－36＝20(ｇ)とわかるので，食塩水Ａのこさは，20÷500＝0.04より，４％となる。

3　速さ

(1)　太郎さんは，家から駅までの５kmの道のりを毎時15kmで進むので，家から駅まで行くのにかかる時間は，５÷15＝$\frac{1}{3}$(時間)となり，１時間は60分だから，60×$\frac{1}{3}$＝20(分)とわかる。

(2)　太郎さんが駅に着く時刻は，10時＋20分＝10時20分で，これは電車の発車時刻のちょうど９分後だから，電車の発車時刻は，10時20分－９分＝10時11分とわかる。

(3)　10時11分－３分＝10時８分に駅に着けばよいので，家から駅までにかかる時間が，10時８分－10時＝８分になればよい。これを時間に直すと，８÷60＝$\frac{2}{15}$(時間)となるので，毎時，５÷$\frac{2}{15}$＝37.5(km)で進めばよい。

4　平面図形―辺の比と面積の比，相似

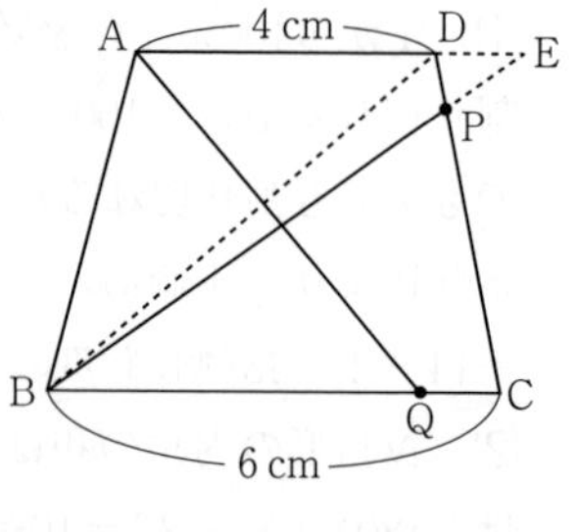

(1)　右の図で，三角形ABQの底辺をBQとしたときの高さと，台形AQCDの高さは等しいから，三角形ABQと台形AQCDの面積の比は，BQと(AD＋QC)の長さの比に等しくなる。よって，AQが台形ABCDの面積を２等分するとき，つまり，三角形ABQと台形AQCDの面積が等しいとき，BQと(AD＋QC)の長さは等しくなるから，BQの長さは，(４＋６)÷２＝５(cm)とわかる。したがって，QCの長さは，６－５＝１(cm)である。

(2)　三角形DBPと三角形PBCは底辺をそれぞれDP，PCとすると高さが等しいので，DPとPCの長さの比は，三角形DBPと三角形PBCの面積の比に等しくなる。まず，三角形ABDと三角形DBCの面積の比は，AD：BCに等しく，４：６＝２：３だから，三角形BCDの面積は台形ABCDの面積の，$\frac{3}{2+3}$＝$\frac{3}{5}$となる。また，三角形PBCの面積は台形ABCDの面積の$\frac{1}{2}$だから，三角形DBPの面積は台形ABCDの面積の，$\frac{3}{5}$－$\frac{1}{2}$＝$\frac{1}{10}$とわかる。よって，三角形DBPと三角形PBCの面積の比は，$\frac{1}{10}$：

$\frac{1}{2}$＝１：５なので，DP：PC＝１：５となる。

(3)　DEとBCは平行なので，三角形PEDと三角形PBCは相似になる。よって，DE：BC＝DP：PC＝１：５だから，DEの長さは，$6\times\frac{1}{5}$＝1.2(cm)と求められる。

5　周期算

(1)　$\frac{1}{7}$を小数で表すと，$\frac{1}{7}$＝１÷７＝0.142857142…のように，小数第１位から｛1，4，2，8，5，7｝の６つの数がくり返される。よって，2024÷６＝337余り２より，小数第2024位の数は，小数第２位の数と同じになるので，４とわかる。

(2)　小数第１位から小数第32位までには，32÷６＝５余り２より，｛1，4，2，8，5，7｝の６つの数が５回くり返された後，さらに２つの数１，４が並ぶ。｛1，4，2，8，5，7｝の６つの数の和は，１＋４＋２＋８＋５＋７＝27だから，小数第１位から小数第32位までの数の和は，27×５＋１＋４＝135＋１＋４＝140と求められる。

(3)　999÷27＝37より，｛1，4，2，8，5，7｝の６つの数が37回くり返されると，和が999になるので，６×37＝222より，小数第１位から小数第222位までの和は999になる。よって，小数第223位までの和が初めて４けたになる。また，9999÷27＝370余り９，６×370＝2220より，小数第１位から小数第2220位までには，｛1，4，2，8，5，7｝の６つの数が370回くり返され，その和は，27×370＝9990になる。その後，１，４，２をたすと，9990＋１＋４＋２＝9997になり，さらに８をたすと，9997＋８＝10005になるから，小数第2223位までの和は４けたになるが，小数第2224位までの和は５けたになる。したがって，□に入る数は，223から2223までの整数だから，2223－223＋１＝2001(個)ある。

国　語　＜第１回Ｂ試験＞（50分）＜満点：100点＞

解　答

一　**問１**　(例)　世の中には分からないことが存在しているから。　**問２**　オ　**問３**　(例)　自分だけの輝きを手に入れる(ということ。)　**問４**　ウ　二　**問１**　世の中にあ　**問２**　感染者を非難する社会　**問３**　ウ　**問４**　「自分勝手に行動した人」を罰する(こと。)　**問５**　エ　**問６**　(例)　現代の社会は意識しなければ相手の身にならなくてもよい仕組みになっているから。　**問７**　**方法**…(例)　しぐさ　**経験**…(例)　友だちのＡ君は，嘘をつくときに必ず耳を触るくせがあることを知っている。　**問８**　**ア**　○　**イ**　×　**ウ**　○　**エ**　×　**問９**　(a)　とうこう　(b)，(c)，(e)　下記を参照のこと。　(d)　し(いられる)　三　**問１**　空き家　**問２**　(例)　腐って捨てられた果物が入った袋。　**問３**　(例)　自分の遊んでいたボールが何かを壊したのではないかと不安に思ったから。　**問４**　イ　**問５**　オ→イ→ア→エ→ウ　**問６**　イ　**問７**　北国　**問８**　(例)　果物屋の果物とそこで働いているたつ子さん　**問９**　(a)　あきな(って)　(b)　なし　(c)　いす　(d)，(e)　下記を参照のこと。

●漢字の書き取り

二　**問９**　(b)　公共　(c)　大事　(e)　豊富　三　**問９**　(d)　初夏　(e)　平(らげて)

解　説

一　**出典：若松英輔《わかまつえいすけ》「若い人たちへ」（『詩集　美しいとき』所収）**。若い人たち（「君たち」）へ向けて作者は，何かをわかったように思い込《こ》んではいけないこと，また，本当に輝《かがや》くために，ほかの人と比べず自分自身らしくあることをうたっている。

問１　「柔《やわ》らかな知性」を持っている若い人たちに向けて作者は，「そんなに早く／分かったなどと／言ってはいけない」と前置きしたうえで，「世の中には／分かることと／けっして／分からないことが」存在しているのだから，「分かることだけで／自分の世界を／塗《ぬ》りつぶして」ものごとを理解したような気になってはいけないと忠告している。

問２　続く連に，「ある人より／優《すぐ》れている／ということになっても／すぐに　別な人に／追い抜《ぬ》かれるかもしれない」とあることに注目する。つまりここでは，他者を意識してばかりいることの危《あや》うさを指摘《してき》しているのだから，「誰《だれ》かと／比べるのを／止めなくてはならない」といったものと推測できる。

問３　「ほんとうに／輝きたい」のならどうすべきかを語ったうえで，「君が〜誰でもない光を／放つようになるだろう」といっているのだから，「自分だけにしか出せない輝きを発する」のようにまとめるとよい。

問４　本当に輝くために，「誰かと／比べるのを」止めて，「君が／誰でもない／君である」ことが大事だと作者は言っているので，空欄《くうらん》２にはウの「君自身」が入る。

二　**出典：鎌田實《かまたみのる》『相手の身になる練習』**。「コロナ禍《か》の日本」から見えた，「相手の身になる力」の重要性を筆者はうったえている。

問１　深刻なマスク不足を招いたコロナ禍で，やむをえずピンクのマスクを学校に着用していったところ，からかわれたという男の子の話をききつけた台湾《たいわん》の閣僚《かくりょう》の男性たちが，記者会見で全員ともピンク色のマスクをつけ，「ピンク色もいいですよ」と語ったほか，蔡英文《さいえいぶん》総統も「男子か女子かにかかわらず，ピンクは素敵《すてき》な色」とSNSで発信したことを，筆者はすばらしいと述べている。台湾の閣僚からも，蔡英文総統からも，「世の中にある，男はこうあるべき，女はこうあるべき，という思い込みにとらわれず，人間は多様であり，もっと自由に生きよう」という思いが感じられたことに，筆者は感銘《かんめい》を受けたのである。

問２　「新型コロナに感染《かんせん》した人を多くの人が非難するという風潮」の例として，続く部分で「大学生の感染者」や「東京に住む20代女性」に対するネット上での「誹謗《ひぼう》中傷」，そして「医療《いりょう》従事者」への「偏見《へんけん》や差別」が取り上げられている。こうしたことは，「感染者を非難する社会」と言い換《か》えることができる。

問３　「大手を振《ふ》る」は，“人目をさけるようなそぶりをせずに堂々としている”という意味。本来，新型コロナにかかったことを「他人から非難されるというのはおかし」いはずなのに，堂々と非難をする人がいたというのである。

問４　同じ一文のはじめに，「そうした行為《こうい》」とあることに注目する。「他人と同じようにふるまうことを好んだり，集団のなかの調和を大事に」したりすることの多い日本人は，我慢《がまん》を強《し》いられることの多いコロナ禍という状況《じょうきょう》下において「人を許す心の柔らかさが失われ」，「『自分勝手に行動した人』を罰する」ようになると述べられている。この行為を，筆者は「誤っ」ているといっているので，ここがぬき出せる。

問５　「肩身《かたみ》が狭《せま》い」は，世間に対して面目が立たず，ひけめを感じるさま。

問６　「花束を贈《おく》る人(「思いやりを示す人」)と，感染者をバッシングする人」の違《ちが》いは「相手の身になる」ことができたかどうかだとしたうえで，筆者は「意識して相手の身になろうとしなければ，相手の身にならなくても済んでしまう仕組みになっている」現代の社会が，それら二者のありようを生んでいると指摘している。

問７　続く部分で，「僕《ぼく》たちは言葉そのものより，言葉以外のものからずっと多くを受け取って，コミュニケーションをとっている」ため，筆者は「どんなにいいことを言っていても，その人が踏《ふ》ん反《そ》り返って横柄《おうへい》な態度でいたら，何か信用ができないと感じてしまう」と述べている。つまり，コミュニケーションにおいて，人々は態度やしぐさなどから言葉よりもたくさんの情報を得ているのだと考えられる。

問８　**ア**　傍線《ぼうせん》③の前の部分で，「日本人は他人と同じようにふるまうことを好んだり，集団のなかの調和を大事に」したりする人が多く，「他人と違うことをする人やルールに従えない人は非難され，排除《はいじょ》されがち」なので，コロナ禍での誹謗中傷が起こってしまったと筆者は述べている。よって，正しい。　**イ**　「『自分勝手に行動した人』を罰するためにSNSに感染者の個人情報を流」すといった行動は，「今回のコロナ以前にもあった根深い問題」だと〈中略〉の前で述べられているので，合わない。　**ウ**　空欄１に続く部分で，感染者の個人情報や感染するまでの行動などがネットにあげられ，誹謗中傷が起こったり，医療従事者(とその家族)へ偏見や差別の目が向けられたりしたと述べられているので，正しい。　**エ**　本文の最初のほうで，ピンク色のマスクを着用して学校に行った台湾の男の子が友だちにからかわれたとの事例は紹介《しょうかい》されているが，「マスクの色が気に入らないという国民の声」については触《ふ》れられていないので，誤り。

問９　(a)　インターネット上の決められた場所で，文章・画像・動画などを公開すること。　(b)　社会全体でともにすること。　(c)　価値あるものとして，大切にあつかうさま。　(d)　音読みは「キョウ」「ゴウ」で，「強化」「強情」などの熟語がある。訓読みにはほかに「つよ(い)」がある。　(e)　ふんだんにあるさま。

三　**出典：いしいしんじ「果物屋のたつ子さん」(『雪屋のロッスさん』所収)**。果物屋をいとなんでいるたつ子さんと，画学生との交流が描《えが》かれている。

問１　直後に「店を訪《おとず》れるお客たちも，年々数少なくなって」いったとあることをおさえる。よって，景気のよかったころには「繁華《はんか》をきわめた飲食街」も，いまでは「空き家」ばかりになったのだろうと推測できる。

問２　ある日，転がってきたボールを追い，ふと入ったアパートの自転車置き場で「大きな袋《ふくろ》」を見つけたたつ子さんは，翌日，このごろ店の常連となった学生に対して「悪いけれどもう，あんたに果物は売れない」と言い，食べられもせず「あんなにひどく腐《くさ》」ってしまって，果物たちもさぞ「無念」だったはずだと話している。このことから，たつ子さんの「足下」にあったのは，腐った果物たちの入った「大きな袋」だとわかる。

問３　転がってきたボールを追ったたつ子さんの後から子どもがきたのだから，そのボールは，子どもが遊んでいたものだとわかる。「大きな袋に当たってとまった」ボールを見つけたたつ子さんが，「しばらくその場に立ちつくし」ていたようすを見て，子どもは「決まり悪」そうにしていたことから，子どもはボールが原因で何か悪いことが起きたのかと不安になったのだろうと想像できる。

問４　続く部分でたつ子さんは，食べられないまま腐り，捨てられてしまった果物が「かわいそう」だと画学生に話している。「昔から，果物の質には，いっさい妥協《だきょう》」せず，「ごくいいものだけを」店頭に並べていたほど思いの強かったたつ子さんは，果物がひどい扱《あつか》いを受けたことを悲しんでいるのである。

問５　「四日前，画学校で合評会」があったというのだから，画学生の絵を評価する講師《こうし》や先輩《せんぱい》たちのようすが書かれたオが最初にくる。次には，具体的な評価をあげているイがよい。その後，酷《こく》評《ひょう》され，むしゃくしゃしていたことから「アルバイト先」でつい「酔客《すいきゃく》を殴《なぐ》」ってしまった画学生が，たまたまそこに居合わせた「婦人《ふじん》警官」に「勾留《こうりゅう》され，アルバイトをくびになり，昨日ようやくアパートへもど」ってきたと語る，ア→エ→ウを続けると，不在中，「蒸し暑い部屋」の中に置いておいた果物たちが腐ってしまったという流れになり，文意が通る。

問６　続く部分でたつ子さんが，「果物の色は外で，太陽に当てて見るのがいちばんだ。あんなじめじめした部屋の暗がりじゃあ，腐ったような色にしか見えないよ」と言ったことが書かれている。

問７　傍線①の前でたつ子さんは，画学生について，「北国の，山の生まれかもしれない」と想像している。

問８　画学生にプレゼントされた絵を見たたつ子さんは，一瞬《いっしゅん》「唖然《あぜん》と」した後，不動産屋のじいさんから「そこに描いてある絵がどんなものか，俺《おれ》にはだいたい見当がつく」と言われ，「さくらんぼのような頬《ほお》を揺《ゆ》らし，照れくさげに笑」っている。「果物だけ」ではなく，たつ子さんの姿も描かれていたため，「照れくさ」くなったのだろうと考えられる。

問９　(a)　音読みは「ショウ」で，「商人」などの熟語がある。　(b)　音読みは「リ」で，「梨園」などの熟語がある。　(c)　腰《こし》かけて座《すわ》るための家具のこと。　(d)　夏のはじめのこと。　(e)　音読みは「ヘイ」で，「平常」などの熟語がある。

2024年度　工学院大学附属中学校

＊【適性検査Ｉ】は国語ですので，最後に掲載してあります。

【適性検査Ⅱ】〈適性検査型ＭＴ①試験〉（45分）〈満点：100点〉

1　**太郎《たろう》**さん、**花子**さん、**先生**の３人が数の規則について話をしています。

花　子：いろいろな規則にしたがって、数を並べてみたいと思います。

まず１段目に 1, 2, 3, ······ と整数を小さい順に並べ、これを使って２段目以降にそれぞれ異《こと》なる規則を考えて、並べていきたいと思います。

太　郎：段によって、数字の並び方の規則を変えてみるとは、おもしろいね。

先　生：では、２段目はどういう規則にしましょうか。

花　子：２段目は、１段目のとなり合う数の積《せき》（かけ算の答え）を並べることにしました。

太　郎：なるほど、２段目の最初の数は１×２＝２、次の数は２×３＝６ということだね。

花　子：はい、そうです。次に３段目、４段目も考えました。それぞれ異なる規則を考えて、**図１**のように数を並べてみました。

図１

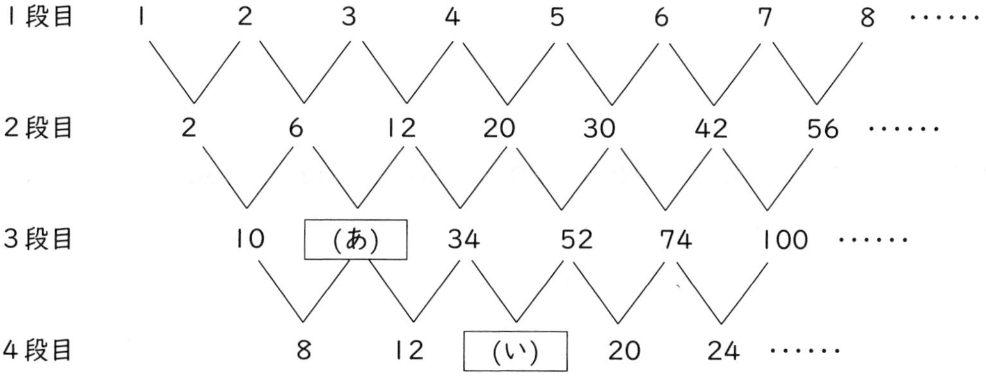

〔問題１〕

① ３段目は、２段目のとなり合う数を用いたある規則にしたがって並べた数です。

（あ）にあてはまる数を答えなさい。また、その求め方を６と12を用いた式で表しなさい。

② ４段目は、３段目のとなり合う数を用いたある規則にしたがって並べた数です。

（い）にあてはまる数を答えなさい。また、その求め方を34と52を用いた式で表しなさい。

太　郎：**図１**の数をよく見てみると、２段目より下の数はすべて偶数になっています。

先　生：よく気づきましたね。花子さんの考えた規則にしたがうと、すべての数が偶数になります。

花　子：今度は、奇数になるような規則を考えてみたいです。

太　郎：それはおもしろいね。どのような規則にしたら、５段目の数がすべて奇数になるでしょうか。

花　子：４段目のとなり合う数を用いたある規則を考えて、**図２**のように５段目の数を並べてみました。

図２

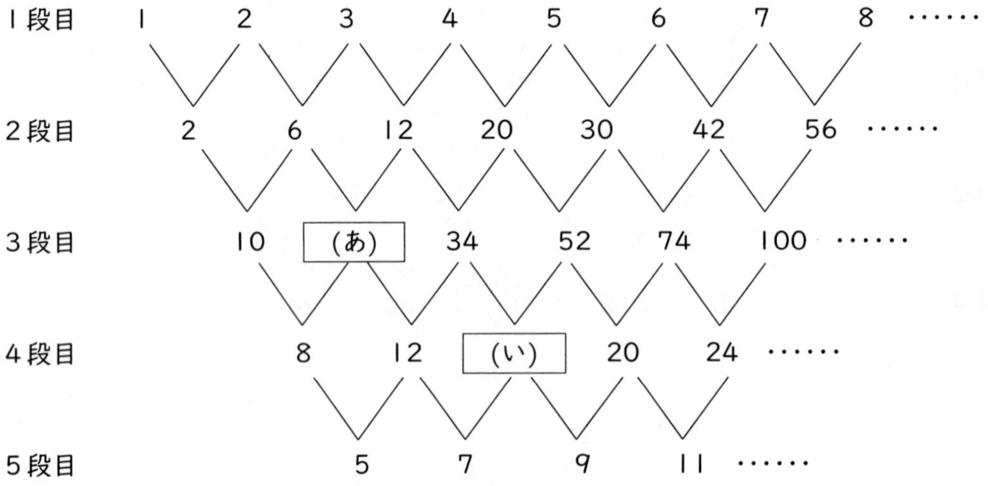

〔問題２〕　花子さんは「ある規則を考えて」と言っています。５段目の数は、４段目のとなり合う数をどのように計算して並べたものかを説明しなさい。

先　生：**図２**の続きはどのような数が並ぶのでしょうか。例えば５段目が21になるとき、その上の４段目や３段目はどんな数が並んでいますか。

花　子：**図３**の（う）、（え）の数を求めてみたいです。

太　郎：21が５段目の左から何番目の数か分かれば、その上の数も分かるのではないでしょうか。

図３

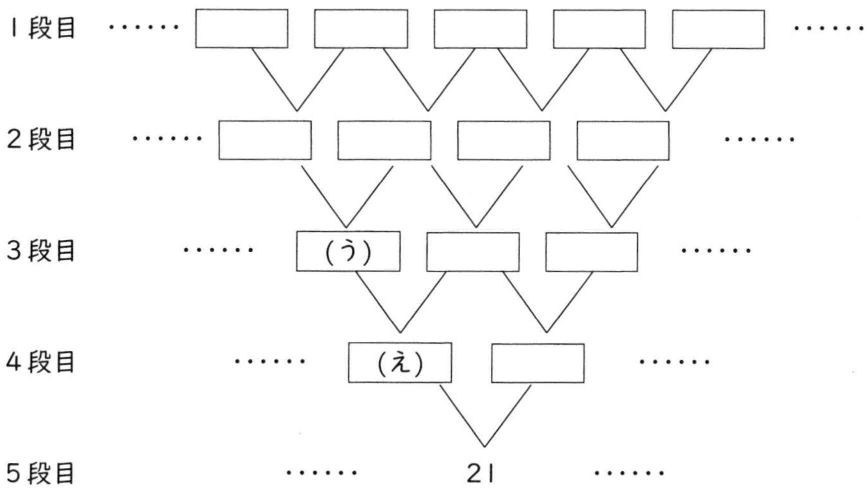

〔問題３〕　**図３**の（う）、（え）にあてはまる数を答えなさい。また、求める過程もかきなさい。

2 **花子**さんと**太郎**《たろう》さんは、図書室で商品が届くまでの流れ（物流）について、**先生**と話をしています。

花　子：昨日は休日で自宅にいましたが、何回も宅配便の配達がありましたよ。

太　郎：１日で多くの配達があるということは、花子さんのマンションだけでも荷物はすごい量でしょう。

花　子：宅配便について、調べてみましょう。

花子さんと太郎さんは、次の資料（**図１**、**図２**、**図３**）を見つけました。

図１　宅配便取扱個数の推移《すいい》

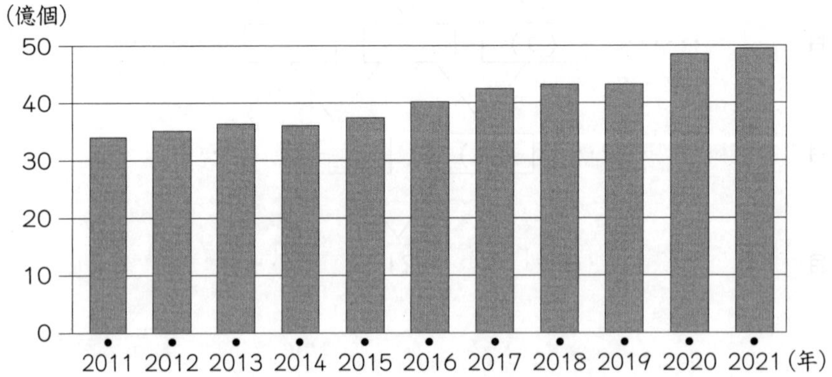

図２　国内貨物輸送量（重量）の推移

※「内航海運」とは船を使用すること。

（図１、図２　国土交通省調べ「宅配便等取扱の推移」より作成）

先　生：製品のほとんどは工場でつくられていますが、そのためにはいろいろな原料や材料が必要となります。それをどうやって工場に運ぶか、また完成した製品をどのようにして小売店やお客さんまで運んだらよいか。これらの物を運ぶ仕組みを物流とよびます。物を運ぶには**図２**の資料より、自動車・船・鉄道・航空がおもな運搬《うんぱん》手段だと分かりますね。

太　郎：私たちの自宅に荷物を運ぶ時は、ほとんどトラックを使っているね。

花　子：自宅に荷物を運ぶ方法は、最近では宅配便の利用がほとんどでしょう。

図３　宅配便の物流システム

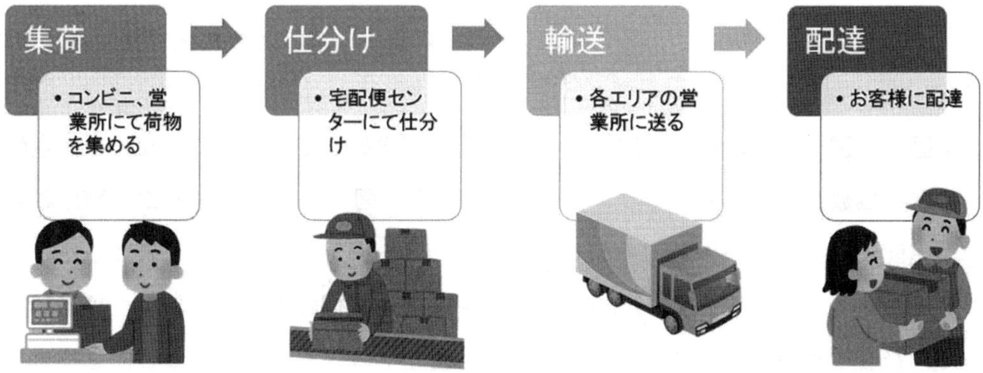

（改善.netHPより抜粋）

先　生：宅配便の歴史は、1975年ある民間企業から始まりました。集荷して翌日に家庭へ配達することが基本です。これまで個人が荷物を送る方法として、郵便局に持参する郵便小包《こづつみ》がありましたが、重量が6kg以上の荷物は鉄道の駅に荷物を持参し、受取人は駅に荷物を取りに行かなければならないという仕組みでした。荷物が到着する日時もはっきりとは分かりません。

太　郎：今では**図３**のように多くの荷物は自宅まで配達をしてくれ、配達日も事前に分かるようになりました。このような仕組みになったのも、40年から50年前のことなのですね。

花　子：**図１**を見ると、宅配便の荷物は2011年からの10年間で毎年増加していますね。

太　郎：でも日本国内の貨物量は、**図２**から少しずつ減少していることが分かりますよ。

先　生：宅配便が始まった翌1976年の取扱荷物は170万個でした。2000年には25億個を超えて、2020年には約48億個となっていますね。

図４　宅配便取扱個数（1989年から）

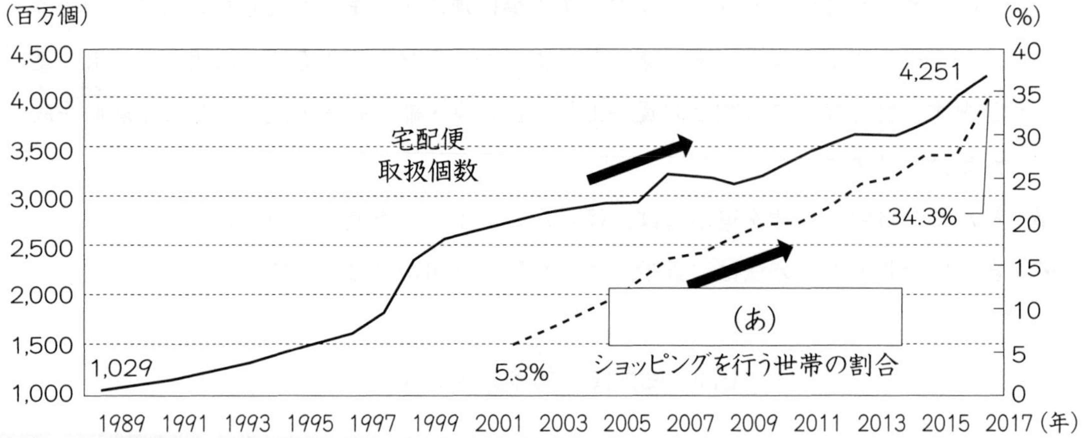

（総務省「家計消費状況調査」より作成）

〔問題１〕　**図１**と**図２**の資料から、国内の貨物輸送量が増加している訳《わけ》ではないのに宅配便の取扱個数が増加していることが分かりました。**図４**の資料を見ると、2000年頃から宅配便取扱個数が急激に増加した理由は、（あ）ショッピングが増加したことに関連があると分かります。2000年以降、宅配便取扱個数が急激に伸びた理由について、社会や買い物方法の変化をふまえて、**図４**中の（あ）に入ることばを答えなさい。

花　子：自宅が留守の場合は、荷物をどうしているのでしょうか。

太　郎：荷物はもう１度自宅に届けてくれますね。

図５　再配達率の推移

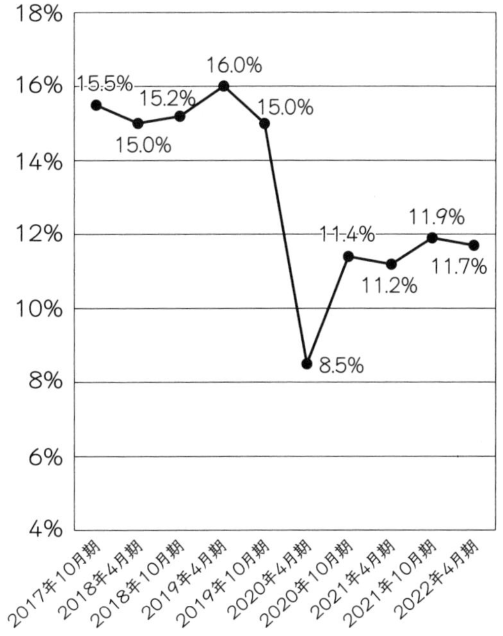

（国土交通省「宅配便再配達実態調査」より作成）

図６　貨物一件あたりの貨物量の推移

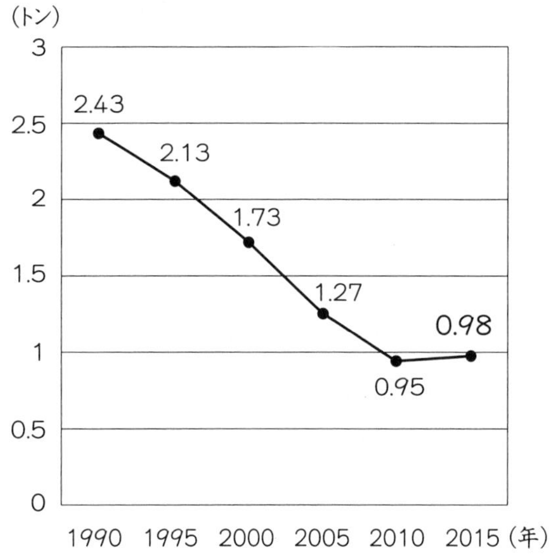

（国土交通省「全国貨物純流動調査」より作成）

図７　物流件数の推移

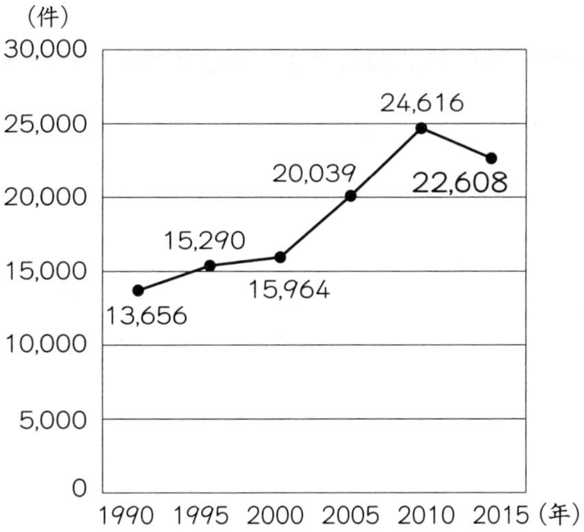

（国土交通省「全国貨物純流動調査」より作成）

先　生：**図５**の資料から、再配達率が１割以上あることが分かりますね。**図６**と**図７**の資料を見ても、一件あたりのトラック積載量《せきさいりょう》が減少していますが、運ぶ運行回数は増加しています。つまり、トラックで運ぶ荷物の小さく安い小口化がすすんでいることが分かりますね。

花　子：再配達はコストが増えるだけではなく、ドライバーさんの労働力にも負担がかかりますよ。

太　郎：何度も配達に来てくれるのだから、トラックから排出される二酸化炭素の排出量も増加するでしょう。

先　生：地球温暖化の観点からも再配達の削減《さくげん》は求められますね。

〔問題２〕　再配達について、花子さんは「ドライバーさんの負担になる」と言っています。太郎さんは「二酸化炭素の排出量が増加する」と言っています。ドライバーの負担が軽くなり、再配達を減らすための工夫を、あなたの考えで書きなさい。

花　子：荷物が届きそうな日はなるべく自宅にいるように心がけます。これだけ社会や生活の中で宅配便が利用されていると、心がけだけで再配達を減らすのは無理でしょう。

先　生：政府が提唱《ていしょう》する「働き方改革」の一環《いっかん》で、ドライバーの労働負担軽減をすすめるため、2024年４月から「時間外労働時間が年間960時間」までに制限されます。これにより、**表１**のような影響が出ると考えられます。

太　郎：少しでも早く改善して欲しい問題ですね。

表１　物流の2024年問題に発生すると予想される影響《えいきょう》

ドライバー	運送会社	荷主
・労働時間の減少	・売り上げと利益が確保できない	・費用が上昇する
・収入が減少する	・運賃を値上げする	
	・ドライバーの他業種流出	

図 8　道路貨物運送業の運転従事者《じゅうじしゃ》数の推移

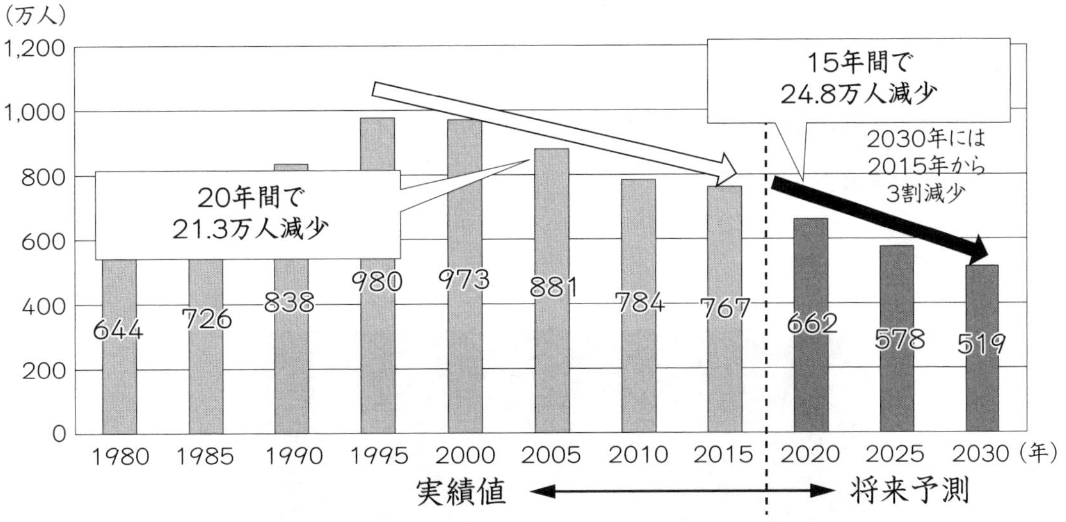

（日本ロジスティクスシステム協会「ロジスティクスコンセプト 2030」より作成）

図 9　トラックドライバーの平均年齢の推移

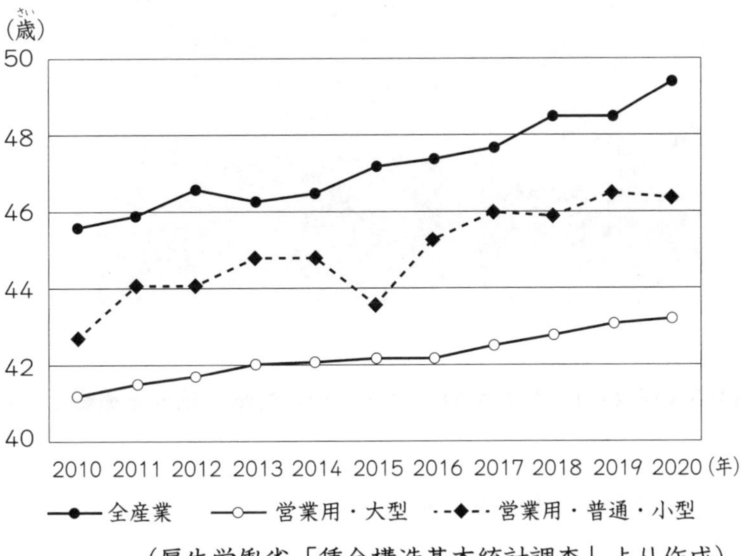

（厚生労働省「賃金構造基本統計調査」より作成）

〔問題 3〕　今後もトラックドライバーの不足が加速すると考えられます。**表 1**、**図 3**、**図 8**、**図 9** の資料を見て、トラックドライバーが不足する理由を説明しなさい。また、それに対してどのような対策がありますか。**図 3** や**表 1** を参考にして、あなたの考えを書きなさい。

3　**太郎《たろう》**さん、**花子**さん、**先生**の３人が、昨年の夏休みに行われた花火大会について話をしています。

太　郎：僕は花火大会の会場に行ったよ。すごく迫力のある打ち上げ花火だった。これがそのときの写真だよ。(**図 1**)

図 1

花　子：綺麗に撮れているわね。私も家のベランダから動画で花火を撮影したのよ。

花子さんは太郎さんに撮影した動画を見せました。

太　郎：よく撮れているし、花火の音もしっかり録音されているね。
不思議なんだけど、花火が見えて、しばらくしてから「ドン！」って音が聞こえるよね。あれは何の音なのかな？

太郎さんと花子さんは音の正体を知るため、先生に質問しに行きました。

先　生：その音は「花火がひらくときの音」です。

太　郎：どうして、花火が見えた後に、音が聞こえるのですか？

先　生：それは、「光が伝わる速さ」と「音が伝わる速さ」が異なるからです。

花　子：どれくらい違いがあるのですか？

先　生：光は、１秒間に地球を７周半進む速さで伝わります。地球一周の距離はおよそ４万km なので、光の速さは秒速（　①　）km となります。つまり、距離が遠くても、光は一瞬で、私たちの目に飛び込んでくるわけです。

それに対して、空気中を伝わる音の速さは、**秒速 331.5 ＋ 0.6 ×［気温（℃）］m** で伝わり、気温によって変化します。

花　子：光にくらべると音はだいぶ遅いですね。

先　生：そうですね。例えば、雷でも花火と同じような現象を観測できます。次の問題を考えてみましょう。

〔例題〕

Ａさんは空がピカッと光ってから、10 秒後にゴロゴロという雷の音を聞きました。Ａさんがいる位置から雷までの距離は何ｍでしょうか。ただし、空気中を伝わる音の速さは秒速 340ｍとします。

先　生：では、花子さんの家から撮影した動画の花火について考えてみましょう。

太　郎：過去の気象データを調べたら、花火大会が開催された時刻、このあたりの気温は 25℃だったよ。このとき、空気中を伝わる音の速さは秒速（　②　）ｍだね。

花　子：私の撮影した動画を見ると、花火がひらいてから「ドン！」と音がなるまでの時間は６秒だから、花火から私の家までの距離は（　③　）ｍになるわね。

太　郎：地図アプリで調べると、花火の打ち上げ場所から、花子さんの家までの直線距離は（　③　）ｍとくらべて（　④　）。

先　生：それは⑤花火が打ち上がる高さを考えれば説明できます。

〔問題１〕

（１） ①にあてはまる数字を答えなさい。

（２）〔例題〕を解きなさい。

（３） ②、③にあてはまる数字を答えなさい。

（４） ④にあてはまる文を次のア～ウより選び、傍《ぼう》線⑤を参考にして、その理由を説明しなさい。

ア．長いね	イ．短いね	ウ．同じくらいだね

次の日、太郎さんと花子さんは再び音の速さについて先生と話をしました。

先　生：二人とも、光と音の速さの違いがよく分かったみたいだね。

花　子：光の速さは変化しないけれど、音の速さは気温によって変化するのですね。

先　生：このことから、昼と夜では音の伝わり方が異なることが説明できます。

太　郎：確かに、昼間より夜の方が、遠くの救急車のサイレンがよく聞こえる気がするな。

先　生：空気中を伝わる音は、気温が高いほど速く伝わります。そのため、冬の晴れた夜などには、上空の方が気温が高くなり、地上から上空に向かうほど音の速さが速くなるので、音は地上の方に屈折して伝わります。(**図２**)

図２

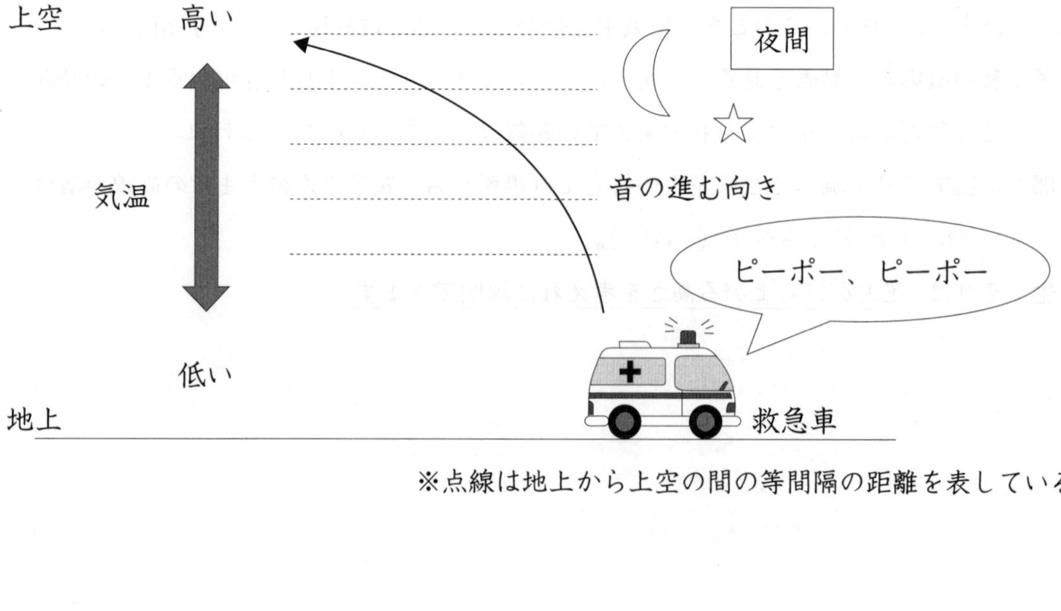

※点線は地上から上空の間の等間隔の距離を表している

太　郎：夜は、上空に行ってしまう音も地上の方に曲がって伝わってくるから遠くまで音が聞こえるんですね。

先　生：そうです。一方、昼間は、地上に近い方が気温が高いため、地上から上空に向かうほど音の速さが（　⑥　）なり、**図３**のように屈折して音が伝わります。

花　子：なるほど！だから、昼間は遠くへ音が伝わりにくいのですね。

図３

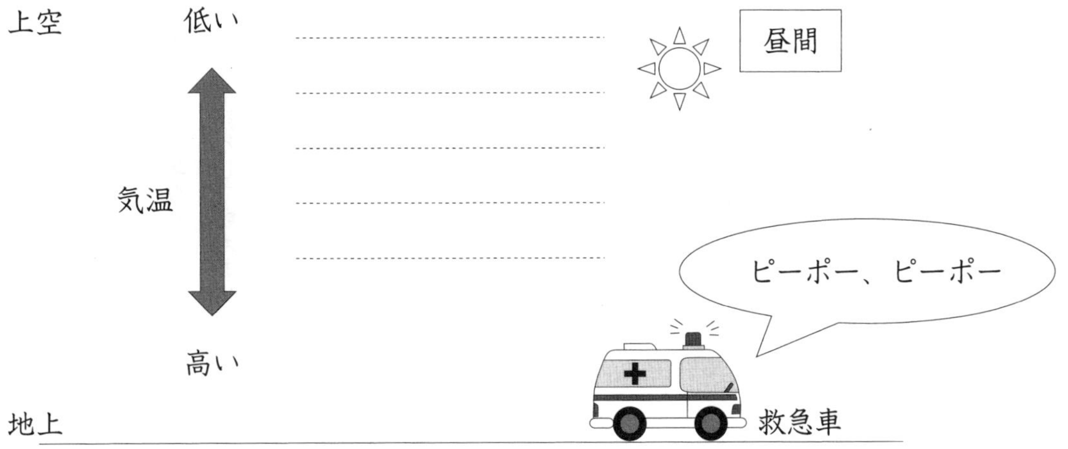

※点線は地上から上空の間の等間隔の距離を表している

〔問題２〕

（１）　⑥にあてはまる言葉を次のア～ウより選びなさい。

ア．速く　　イ．遅く　　ウ．等しく

（２）　**図２**を参考にして、**図３**に音の進む向きを矢印でかき込みなさい。

めに書きます。

○。と」が続く場合には、同じますめに書いてもかまいません。この場合、。」で一字と数えます。

○段落をかえたときの残りのますめは、字数として数えます。

○最後の段落の残りのますめは、字数として数えません。

〈問題１〉

傍線部①「頭のいい人」・傍線部②「頭のいい学者」とありますが、「頭がいい」ことで結果的にどのような短所が生じてしまうのでしょうか。**文章１**には「頭がいい」ことで結果的に生じる短所がいくつか書かれていますが、その中から三つ探し出し、**文章１**の言葉を用いて、「頭がいいことは結果的に、」で文を書き始め、「〜こと、〜こと、〜ことといった短所につながることがある。」という形で、百字以内でまとめなさい。

なお、本文中の難しい言葉はわかりやすい言葉や表現に言い換えてもかまいません。

また、、や。や」などもそれぞれ字数に数え、一ますめから書き始めること。

〈問題２〉

傍線部①「頭のいい人」とありますが、**文章２**では世の中や人生において、どのような能力や性質を持った人が「頭のいい人」だと述べているでしょうか。**文章２**の中の言葉や表現を用いて、五十字以内でまとめなさい。

なお、本文中の難しい言葉はわかりやすい言葉や表現に言い換えてもかまいません。

また、、や。や」などもそれぞれ字数に数え、一ますめから書き始めること。

〈問題３〉

あなた自身が考える「頭のいい人」とは、どのような人のことですか？　あなたがそのように考えた理由について、あなた自身の経験をもとに具体例を挙げながら、次の**〈手順〉**と**〈きまり〉**にしたがって、三百字以上四百字以内で書きなさい。

〈手順〉

①「『頭のいい人』とは、どのような人のことなのか？」ということについて、あなた自身の考えと、そのように考えた理由を書く。

②①について、それはどのような体験がもとになっているのか、具体的に書く。

③②で書いた体験から、「『頭のいい』自分になるためには、これから先、どういう力（能力）を身につけることが必要であり、どういう生き方をすることが大切なのか？」ということについて書く。

〈きまり〉

○題名は書きません。

○最初の行から書き始めます。

○各段落《かくだんらく》の最初の字は一字下げて書きます。

○行をかえるのは、段落をかえるときだけとします。

○、や。や」などもそれぞれ字数に数えます。これらの記号が行の先頭に来るときには、前の行の最後の字と同じます

文章2

ぼくは、勉強ができるのはいいことだと思っています。できないよりは、できたほうがいい。

だけど、勉強ができれば社会に出てからも「頭のいい人」としてやっていけるかと言うと、そうとは限《かぎ》りません。社会に*適応《てきおう》できなければダメなんです。

たとえば、一流大学を出て就職《しゅうしょく》したけれど、まわりの人とうまくコミュニケーションがとれない人がいます。いま何をすることが求められているのかもピンときていない。こういう人は、

「勉強はたくさんしてきたかもしれないけれど、使えないやつだ」

と言われてしまいます。

それまでずっと「勉強ができる」「頭がいいね」「すごいね」とほめられつづけてきたのが、社会に出た*とたん、一気に地に落とされる。*プライドがズタズタになってしまいます。

あるいは、すごい学歴《がくれき》をもち、社会的に高い地位についていながら、法を犯《おか》してしまうような人もいます。ときどきニュースになりますよね、「自分さえよければよい」という気持ちで、社会のルールに反することを*平然《へいぜん》とやってしまう人。

どんなに勉強のできた秀才《しゅうさい》でも、人としてやっていいことといけないことの判断《はんだん》がつかないのは、*本質的《ほんしつてき》なところで頭がよくない、と言わざるを得ません。

一方、学校の勉強はきらいで、成績《せいせき》もよくなかったけれど、大人になってから社会で大活躍《だいかつやく》したり、大成功したりしている人も、世の中にはたくさんいます。

大人になって、いきなり才能《さいのう》が開花したのでしょうか。

いいえ、おそらくそういう人は、子ども時代から、テストの点数とか学校の成績《せいせき》とかでは測《はか》れない種類の頭のよさをもっていたんです。新しいものを生み出す発想力とか、人を喜ばせたりやる気にさせたりするすぐれたコミュニケーション力とか、そういうものは学校のテストではわかりません。

こういう人たちの*発揮《はっき》する頭のよさというのは、言ってみれば「社会のなかで、いかによく生きるか」というものなんです。

勉強ができる、成績がいいということは、ある一面ではたしかに「頭がいい」のです。だけど、君たちが思っているほど絶対的なものじゃないんです。

学校を出てからの人生で求められる頭のよさとは、「社会的適応性《てきおうせい》」の高さです。

（齋藤孝『本当の「頭のよさ」ってなんだろう？』による）

〔注〕適応《てきおう》――その場の状態《じょうたい》・条件《じょうけん》などによくあてはまること。

とたん――あることが行われた、その瞬間《しゅんかん》。そのすぐあと。

プライド――自分の思想《しそう》や言動《げんどう》などに自信をもち、他からの干渉《かんしょう》を排除《はいじょ》する態度。誇《ほこ》り。

平然《へいぜん》と――何事もなかったように落ち着きはらって。

本質的《ほんしつてき》――物事の根本的な性質にかかわるさま。

発揮《はっき》――もっている能力《のうりょく》や特性《とくせい》などを十分に働《はたら》かせること。

十年百年の後に初めて認められることも珍しくはない。

頭がよくて、そうして、自分を頭がいいと思い利口だと思う人は先生にはなれても科学者にはなれない。人間の頭の力の限界を自覚して大自然の前に愚かな＊赤裸《あかはだか》の自分を投げ出し、そうしてただ大自然の直接の教えにのみ＊傾聴《けいちょう》する＊覚悟《かくご》があって、初めて科学者にはなれるのである。しかしそれだけでは科学者にはなれない事ももちろんである。やはり観《かん》察《さつ》と分析《ぶんせき》と推理《すいり》の正確《せいかく》＊周到《しゅうとう》を必要とするのは言うまでもないことである。

つまり、頭が悪いと同時に頭がよくなくてはならないのである。

（寺田寅彦『科学者とあたま』による）

〈注〉
難関《なんかん》——切り抜けるのがむずかしい場面。
阻喪《そそう》——気力がくじけて元気がなくなること。
楽観的《らっかんてき》——物事をうまくいくものと考えて心配しないさま。
存外《ぞんがい》——物事の程度などが予想と異なること。
錯覚《さっかく》——思い違《ちが》い。
陥《おちい》る——望ましくない状態になる。
実証的《じっしょうてき》——思考だけでなく、体験に基《もと》づく事実などによって結論づけられるさま。
見地《けんち》——物事を考えたり論じたりする場合の、よりどころとなる立場。
過誤《かご》——あやまち。まちがい。
忘却《ぼうきゃく》——すっかり忘れてしまうこと。
方円《ほうえん》——四角と丸。
大胆《だいたん》——度胸《どきょう》がすわっていること。思い切りよくやってのけること。
公《おおやけ》にする——世間《せけん》に公表する。
大家《たいか》——ある分野で、特にすぐれた見識《けんしき》・技能《ぎのう》をもっている人。
博《はく》する——自分のものとする。獲得《かくとく》する。
泡沫《ほうまつ》——あわのようにはかないもの、問題にならないようなもののたとえ。
骨《ほね》を折《お》る——苦労する。力を尽くす。
予期《よき》——前もって期待すること。
赤裸《あかはだか》——まるはだか。からだに何もつけていないこと。
傾聴《けいちょう》——耳を傾《かたむ》けて、熱心《ねっしん》に聞くこと。
覚悟《かくご》——危険なこと、不利なこと、困難《こんなん》なことを予想して、それを受けとめる心構《こころがま》えをすること。
周到《しゅうとう》——手落ちがなく、すべてに行き届いていること。

2024年度

工学院大学附属中学校

【適性検査Ⅰ】〈適性検査型ＭＴ①試験〉（四五分）〈満点：一〇〇点〉

次の文章1と文章2をよく読み、あとの問題に答えなさい。

（*印のついている言葉には、本文のあとに〔注〕があります。）

文章1

①頭のいい人は見通《みとお》しがきくだけに、あらゆる道筋《みちすじ》の前途《ぜんと》の*難関《なんかん》が見渡される。少なくも自分でそういう気がする。そのためにややもすると前進する勇気を*阻喪《そそう》しやすい。頭の悪い人は前途に霧《きり》がかかっているためにかえって*楽観的《らっかんてき》である。そうして難関に出会っても*存外《ぞんがい》どうにかしてそれを切り抜けて行く。どうにも抜けられない難関というのはきわめてまれだからである。

（中略）

頭のいい人には他人の仕事のあらが目につきやすい。その結果として自然に他人のする事が愚《おろ》かに見え、従《したが》って自分がだれよりも賢《かしこ》いというような*錯覚《さっかく》に*陥《おちい》りやすい。そうなると自然の結果として自分の向上心にゆるみが出て、やがてその人の進歩が止まってしまう。頭の悪い人には他人の仕事がたいていみんな立派《りっぱ》に見えると同時に、またえらい人の仕事でも自分にもできそうな気がするのでおのずから自分の向上心を刺激《しげき》されるということもあるのである。

（中略）

いっそう頭がよくて、自分の仕事のあらも見えるという人がある。そういう人になると、どこまで研究しても結末がつかない。それで結局研究の結果をまとめないで終わる。すなわち何もしなかったのと、*実証《じっしょう》的《てき》な*見地《けんち》からは同等になる。そういう人はなんでもわかっているが、ただ「人間は*過誤《かご》の動物である」という事実だけを*忘却《ぼうきゃく》しているのである。一方ではまた、大小*方円《ほうえん》の見さかいもつかないほどに頭が悪いおかげで*大胆《だいたん》な実験をし、大胆な理論を*公《おおやけ》にし、その結果として百の間違いの内《うち》に一つ二つの真を見つけ出して学界《がっかい》に何がしかの貢献《こうけん》をし、また誤《あやま》って*大家《たいか》の名を*博《はく》する事さえある。しかし科学の世界ではすべての間違いは*泡沫《ほうまつ》のように消えて真なるもののみが生き残る。それで何もしない人よりは何かした人のほうが科学に貢献するわけである。

②頭のいい学者はまた、何か思いついた仕事があった場合にでも、その仕事が結果の価値という点から見るとせっかく*骨《ほね》を折《お》っても結局たいした重要なものになりそうもないという見込《みこ》みをつけて着手しないで終わる場合が多い。しかし頭の悪い学者はそんな見込みが立たないために、人からはきわめてつまらないと思われる事でもなんでもがむしゃらに仕事に取りついてわき目もふらずに進行して行く。そうしているうちに、初めには*予期《よき》しなかったような重大な結果にぶつかる機会も決して少なくはない。科学的研究の結果の価値はそれが現われるまではたいていだれにもわからない。また、結果が出た時にはだれも認めなかった価値が

2024年度

工学院大学附属中学校　▶解　答

※　編集上の都合により，適性検査型MT①試験の解説は省略させていただきました。

適性検査Ⅰ　<適性検査型MT①試験>（45分）<満点：100点>

解　答

問題１　(例)　頭がいいことは結果的に，前進する勇気を阻喪しやすいこと，向上心にゆるみが出て進歩が止まってしまうこと，仕事の成果に見込みをつけて着手しないで終わる場合が多いことといった短所につながることがある。　**問題２**　(例)　新しいものを生み出す発想力や優れたコミュニケーション力を持ち，社会的適応性が高い人。　**問題３**　下記の作文例を参照のこと。

問題３　(例)

　文章1で「頭のいい人」とされるのは、勉強のできる頭脳明せきな人だ。しかし、私が考える「頭のいい人」は、文章2でいう「社会的適応性」の高い人だ。学生としてより社会人として過ごす期間のほうがずっと長いので、多様な人が集まった社会で生きるのに欠かせない、優れたコミュニケーション能力を持つ人こそ頭がよいといえると考える。

　以前、私の暮らすマンションの上階でそう音が絶えない部屋があったが、外国人の家庭で言葉も通じず、苦情が言えずに困っていたところ、相手と少しずつきょりを縮めて解決に導いてくれた人がいてみんなが感謝した。高いコミュニケーション能力は、社会全体にもこうけんできるのだと知る体験になった。

　グローバル化する社会では、文化や習慣のちがう人たちとの交流が増えていくはずだ。その中でたがいの理解を深め、高いコミュニケーション能力を身につけ、広い視野を持った生き方をすることが大切になると思う。

適性検査Ⅱ　<適性検査型MT①試験>（45分）<満点：100点>

解　答

1　**問題１**　①　(あ)　20　　**(式)**　(例)　６＋12＋２＝20　　②　(い)　16　　**(式)**　(例)　52－34－２＝16　　**問題２**　(例)　４段目のとなり合う２つの数をたして，４で割った数を並べたもの。　**問題３**　(う)　202　　(え)　40　　**求める過程**…(例)　５段目の21は，左から９番目の数

であるから，(う)や(え)の数は左から９番目の数である。１段目の９番目以降は，９，10，11，12，…だから，２段目の９番目以降は，９×10＝90，10×11＝110，11×12＝132，…になり，３段目の９番目以降は，90＋110＋２＝202，110＋132＋２＝244，…となる。よって，４段目の９番目は，244－202－２＝40である。

2 **問題１**　（例）インターネット（オンライン）　**問題２**　（例）マンションのように，一軒家でも自宅の前に宅配ボックスを置いて，不在時はこのボックスに入れてもらう。（自宅の近くにあるコンビニエンスストアなどに荷物を保管してもらい，自分で取りに行くシステムにする。）

問題３　不足する理由…（例）道路貨物運送業の運転従事者数が減少傾向にあるなかで，トラックドライバーの平均年齢は年々上がっているから。　**あなたの考え**…（例）若い人にとって魅力的な仕事にするには，まずは賃金を上げることが重要だと考える。それに加え，運送会社が利益を上げなくてはいけないため，荷物の仕分けをする配送センターや配送トラックなどを共有することで，合理化を図る必要があると思う。

3 **問題１**　⑴　300000　⑵　3400m　⑶　②　346.5　③　2079　⑷　（例）イ／**理由**…花子さんの家のベランダから花火が打ち上がった位置を直線で結ぶと，地上から上向きに傾いていて，花子さんの家のベランダから打ち上げ場所を直線で結んだ長さの方が短いから。　**問題２**

⑴　イ　⑵　右の図

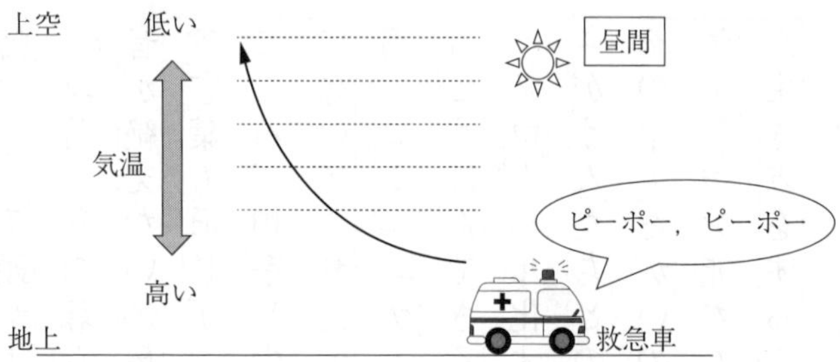

2023年度 工学院大学附属中学校

【算　数】〈第１回Ａ試験〉（50分）〈満点：100点〉

【注意事項】円周率は3.14とします。

1　次の □ にあてはまる数を求めなさい。

(1)　$(156+8\div4-2)\div2=$ □

(2)　$205.3\times3-20.53\times20=$ □

(3)　$\frac{1}{4}+2\frac{1}{3}\div\left(\frac{1}{3}\times11-1\frac{1}{6}\div\frac{1}{2}\right)=$ □

(4)　$2023+\{25-($ □ $\div2-5)\}=2023$

2　次の問いに答えなさい。

(1)　次のように、ある規則にしたがって数が並んでいます。□ にあてはまる数は何ですか。

$1,\ \frac{2}{3},\ \frac{3}{5},\ \frac{5}{7},$ □ $,\ \frac{13}{11},\ \frac{21}{13},\ \frac{34}{15},\ \cdots\cdots$

(2)　右の図の三角形 ABC において、角 x の大きさは何度ですか。ただし、同じ印の角は大きさが等しくなります。

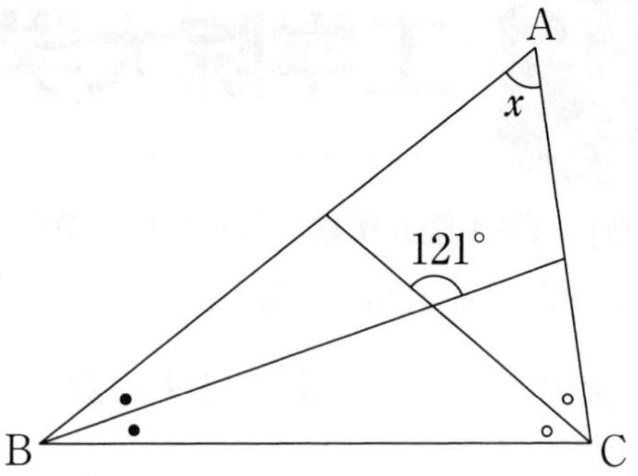

(3)　右の図は、半径 4 cm の半円を、点 A を中心に時計の針の回転と反対の向きに 45 度回転させたものです。かげをつけた部分の面積は何 cm^2 ですか。

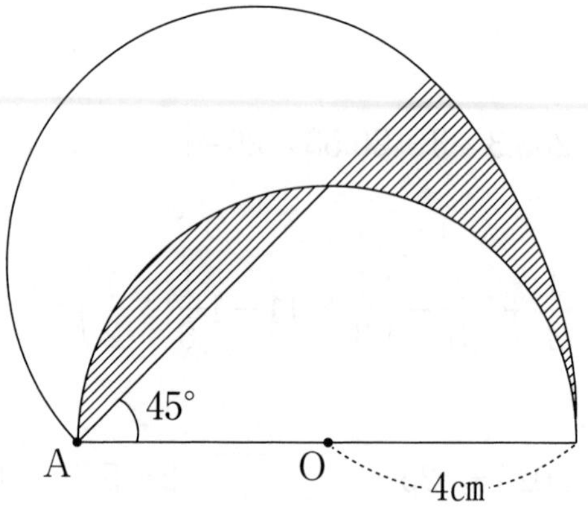

(4)　現在、父の年れいは、姉と弟の年れいの和の 4 倍ですが、2 年後には 3 倍になります。今から 4 年後に姉の年れいは弟の年れいの 2 倍になります。現在、弟の年れいは何才ですか。

(5)　3 %の食塩水 A とこさのわからない食塩水 B を 2：3 の割合で混ぜると、9 %の食塩水 C が 180 g できました。食塩水 B のこさは何%ですか。

(6)　生徒を長いすに座らせたところ、1 きゃくに 6 人ずつ座らせると 15 人が座れませんでした。また、1 きゃくに 8 人ずつ座らせると 1 きゃくだけ 7 人となり、だれも座らない長いすが 11 きゃくありました。生徒数は何人ですか。

3 長さ 180 m の電車Ａが、長さ 300 m のトンネルに入り始めてから、完全に出終わるまでに 24 秒かかりました。ただし、電車は一定の速さで走っているものとします。

このとき、次の問いに答えなさい。

(1) 電車Ａの速さは、毎秒何 m ですか。

(2) 電車Ａが、長さ 1500 m のトンネルに入り始めてから、完全に出終わるまでにかかる時間は何秒ですか。

(3) 電車Ａが、秒速 18 m で進む長さ 200 m の電車Ｂとすれちがうのにかかる時間は何秒ですか。

4 右の図のように、１辺の長さが２cm の正六角形 ABCDEF があります。この正六角形の辺上を点Ｐが移動します。点Ｐは点Ａを出発して、毎秒１cm の速さで A→B→C→D→E→F→A と移動します。

このとき、次の問いに答えなさい。

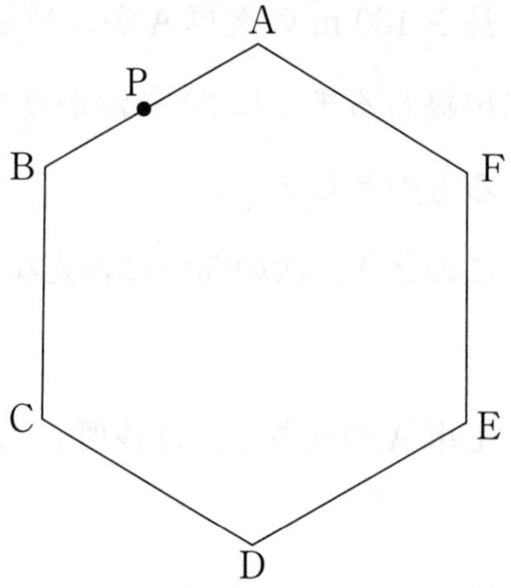

⑴ 点Ｐが点Ａを出発してから３秒後の三角形 ABP の面積は、正六角形 ABCDEF の面積の何倍ですか。次の①～④の中から、１つ選び、番号で答えなさい。

① $\frac{1}{12}$倍　② $\frac{1}{6}$倍　③ $\frac{1}{4}$倍　④ $\frac{1}{3}$倍

⑵ 点Ｐが点Ａを出発してから８秒後の三角形 ABP の面積は、正六角形 ABCDEF の面積の何倍ですか。次の①～④の中から、１つ選び、番号で答えなさい。

① $\frac{1}{6}$倍　② $\frac{1}{5}$倍　③ $\frac{1}{4}$倍　④ $\frac{1}{3}$倍

⑶ 点Ｐが点Ａを出発してから９秒後の三角形 ABP の面積は、正六角形 ABCDEF の面積の何倍ですか。次の①～④の中から、１つ選び、番号で答えなさい。

① $\frac{1}{6}$倍　② $\frac{1}{5}$倍　③ $\frac{1}{4}$倍　④ $\frac{1}{3}$倍

5　Ａさん、Ｂさん、Ｃさんは、それぞれ折り紙を何枚かずつ持っており、３人の折り紙の合計枚数は、100枚よりも多く、110枚よりは少ないそうです。Ａさんが持っている折り紙の枚数とＢさんが持っている折り紙の枚数の比は９：７です。Ｂさんが持っている折り紙の枚数とＣさんが持っている折り紙の枚数の比は５：３です。

このとき、次の問いに答えなさい。

(1)　Ｃさんが持っている折り紙の枚数は何枚ですか。

(2)　３人が持っている折り紙の合計枚数は何枚ですか。

次に、ＡさんとＢさんに同じ枚数の折り紙を何枚かあげたところ、Ａさんが持っている折り紙の枚数とＢさんが持っている折り紙の枚数の比が６：５になりました。また、Ｃさんにも折り紙を何枚かあげたところ、Ｂさんが持っている折り紙の枚数とＣさんが持っている折り紙の枚数の比が２：１になりました。

(3)　Ｃさんにあげた折り紙の枚数は何枚ですか。ただし、式や言葉、図などを用いて、答えまでの経過を表現しなさい。

【社　会】〈第１回Ａ試験〉（30分）〈満点：50点〉

1 次の家族の会話を読んで、あとの問いに答えなさい。

家族の会話

姉：「家族でイギリスにも旅行に行きたいね。」

母：「イギリスには、グリニッジ天文台があったわよね。」

父：「そうだね。もっとも今は、天文台としては使われていないけれどね。そこを通る（あ）経《けい》線を０度として、経線の基準にしたんだ。」

姉：「日本は、東経135度付近に位置しているから、日本の方が早く１日が始まるんでしょ。」

父：「そうだね。地球が一回《ひとまわ》りして１日。１日は24時間。ならば、日本が2023年１月１日の午前０時だったら、イギリスの日時はどうなるかな？。」

姉：「［　A　］だね。」

弟：「カンガルーやコアラのいるオーストラリアに行って大自然を見てみたい。」

父：「オーストラリアの面積は、日本の［　B　］の広さがあり、国土の約70%が［　C　］だから、砂漠《さばく》も見ることができるよ。」

母：「日本はオーストラリアから色々なものを輸入しているのよ。なかでも日本の工業に欠かすことのできないたくさんの資源《しげん》を輸入しているのよ。だから、日本にとって（い）オーストラリアは重要な貿易相手国の一つでもあるわ。」

問１　(1) 空欄《くうらん》 A にあてはまるものを下のア～エから１つ選び、記号で答えなさい。

ア　12月31日　午前３時　　　イ　12月31日　午後３時

ウ　1月1日　午前９時　　　エ　1月1日　午後９時

(2) (1)の解答を選んだ理由を解答用紙にすでに書かれている文に続けて説明しなさい。

問２　空欄 B にあてはまるものを下のア～エから１つ選び、記号で答えなさい。

ア　10倍　　イ　20倍　　ウ　30倍　　エ　40倍

問３　空欄 C にあてはまるものを下のア～エから１つ選び、記号で答えなさい。

ア　乾燥帯《かんそうたい》　　イ　熱帯　　ウ　温帯　　エ　寒帯

問４　下線部（あ）について、経線０度の基準の経線を何と言いますか。
漢字５字で答えなさい。

問５　下線部（い）について、下の資料ア～ウはそれぞれある国からの2020年における日本の輸入品の上位５品目を表しています。

オーストラリアにあたるものをア～ウから１つ選び、記号で答えなさい。

ア	輸入総額 ３兆8,313億円	液化天然《えきかてんねん》ガス（33.7％）、石炭（26.8％）、鉄鉱石《てっこうせき》（14.1％） 銅鉱《どうこう》（5.5％）、肉類（5.1％）
イ	輸入総額 ７兆4,536億円	機械類（25.8％）、医薬品（7.6％）、肉類（5.5％） 科学光学機器《かがくこうがくきき》（5.3％）、液化天然ガス（3.9％）
ウ	輸入総額 17兆5,077億円	機械類（48.6％）、衣類（8.4％）、金属製品（3.5％） 家具（2.6％）、プラスチック製品（2.2％）

【財務省貿易統計より】

2 次の資料１・２は日本の東北地方６県についてまとめたものです。資料を見て、あとの問いに答えなさい。

【資料 1】

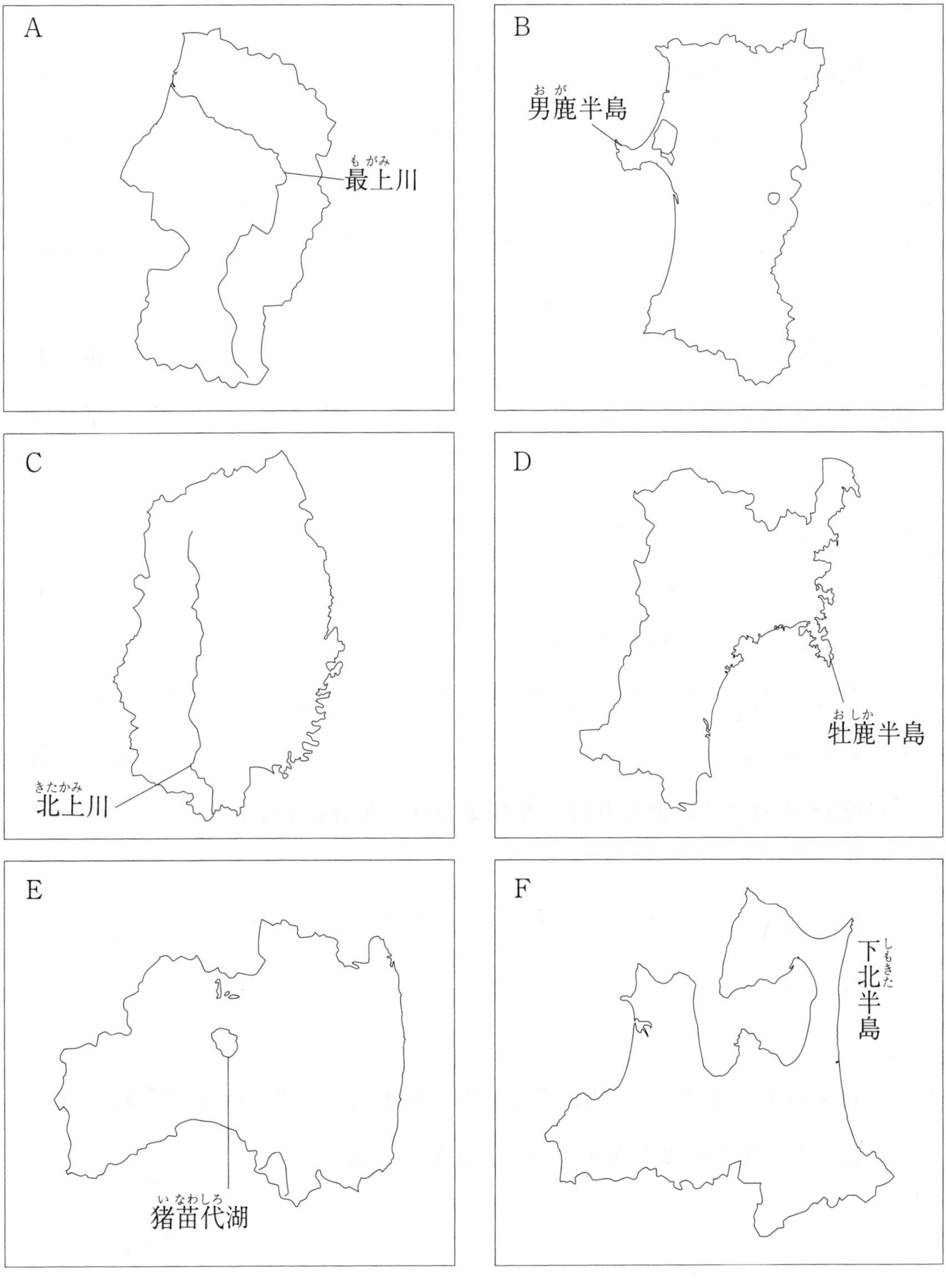

【資料２】

ア：わが県は、りんごの栽培《さいばい》がさかんにおこなわれていて、生産量は全国第１位です。伝統的工芸品《でんとうてきこうげいひん》として、津軽塗《つがるぬり》があります。お祭りは「ねぶた祭《まつり》」が有名です。

イ：わが県は、米作りが特にさかんで、全国第３位（東北地方では第１位）の生産量をあげています。伝統的工芸品として、木工製品《もっこうせいひん》の大館《おおだて》曲《ま》げわっぱがあります。お祭りは「竿燈《かんとう》まつり」が有名です。

ウ：わが県の面積は、全国第２位の大きさです。伝統的工芸品として、南部鉄器があります。お祭りは「さんさ踊《おど》り」が有名です。

エ：わが県の面積は、全国第３位の大きさです。果物《くだもの》づくりがさかんで、桃の生産量は全国第２位です。伝統的工芸品として、会津塗《あいづぬり》があります。お祭りは「わらじまつり」が有名です。

オ：わが県は、米づくりがさかんにおこなわれています。また、カキの養殖《ようしょく》もさかんです。伝統的工芸品として、鳴子《なるこ》こけしがあります。お祭りは「七夕《たなばた》まつり（すずめ踊り）」が有名です。

カ：わが県は、稲作と果物づくりがさかんです。特にさくらんぼ（おうとう）や西洋なしの生産量は、ともに全国第１位です。伝統的工芸品として、天童《てんどう》将棋駒《しょうぎこま》があります。お祭りは「花笠《はながさ》まつり」が有名です。

問１　資料１のＡ～Ｆは、６県の地図です。それぞれ何県ですか。県名を漢字で答えなさい。

問２　資料２のア～カは、６県の説明文です。資料１の地図Ａ～Ｆにそれぞれあてはまるものをア～カから１つ選び、記号で答えなさい。

3 文章を読み、あとの問いに答えなさい。

私たちの日常《にちじょう》の生活も歴史のなかでさまざまな変化をして、そのなかでかたちづくられてきました。下はその１つの例として日本の教育についてです。

文章１・２を読み、設問《せつもん》に答えなさい。

【文章１】

（あ） 世の中が安定してくると、江戸幕府《ばくふ》も藩《はん》も教育に力を入れるようになりました。5代将軍（　Ａ　）が湯島《ゆしま》に聖堂を建て、儒学《じゅがく》を奨励《しょうれい》しました。幕府や藩による武士を対象《たいしょう》とした公的な教育機関はもとより、庶民《しょみん》が学べる教育機関も数多く生まれました。

（い） 日本は中国の唐《とう》から国づくりを学びました。701年には（　ア　）が完成され、全国を支配するしくみが細かく定められました。それを支える人材を育成するための学校組織もつくられました。

（う） 近代化を進めるため、明治政府は国民の知識の水準を高める必要があると考え、学校教育制度の整備に努《つと》めました。近代教育の基礎をつくるために、国民皆学《かいがく》を掲げ、1872年（　イ　）が公布《こうふ》されました。しかし、①はじめは現実とはかけ離れた制度であったため、反対運動や一揆《いっき》まで起こる地域もありました。高等教育では富国強兵《ふこくきょうへい》を実現《じつげん》するために、実学主義を目的とした教育機関の設立《せつりつ》が相次《あいつ》ぎました。

（え） 5世紀になると、朝鮮《ちょうせん》半島や中国から日本に移《うつ》り住んできた渡来人《とらいじん》が増えました。最初は渡来人から先進学問を学び、その後日本独自の教育環境が育まれていきました。

（お）　武家階級《かいきゅう》が力を持った中世は、武士も学問を身につけるための施設《しせつ》、学校の整備に配慮《はいりょ》するようになりました。また貴族《きぞく》のための教育機関は衰退《すいたい》し、教団化した仏教が広く発展《はってん》しました。

【文章2】

（か）　貴族の子弟《してい》を対象に、中央に官僚《かんりょう》を育成するための教育制度として、都に「大学寮《だいがくりょう》（大学）」が設置され、主に儒教の経典《けいてん》を中心とする教育がおこなわれました。また、庶民にとっては、寺院が教育機関として大きな役割を担《にな》っていました。

（き）　「近代国家の発展には工業化が不可欠である」と考えられ、工業立国を推《お》し進める優《すぐ》れた実践《じっせん》的技術者が求められていました。時代の要請《ようせい》に応じ、当時の帝国《ていこく》大学総長であった渡邉洪基《わたなべこうき》は、②日本初の本格的な私立工業学校の設立をめざしました。

（く）　それまでの儒学だけではなく、国学や蘭学《らんがく》が発展しました。特に蘭学は医学書「ターヘル・アナトミア」を翻訳《ほんやく》した解体新書《かいたいしんしょ》をきっかけにおおいに発展しました。③庶民教育も熱が高まり、庶民から子どもまで、読み・書き・そろばんなどの知識を習得しました。

（け）　北条《ほうじょう》氏の一門《いちもん》により武蔵《むさし》国に多くの書物を集めて（　１　）文庫がひらかれました。これは現在も駅があるので有名です。また、おくれて上杉憲実《うえすぎのりざね》が関東地方で（　２　）学校を再興《さいこう》しました。

（こ） 日本に百済《くだら》から仏教が伝えられました。（　B　）は仏教を基《もと》にした教育をおこなおうとしました。世界最古の木造建築《もくぞうけんちく》で有名な法隆《ほうりゅう》寺《じ》は、僧侶《そうりょ》たちの教育機関でもあったとされています。

問1　（　A　）（　B　）にあてはまる人物を答えなさい。

問2　（　ア　）（　イ　）にあてはまる法令《ほうれい》を答えなさい。

問3　（　1　）（　2　）にあてはまる語句を下のア～エからそれぞれ1つ選び、記号で答えなさい。

ア　三田《みた》　　イ　足利《あしかが》　　ウ　金沢《かなざわ》　　エ　桐生《きりゅう》

問4　文章（あ）～（お）を古い時代から並べなさい。

問5　下線部①について、この教育政策は現実の状況とどのような点でかけ離れていたと考えられますか、次の語句を用いて説明しなさい。

貧富の差　　労働力

問6　下線部②について、この教育機関は次のどれであると考えられますか、下のア～エから1つ選び、記号で答えなさい。

ア　学習院大学　　イ　慶應《けいおう》義塾大学
ウ　早稲田《わせだ》大学　　エ　工学院大学（工手《こうしゅ》学校）

問７　下線部③について、このような知識の普及に大きな影響を与えた教育機関とは何ですか。漢字で答えなさい。

問８　文章（あ）～（お）と（か）～（こ）について最《もっと》もかかわりのあるものをそれぞれ１つずつ選びましょう。解答欄にあてはまるように（か）～（こ）から１つ選び、記号で答えなさい。

問９　日本の教育という共通したテーマで、５つの時代を見てみると、どのようなことがわかりますか。あなたのことばで気がついたことを簡潔《かんけつ》に説明しなさい。

4　写真《しゃしん》ア・イを見て、あとの問いに答えなさい。

写真ア　1947年８月

出典　毎日新聞社

写真イ　1952 年 8 月

出典　中国新聞社

問１　写真ア、イは同じ都市、地域のものです。この都市とはどこでしょうか。都市名を答えなさい。

問２　写真ア、イでは、同じ都市、地域の人々が行動しているようすがあらわされていますが、なぜ 1947 年と 1952 年では異《こと》なるのでしょうか。

① 写真ア、イはそれぞれどのようなようすでしょうか。説明しなさい。

② ①の説明をもとに、時間の経過《けいか》と人々の行動について、なぜこのような違いがでたのでしょうか。あなたの考えを説明しなさい。

【理　科】〈第１回Ａ試験〉(30分)〈満点：50点〉

1 次の表は、島を除く東京都における絶滅《ぜつめつ》危《き》惧《ぐ》種《しゅ》のリスト（2020年版）にあげられた生物の種類数を示したものです。この表について、以下の問題に答えなさい。

生物の分類群	リストに含まれている種類数
植物	941
そう類	31
ほ乳類	42
鳥類	162
は虫類	13
両生類	15
たん水にすむ魚類	52
昆虫類	444
甲《こう》かく類（エビ・カニの仲間）	22
クモ類	36
貝類	87
合計	1845（種類）

問１　表の最初には、植物とそう類がのっています。植物とそう類について述べた次の文章中の空らん（　ア　）、（　イ　）にあてはまる最適な言葉をそれぞれ答えなさい。

『植物とそう類の２つに共通する最大の特ちょうは、両方とも（　ア　）を行うということです。一方、植物とそう類の違いはその生育場所です。そう類は一部の例外はありますが基本的に（　イ　）に生育しています。食用となるワカメやコンブ、モズクなどはそう類の身近な代表例です。』

問２　表の生物の分類群の中で、６本のあしを持つ動物は何種類になりますか。数字で答えなさい。

問３　表の生物の分類群の中のある５種類がせきつい動物にあたります。せきつい動物の合計は何種類になりますか。数字で答えなさい。

問４　表の生物の分類群の中のある２種類が体温を一定に保つことができる動物です。その合計は何種類になりますか。数字で答えなさい。

問５　次の２つの写真は、サワガニとアカハライモリを示しています。残念ながらどちらもリストに含まれている動物のようです。この２種類の動物を絶滅危惧種へと追いやってしまった要因として、明らかに間違っている内容を次の（ア）～（オ）の中から１つ選び、記号で答えなさい。

（ア）　食用やペットとして販《はん》売するために乱かくされているから。

（イ）　農薬や除草剤《ざい》などの化学薬品が使用されているから。

（ウ）　昔は豊富であった湧き水の量が減ってきているから。

（エ）　昔に比べて海岸の砂浜の砂の量が減ってきているから。

（オ）　住宅の開発などにより生息地が減ってきているから。

2 以下の各問に最も適当な解答を、各問についている（ア）～（エ）の中から1つ選び、記号で答えなさい。

問１　新聞にある天気図の天気記号で◎は（　　　）である。

（ア）快晴　（イ）晴れ　（ウ）曇《くも》り　（エ）雨

問２　天気図で風力は0～（　　　）までである。

（ア）6　（イ）8　（ウ）10　（エ）12

問３　右の図にある前線は（　　　）である。

（ア）温暖前線　（イ）寒冷前線

（ウ）閉そく前線　（エ）停たい前線

問４　晴れた風のない穏《おだ》やかな日中において、気温は高度が100メートル高くなると1℃低くなるといわれています。この条件で、高度1200メートルのところで13℃の時、高度0メートルのところでは（　　　）℃である。

（ア）1　（イ）7　（ウ）13　（エ）25

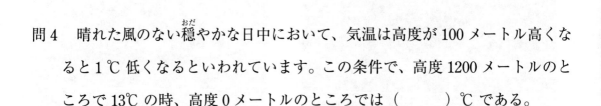

問５　天気に関する以下の文章で、(　　　　)はあやまりである。

(ア)　台風が温帯低気圧になったので、近づいても安心である。

(イ)　寒冷前線が通過した直後は気温が下がる。

(ウ)　夕焼けが見られると、明日は晴れることが多い。

(エ)　一日の最低気温は朝方に記録するとはかぎらない。

問６　最高気温が40℃になった日を「酷暑日（こくしょび)」と呼びましょうというお話が出ています。まだ、このような呼び名は決まっていませんが、35℃以上の日については決まっています。それはどれですか。

(ア)　熱帯日　　　(イ)　真夏日

(ウ)　猛暑（もうしょ）日　　　(エ)　夏日

3 以下の問題に答えなさい。

問１　図１のような装置を用いて、木片と木片の間の部分の針金を、はじいた。はじく強さを一定にして、木片の間隔を小さくすると、発する音は主にどのように変化しますか。次の（ア）～（オ）の中から１つ選び、記号で答えなさい。

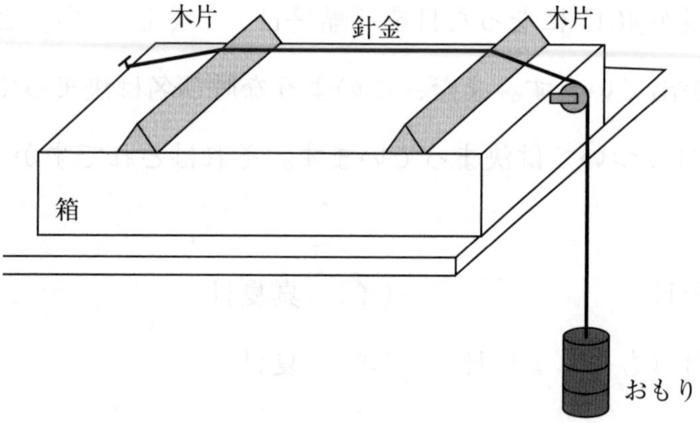

図１

（ア）　高くなる　　（イ）　低くなる　　（ウ）　大きくなる
（エ）　小さくなる　（オ）　変わらない

問２　同じ針金でつるすおもりの重さを変え、図２のような装置で音の実験を行った。この実験で調べようとしていることはどのようなことですか。次の（ア）～（カ）の中から１つ選び、記号で答えなさい。

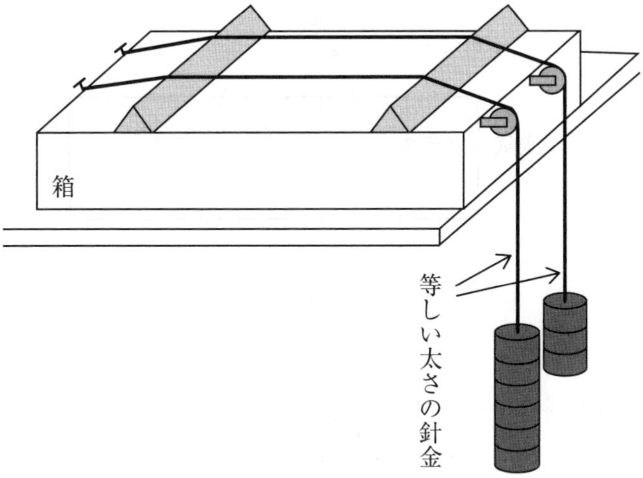

図２

（ア）　針金の長さと、音の高低の関係

（イ）　針金の長さと、音の大小の関係

（ウ）　針金を張る強さと、音の高低の関係

（エ）　針金を張る強さと、音の大小の関係

（オ）　針金の太さと、音の大小の関係

（カ）　針金の太さと、音の高低の関係

問３　図３のように、空気中からガラス面に向けて光を当てました。光がガラスを通って進む道筋を表したものを、次の（ア）～（カ）の中から１つ選び、記号で答えなさい。

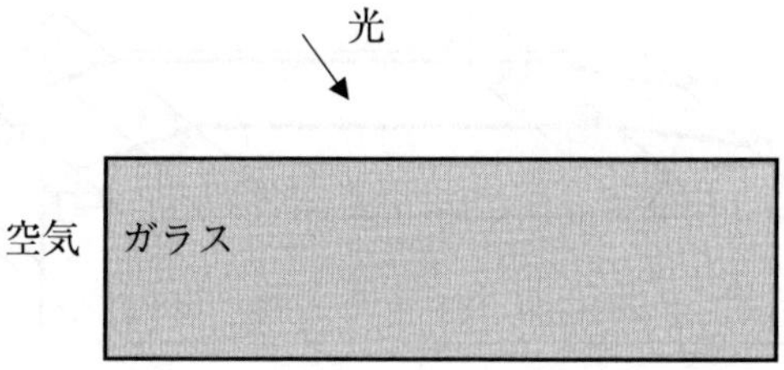

図３

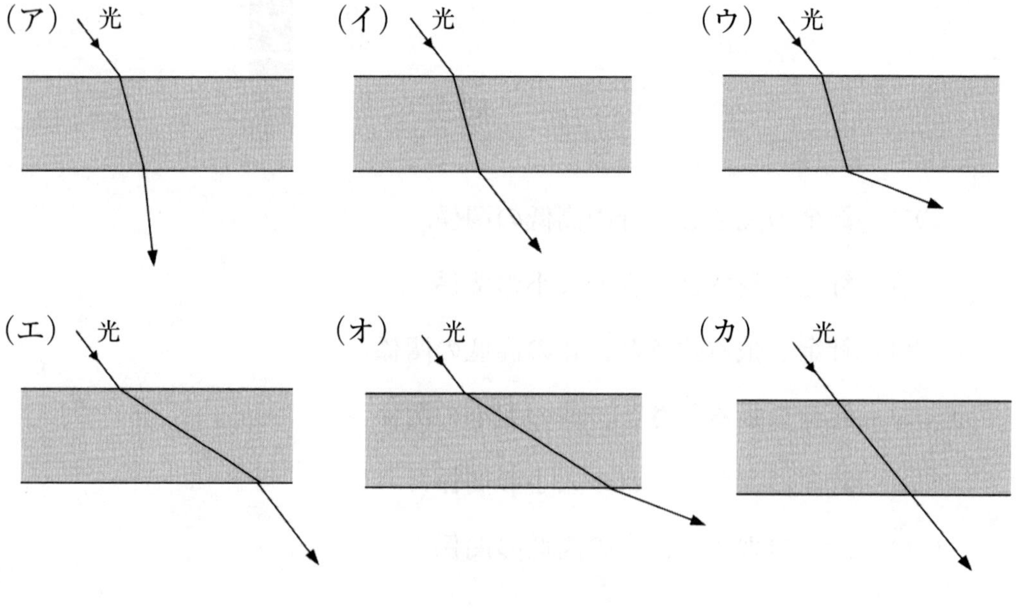

問４　図４のように、２枚の鏡を 90 度に組み合わせ、その前に「K」の形をした物体を置きました。鏡にうつった像のようすはどのようになりますか。次の（ア）～（ク）の中から１つ選び、記号で答えなさい。

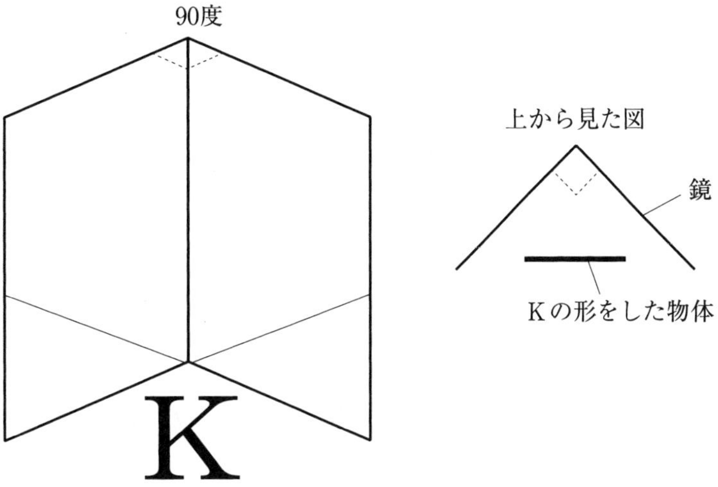

図４

（ア）

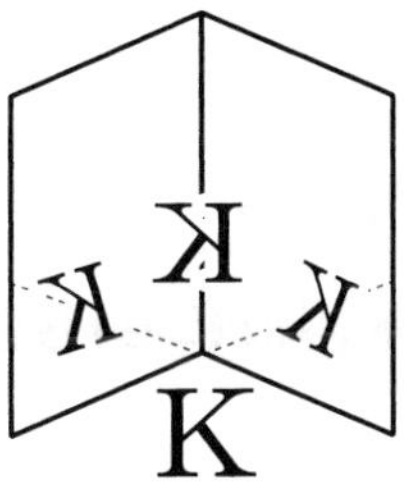

（イ）

（ウ）

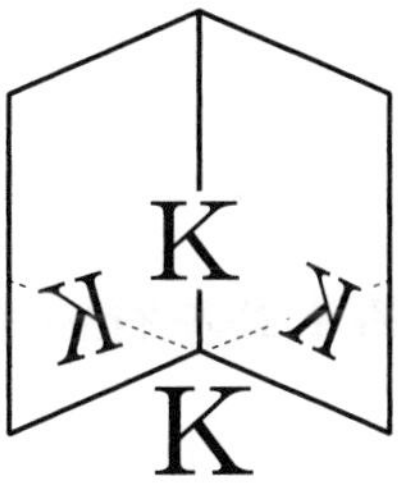

（エ）

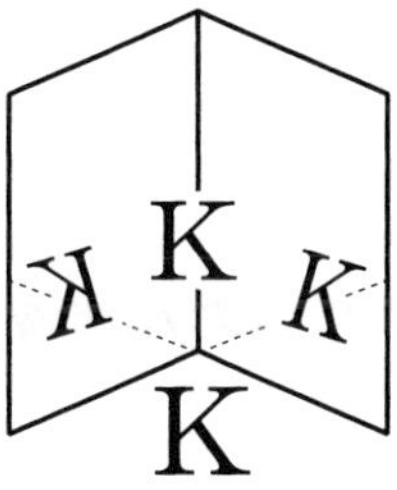

（オ）

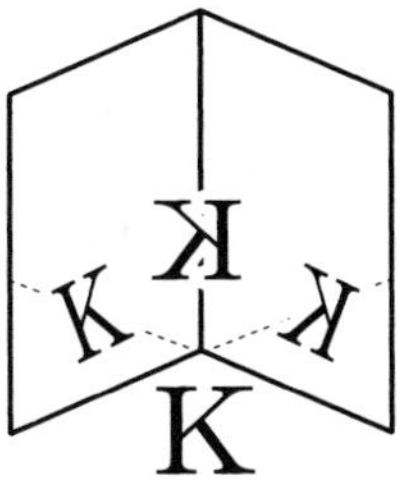

（カ）

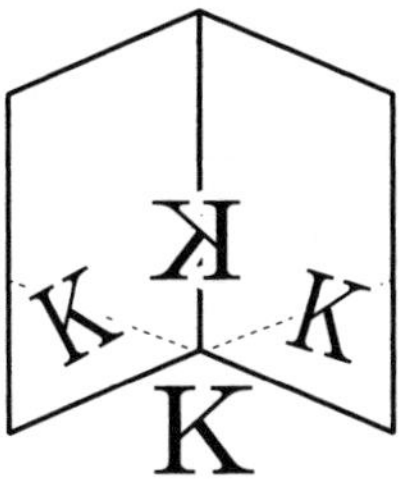

（キ）

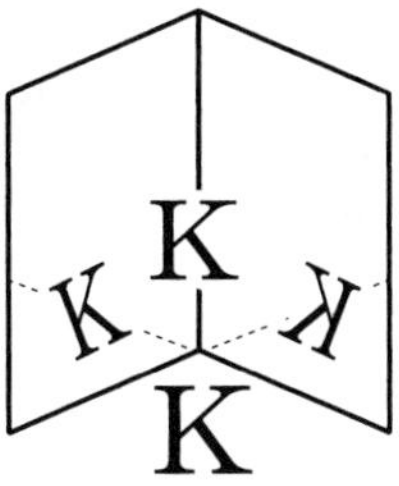

（ク）

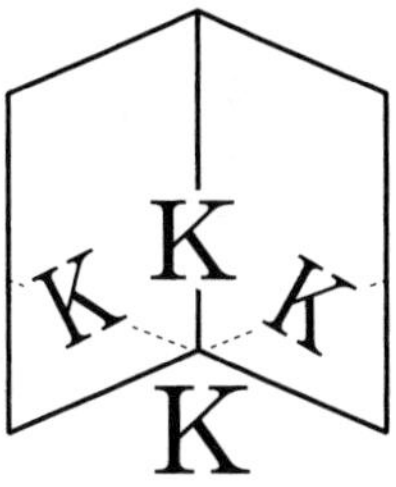

問５　問４について、以下に説明した文の［　①　］、［　②　］に入る数字を答えなさい。

『左右それぞれの鏡には物体から出た光が［　①　］回反射してできた像が１つずつでき、その中央には光が［　②　］回反射してできた像が１つ見える。』

問６　問４の２枚の鏡の角度を60度にせばめると像の数はどのようになりますか。次の（ア）～（エ）の中から１つ選び、記号で答えなさい。

（ア）　像の数は増える　　　（イ）　像の数は減る
（ウ）　像の数は変わらない　（エ）　像がうつらなくなる

4　ある濃さの塩酸と水酸化ナトリウム水溶液をつくり、それらを混ぜる実験を行いました。

〈実験〉　用いる塩酸と水酸化ナトリウム水溶液の体積をそれぞれ表のように変え、２つの水溶液を混ぜる実験を行いました。実験③の混ぜた後の水溶液にBTB溶液を入れると、水溶液の色は緑色になりました。

実験	①	②	③	④	⑤
塩酸（mL）	5	5	10	15	30
水酸化ナトリウム（mL）	5	10	15	10	45

問１　実験①の混ぜた後の水溶液にBTB溶液を入れると、水溶液は何色になりますか。次の（ア）～（ウ）の中からあてはまるものを１つ選び、記号で答えなさい。

（ア）　黄色　　（イ）　緑色　　（ウ）　青色

問２　混ぜた後の水溶液が、赤色リトマス紙を青色に変化させるものは実験①から⑤のうちにいくつありますか。次の（ア）～（オ）の中から１つ選び、記号で答えなさい。

（ア）　１つ　　（イ）　２つ　　（ウ）　３つ　　（エ）　４つ　　（オ）　５つ

問３　実験④の混ぜた後の水溶液に亜鉛《あえん》を入れると、気体が発生しました。この気体の名まえを答えなさい。

問４　実験⑤の混ぜた後の水溶液を加熱し、水をすべて蒸発させるとある物質が残りました。このときに残った物質の名まえを答えなさい。

問５　水酸化ナトリウム水溶液15mLに水を10mL加えてうすめました。このうすめた水酸化ナトリウム水溶液25mLを中性にするのに必要な塩酸は何mLになりますか。

問６　塩酸10mLに水を20mL加えると、30mLになりました。このうすめた塩酸30mLのうち10mLを中性にするのに必要な水酸化ナトリウム水溶液は何mLになりますか。

問八　空欄 5 に入る言葉として適切なものを後から一つ選び、記号で答えなさい。

ア　扉《とびら》　イ　砦《とりで》　ウ　境《さかい》　エ　仏《ほとけ》

問九　傍線③「俺の胸はまたざわざわした」とありますが、一度目に「胸がざわざわした時」とはいつですか。またこの「ざわざわ」する原因は何ですか、具体的に説明しなさい。

問十　波線（ａ）～（ｄ）の漢字はひらがなに、カタカナは漢字にそれぞれ直しなさい。

問一　空欄《くうらん》［１］に入る言葉を本文中から漢字二字でぬき出しなさい。

問二　空欄［２］に入る文を十字以内で創作《そうさく》しなさい。

問三　本文中において、次の一文がぬけています。この一文が入る部分を、本文の［ア］～［エ］のうちから一つ選び、記号で答えなさい。

これは間違《まちが》いなく頼《たの》みごとだ。

問四　傍線《ぼうせん》①「何の根拠《こんきょ》もない小野田の言葉」とありますが、「何の根拠もない」と言う理由として最も適切なものを後から一つ選び、記号で答えなさい。

ア　バスケ部を引退したジローは今までより明らかに体力が落ちてきているはずだから。
イ　ジローが部活で走っているところを見たことがない先生が頼んでいることだから。
ウ　ジローのことを頼めばＯＫしてくれると思っている先生が言っていることだから。
エ　同じ学年だけでも自分より足の速い生徒がたくさんいることがわかっているから。

問五　傍線②「当たり前のこと」とありますが、ジローが駅伝に出ることが嫌《いや》だと思っている理由を、二つ答えなさい。

問六　空欄［３］に文意が通るように後の文を並べ替《か》え、その順番を記号で答えなさい。ただし、三番目にはウの文が入ります。

ア　そのとたん、俺《おれ》はなんとも嫌《いや》な気持ちになった。
イ　俺は思わず、「わかったって、やるよ」と小野田の手を握《にぎ》りたくなる衝動《しょうどう》にかられた。
ウ　断るのはこんなに後味の悪いことなのか。
エ　小野田はがくりと肩《かた》を落として、大きなため息をついた。
オ　もっと困る事態になるはずだ。
カ　でも、引き受けて走ったって、うまくいくわけがない。

問七　空欄［４］に入る言葉を、本文中からひらがな四字でぬき出しなさい。

「何様も何も、俺なんかが出たって迷惑なだけだろ？　それがわかってるから断ったんだ」
俺は身体《からだ》を起こすと、ⓐ台所に向かった。暑くて喉《のど》がカラカラだ。
「そんなのわかった上で頼んでくれてるんでしょう。真二郎しか頼む人がいないのよ」
「そうだろな」
俺は水をごくごくと飲んだ。きっと小野田も陸上部のやつらも、一通りあちこちに頼んだはずだ。岡下や城田やその他の走れるやつ、思いつくかぎりにあたって無理だったのだ。それで、最後の最後にただ断らないという理由で俺に回ってきた。
「それがわかってるのに、断るなんて馬鹿《ばか》じゃないの」
母親は怒りながらも、忙しく動きはじめた。ＰＴＡ副会長をⓑツトめる母親は、今度のＰＴＡコーラスで歌う曲を、参加者分ＣＤにダビングしなくてはいけないらしい。朝から晩まで仕事をしているくせに、母親は学校やⓒ地域の役員をいつも引き受けていた。
「真二郎が最後の［ 5 ］なのにねえ」
「ああ」
「ああって、わかってんの？　あんたの次はいないのよ」
母親に鋭《するど》い声で言われて、③俺の胸はまたざわざわした。才能を見込《みこ》まれたわけではない。ただ、どうしようもなくなって俺に話が来た。それは喜ばしいことではない。そうだけど、俺が断るということは、駅伝が成り立たないということだ。
「明日の朝、校門に七時集合だって」
「は？」
「だから、明日の朝、七時集合だから、六時には起きなさいよ」
小野田のやろう。もう俺が了解《りょうかい》すると決めてやがる。
「せっかくバスケ部引退して、朝練がなくなったと思ったのに、また早くから朝ごはん用意しなきゃいけない」
母親はⓓモンクを言うと、さっさとＣＤを整理し始めた。

瀬尾まいこ著『あと少し、もう少し』

「どうしてだ。駅伝に出るなんて名誉《めいよ》なことじゃないか」
「だから困るんだよ。俺が走って迷惑《めいわく》かけるのはいやだしな」
そうだ。駅伝となるといつもの調子でＯＫというわけにはいかない。駅伝は学校あげて取り組んでいるし、毎年県大会に進出している。それなのに、速くもない俺が走って上に進めないとなると大問題だ。放課後や夏休みに練習するのが面倒《めんどう》でもある。
「そんなの気にせず走ったらいいじゃないか」
「気にするよ。とにかく駅伝は無理だ」
「本気で言ってるのか？」
小野田は俺の顔をじっと見た。
「ああ、さすがにちょっとなあ」
「どうしてもか？」
「どうしてもって、ほら、駅伝となると、やっぱりしんどいじゃん」
「そうか。そうだな。わかった」

［　3　］

俺は後ろ髪《がみ》を引かれる思いを断ち切るように、会議室をそそくさと出た。
切ないような苦しいようなざわざわした思いは、家に帰ってからも消えなかった。小野田のがっかりした顔ったらなかった。期待が抜《ぬ》けて失望に変わる表情を見せられるのは、たまらない。今日は川に行って遊びまくろうと思っていたのに、何もする気がなくなってしまった。こういう時は寝《ね》るにかぎる。しっくりいかない気持ちは寝てなくすのが一番だ。そう思い立って扇風機《せんぷうき》をかけて眠《ねむ》っていたら、夕方母親にたたき起こされた。
「ちょっと、真二郎《しんじろう》、あんた、ぐちぐち言ってるんだって？」
この町内で、俺のことをジローと呼ばないのは、母親だけだ。
「何が？」
「何がって、職場に担任の先生から電話があったよ」
寝起きでぼやけた頭で、俺はずっこけそうになった。小野田のやつ、「［　4　］」ってしおらしく言ってたくせに、どうして母親に言うんだ。こんなのチクリじゃないか。
「ぐちぐちって、駅伝に出ろって言われたから無理だって言っただけだって」
「無理って、あんた何様なの？」
母親はあきれた顔をした。

小野田はそう言いながら、麦茶まで出してくれた。かなりのＶＩＰ待遇《たいぐう》だ。いったいなんだろう。夏休みに呼び出してまでの、頼み事。二学期からクラスの雰囲気《ふんいき》を受験モードに持っていきたいから、なんか取組をしろということだろうか。もしくは、野球部部長の村野が大会で負けて元気ないから、声かけてやれ、ということか。

「で、先生、何？」

俺は麦茶を一気に飲み干《ほ》した。もったいつけなくたって、俺はだいたいＯＫなのだからすぐに言ってくれたらいい。大会も終わったことだし、早く片付けて昼からは遊びに行きたい。

「駅伝って、六人で走るだろ？」

「ああ」

「それなのに、今年陸上部で長距離をやってるやつ、二、三年合わせても三人しかいなくて、人が足りないんだって」

「へえ。短距離の岡下《おかした》とか走らないの？」

なんで世間話なんてするのだろう。さっさと用件を言えばいいのにと思いながら、俺は訊《き》いた。

「岡下や城田《しろた》は短距離だから、長い距離《きょり》走りそうにないしなあ。まず根性がないと駅伝は無理だろ」

「そっか。ま、駅伝は別に陸上部だけでやるわけじゃないから、誰か走るだろ」

毎年駅伝大会では陸上部以外のメンバーが活躍《かつやく》している。今年もそうなるだろう。俺は気楽に言った。

「そうだな。で、ジロー、お前走ったらどうだ？」

「は？」

俺は①何の根拠《こんきょ》もない小野田の言葉に、目を丸くした。

「ジローそこそこ走り速いしさ」

「いやいやいや、もっと速いやついっぱいいるじゃん」

俺は運動神経は悪くないけど、走りに関してはごく普通《ふつう》だ。俺より速いやつが三年生だけでもずいぶんいる。俺は小野田の申し出に首をぶんぶん振った。

「でも、ジロー、いつも体育祭とか校内陸上大会で休んだやつの分も走ってるんだろ？」

「それって速いからじゃなくて、俺が一番無理がきくってだけだろ？」

俺は欠席者の代わりになんだかんだとやってはいる。でも、それは有能だからではなく、突然《とつぜん》頼まれても断らないからだ。

「もしかしてジロー、いやなのか？」

小野田は②当たり前のことに首をかしげた。

「いやだろう。普通」

三　次の文章をよく読んで、あとの問いに答えなさい。

「ジロー、話があるんだけど、今から［ 1 ］まで出てこれるか？」

中学校最後のバスケ部の大会が終わった翌日、担任の小野田が家に電話をよこした。ここ最近の行動を振りかえってみたけど、悪いことはたぶんしていない。それに小野田の声色は優しい。ということは、説教でなくお願いだ。

俺《おれ》は小学生のころから物を頼《たの》まれることは、いつもクラスナンバー1だった。「ジローが気楽で助かる」歴代《れきだい》の担任教師はみんなそう喜んだ。

「書記だけ立候補が出ないんだよ。ジローやってよ」

去年の終わり、生徒会担当の宮原に言われた。だけど、さすがの俺も生徒会役員となると、ほいほい返事はできなかった。しかも書記とか面倒《めんどう》くさそうだしなと渋《しぶ》っていると、生徒指導主任の織田が出てきて、「なんだ、ジロー、ぐちぐち言わずにやれ」と一喝《いっかつ》された。市野中学は小さな学校だけど、三年生は五十二名いる。五十二分の一で俺を呼び出して怒《おこ》るのもひどい話だけど、やっぱり俺は引き受けた。

「［ 2 ］」これが母親の教えだ。頼んでもらえるのはありがたいことだ。幼いころからそう言われ続けたから、俺の人生はずっとそんな感じ。「ジロー、プリント配っといて」「あれ、給食当番一人欠席か。ジロー頼むわ」そういう雑用から、「ちょっと、学級委員やる人誰《だれ》もいないの？　じゃあ、ジローで」というものまで。［ ア ］厄介《やっかい》だとは思うけど、どんなことでもやっただけ何かがあるというのはわかる。断ってまた頼まれて、というのもわずらわしい。現在俺は、生徒会書記以外に、クラスでは号令係と司会係をやり、バスケ部では部長もしていた。どれもこれも、「ジローやっちゃってよ」という周りの後押しの結果だ。

自転車を漕《こ》いで学校に着くと、会議室に通された。［ イ ］

「おお、クーラーついてるじゃん」

「そう。贅沢《ぜいたく》だろ？」

小野田はにこりと笑った。［ ウ ］

「まあ、ジロー座れよ」

「ああ」

「夏季大会、お疲れ様。惜《お》しかったな」

我がバスケ部は二回戦で負けて、上の大会には進めなかった。俺ら三年生はそれで引退。あとは受験に向かうべきなのだけど、まだそんな気になれなかった。［ エ ］

「頼みたいことがあると言うか、ジローしかいないってことがあるんだけど」

問一　傍線《ぼうせん》①「アートという植物」とありますが、この「植物」が養分にするものは何ですか。二十五字以内で答えなさい。

問二　空欄《くうらん》 1 、 2 に入る言葉を、本文中からそれぞれぬき出しなさい。

問三　空欄 3 に入る言葉を、ここより前から三字でぬき出しなさい。

問四　傍線②「アーティストは、花を咲かせることには、そんなに興味を持っていません」とありますが、アーティストにとって「花」とはどのようなものですか。「〜もの。」に続くように十字以内で答えなさい。

問五　空欄 4 、 5 に入る言葉を後からそれぞれ一つ選び、記号で答えなさい。

ア　すると　イ　なぜなら　ウ　しかし　エ　たとえば　オ　だから

問六　傍線③「「アーティスト」と「花職人」は〜本質的にはまったく異なっています」とありますが、「アーティスト」と「花職人」の特徴《とくちょう》を次の表のようにまとめました。空欄（あ）〜（え）に適切な言葉、または一文を入れなさい。

	アーティスト	花職人
（あ）	粘《ねば》り強く伸《の》ばす。	途中《とちゅう》まで伸ばしかける。
花の特徴	（い）	精密、精巧《せいこう》だが、生気が感じられない。
将来の仕事	（う）	より技術の高い花職人が現れると打つ手がない。
目的・動機	自分自身の興味や関心で花を咲《さ》かせる。	（え）

問七　波線（a）〜（f）の漢字はひらがなに、カタカナは漢字にそれぞれ直しなさい。

彼らは、先人が生み出した花づくりの技術や花の知識を得るために、長い期間にわたって訓練を受けます。学校を卒業するとそれらを改善・改良し、再生産するために勤勉に働きはじめます。

花職人のなかには、立派な花をつくり上げたことで、高い評価を受ける人もいます。

[4]、どんなに精巧な花であっても、まるで蝋《ろう》細工のようにどこか生気が感じられません。

たとえ花職人として成功を収めても、似たような花をより早く、精密につくり出す別の花職人が現れるのは時間の問題です。そうなったとき、既存《きそん》の花づくりの知識・技術しか持たない彼らには、打つ手がありません。

とはいえ、誰もが最初から花職人になることを志しているわけではありません。一度は自分の「興味のタネ」から「探究の根」を伸ばそうと踏み出したものの、道半ばで花職人に転向する人も多くいます。

[5]、根を伸ばすには相当な時間と労力がかかるからです。「これをやっておけば花が咲く」という確証もありません。その間、周囲の花職人たちは美しい花をどんどん咲かせ、地上でそれなりの成功を収めていきます。ほとんどの人は、途中《とちゅう》まで伸ばしかけた根を諦《あきら》めて、花職人になる道を選びます。

③「アーティスト」と「花職人」は、花を生み出しているという点で、外見的にはよく似ていますが、本質的にはまったく異なっています。

「興味のタネ」を自分のなかに見つけ、「探究の根」をじっくりと伸ばし、あるときに独自の「表現の花」を咲かせる人——それが正真正銘《しょうしんしょうめい》のアーティストです。

粘《ねば》り強く根を伸ばして花を咲かせた人は、いつしか季節が変わって一度地上から(f)**スガタ**を消すことになっても、何度でも新しい「表現の花」を咲かせることができます。

末永幸歩『「自分だけの答え」が見つかる　13歳からのアート思考』より

注　※　ないがしろ……あってもないもののように軽くあつかうこと。
　　※　混沌《こんとん》……物事が入り混じっている状態。

アートという植物はこの「興味のタネ」からすべてがはじまります。ここから根が出てくるまでは、何日も、何カ月も、時には何年もかかることがあります。

このタネから生える「探究の根」は、決して1本とはかぎりませんし、[3]の赴《おもむ》くまま好き勝手に伸びていきます。それぞれの根は、太さも、長さも、進む方向さえも違《ちが》い、くねくねと不規則に波打ち、※混沌《こんとん》としています。

「探究の根」はタネから送られる養分に身を(b)**委**ね、長い時間をかけて地面のなかを伸びていきます。

アート活動を突《つ》き動かすのは、あくまでも「自分自身」なのです。他人が定めたゴールに向かって進むわけではありません。

「アートという植物」が地下世界でじっくりとその根を伸ばしているあいだ、「地上」ではほかの人たちが次々ときれいな花を咲《さ》かせていきます。なかには人々をあっといわせるようなユニークな花や、誰《だれ》もが称賛《しょうさん》する見事な花もあります。

しかし、「アートという植物」は、地上の流行・(c)**ヒヒョウ**・環境《かんきょう》変化などをまったく気にかけません。それらとは無関係のところで「地下世界の冒険《ぼうけん》」に夢中になっています。

不思議なことに、なんの脈絡もなく生えていた根たちは、あるときどこかで1つにつながります。それはまるで事前に計画されていたかのようです。

そして、根がつながった瞬間《しゅんかん》、誰も(d)**ヨキ**していなかったようなタイミングで、突然「表現の花」が開花します。大きさも色も形もさまざまですが、地上にいるどの人がつくった花よりも、堂々と輝いています。

これが「アートという植物」の生態です。

この植物を育てることに一生を(e)**費**やす人こそが「真のアーティスト」なのです。

とはいえ②アーティストは、花を咲かせることには、そんなに興味を持っていません。

むしろ、根があちこちに伸びていく様子に夢中になり、その過程を楽しんでいます。

アートという植物にとって、花は単なる結果でしかないことを知っているからです。

あと少しだけ、たとえ話を続けます。

世の中には、アーティストとして生きる人がいる一方、タネや根のない〝花だけ〟をつくる人たちがいます。本書では彼《かれ》らを「花職人」と呼ぶことにしましょう。

花職人がアーティストと決定的に違うのは、気づかないうちに「他人が定めたゴール」に向かって手を動かしているという点です。

この植物の根元には、大きな丸いタネがあります。拳《こぶし》ほどの大きさで、7色が入り混じった不思議な色をしています。
このタネのなかには、「興味」や「好奇心《こうきしん》」「疑問」が詰《つ》まっています。
アート活動の(a)源となるこのタネは、「興味のタネ」と呼びたいと思います。

さて、この「興味のタネ」からは無数の根が生えています。四方八方に向かって伸《の》びる巨大《きょだい》な根は圧巻です。
複雑に絡《から》み合い結合しながら、なんの脈絡《みゃくらく》もなく広がっているように見えますが、じつのところ、これらは地中深くで1つにつながっています。
これが「探究の根」です。この根は、アート作品が生み出されるまでの長い探究の過程を示しています。

①「アートという植物」は、「表現の花」「興味のタネ」「探究の根」の3つからできています。
しかし、タンポポのときと同様、空間的にも時間的にもこの植物の大部分を占《し》めるのは、目に見える「[1]」ではなく、地表に顔を出さない「[2]」の部分です。
アートにとって本質的なのは、作品が生み出されるまでの過程のほうなのです。

したがって、「美術」の授業で依然《いぜん》として行われている「絵を描《か》く」「ものをつくる」「作品の知識を得る」という教育は、アートという植物のごく一部である「花」にしか焦点《しょうてん》をあてていないことになります。
美術館などでアート作品を見ても、「よくわからない」「『きれい』『すごい』としかいえない」※「どこかで見聞きしたウンチクを語ることしかできない」という悩《なや》みを耳にしますが、それは、日本の教育が「探究の根」を伸ばすことをないがしろにしてきたからなのかもしれません。

どんなに上手に絵が描けたとしても、どんなに手先が器用で精巧《せいこう》な作品がつくれても、どんなに斬新《ざんしん》なデザインを生み出すことができても、それもあくまで「花」の話です。「根」がなければ、「花」はすぐに萎《しお》れてしまいます。作品だけでは、本当の意味でのアートとは呼べないのです。

「アートという植物」の生態を、もう少しよく見てみましょう。
この植物が養分にするのは、自分自身の内部に眠《ねむ》る興味や、個人的な好奇心、疑問です。

まったく　1　はおしゃべりだ

工藤直子「にぎやかな日々」より

注　※かげろう……日光が照りつけた地面からたちのぼる気のこと。

問一　傍線《ぼうせん》①「よく口のまわること」とありますが、これは「ひばり」のどのような様子を表していますか。二十字以内で説明しなさい。

問二　傍線②「木の芽は笑うし川は歌うし」とありますが、ここで用いられている表現技法を後から一つ選び、記号で答えなさい。

ア　隠喩《いんゆ》　イ　直喩《ちょくゆ》　ウ　擬人《ぎじん》法　エ　倒置《とうち》法

問三　空欄《くうらん》　1　に入る語句を後から一つ選び、記号で答えなさい。

ア　三月　イ　五月　ウ　九月　エ　十二月

問四　自分の好きな季節（春・夏・秋・冬）を一つ選び、この詩のように、動物や植物たちが「にぎやかな日々」を送っている様子を表現した一文を自分で考えて答えなさい。

二

次の文章をよく読んで、後の問いに答えなさい。

「アート」というのは、このタンポポに似ています。そこで、アートを「植物」にたとえてみたいと思います。少々長めのたとえ話になりますが、どうぞおつき合いください。

「アートという植物」は、タンポポのそれとも違う、不思議な形をしています。

まず、地表部分には花が咲いています。これはアートの「作品」にあたります。

この花の色や形には、規則性や共通項《きょうつうこう》がなく、じつに多様です。大ぶりで奇抜《きばつ》なものもあれば、小さくて目立たないものもあります。

しかし、どの花にも共通しているのは、まるで朝露《あさつゆ》に濡《ぬ》れているかのように、生き生きと光り輝《かがや》いていることです。

本書ではこの花を「表現の花」と呼ぶことにしましょう。

2023年度

工学院大学附属中学校

【国　語】〈第一回Ａ試験〉（五〇分）〈満点：一〇〇点〉

【はじめに】　問題本文は、問題作成上、元の文を一部変えています。また、文中の※印がついていることばは、本文の後に意味の説明があります。なお、設問で文字数の指定がある場合は、句読点や記号も一つにつき一文字として数えますので注意してください。

一

次の文章をよく読んで、後の問いに答えなさい。

※かげろうがのぼると
ひばり舞《ま》いあがり　①よく口のまわること
また太陽を口説《くど》いている　と
かえる空をにらむが
なあに　あんただって
雨雲にむかって
うちのオタマジャクシがどうのこうのと
きりもなく語りかけるではないか
麦だって負けちゃいない
ヒナがかえったと聞くと
ドレドレとのぞきこみ
風がはしったとみると
ガヤガヤと見送る
②木の芽は笑うし川は歌うし

2023年度

工学院大学附属中学校 ▶解説と解答

算 数 ＜第１回Ａ試験＞（50分）＜満点：100点＞

解 答

1 (1) 78　(2) 205.3　(3) 2　(4) 60　**2** (1) $\frac{8}{9}$　(2) 62度　(3) 9.12cm²
(4) 2才　(5) 13％　(6) 327人　**3** (1) 毎秒20m　(2) 84秒　(3) 10秒
4 (1) ①　(2) ④　(3) ③　**5** (1) 21枚　(2) 101枚　(3) 4枚

解 説

1 四則計算，計算のくふう，逆算

(1) $(156+8\div 4-2)\div 2=(156+2-2)\div 2=156\div 2=78$

(2) $A\times B-A\times C=A\times(B-C)$となることを利用すると，$205.3\times 3-20.53\times 20=205.3\times 3-20.53\times 10\times 2=205.3\times 3-205.3\times 2=205.3\times(3-2)=205.3\times 1=205.3$

(3) $\frac{1}{4}+2\frac{1}{3}\div\left(\frac{1}{3}\times 11-1\frac{1}{6}\div\frac{1}{2}\right)=\frac{1}{4}+\frac{7}{3}\div\left(\frac{11}{3}-\frac{7}{6}\times\frac{2}{1}\right)=\frac{1}{4}+\frac{7}{3}\div\left(\frac{11}{3}-\frac{7}{3}\right)=\frac{1}{4}+\frac{7}{3}\div\frac{4}{3}=\frac{1}{4}+\frac{7}{3}\times\frac{3}{4}=\frac{1}{4}+\frac{7}{4}=\frac{8}{4}=2$

(4) $2023+\{25-(\square\div 2-5)\}=2023$より，$25-(\square\div 2-5)=2023-2023=0$，$\square\div 2-5=25-0=25$，$\square\div 2=25+5=30$　よって，$\square=30\times 2=60$

2 数列，角度，面積，年れい算，濃度《のうど》，過不足算

(1) $\frac{1}{1}$，$\frac{2}{3}$，$\frac{3}{5}$，$\frac{5}{7}$，□，$\frac{13}{11}$，$\frac{21}{13}$，…より，並んでいる分数の分母は奇数《きすう》だから，□にあてはまる分数の分母は9である。また，並んでいる分数の分子は，1，2，1＋2＝3，2＋3＝5，…より，前2つの数の和とわかるので，□にあてはまる分数の分子は，3＋5＝8である。よって，□にあてはまる数は$\frac{8}{9}$となる。

図1

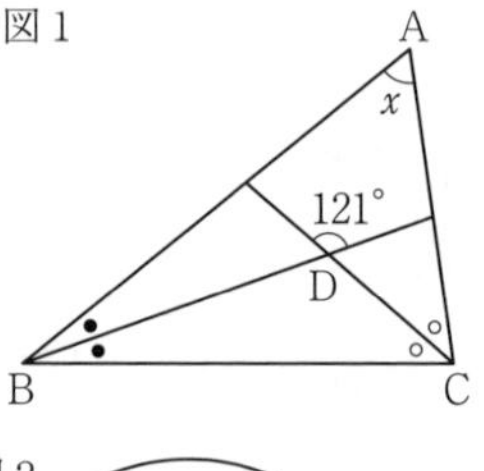

(2) 右の図1で，対頂角は等しいので，角BDCの大きさは121度である。すると，三角形BDCの内角の和より，（●＋○）の大きさは，180－121＝59(度)になる。よって，（●＋●＋○＋○）の大きさは，59×2＝118(度)なので，角xの大きさは，180－118＝62(度)とわかる。

図2

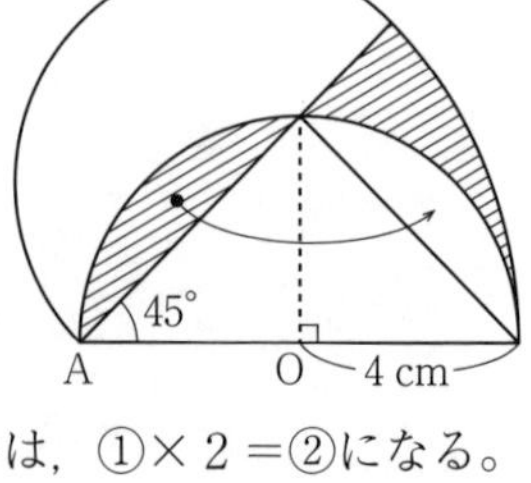

(3) 右の図2で，●印の部分を矢印のように移動すると，かげをつけた部分の面積は，半径が，4×2＝8(cm)で中心角が45度のおうぎ形の面積から，底辺が8cmで高さが4cmの直角二等辺三角形の面積を引いたものになる。よって，かげをつけた部分の面積は，$8\times 8\times 3.14\times\frac{45}{360}-8\times 4\div 2=25.12-16=9.12(\text{cm}^2)$と求められる。

(4) 今から4年後の弟の年れいを①とすると，今から4年後の姉の年れいは，①×2＝②になる。また，現在の姉と弟の年れいはそれぞれ，②－4，①－4だから，現在の父の年れいは，{(②－4)＋(①－4)}×4＝(③－8)×4＝⑫－32となる。そして，今から2年後の姉と弟の年れいはそ

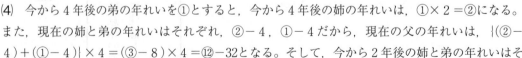

れぞれ，(②－４)＋２＝②－２，(①－４)＋２＝①－２となるので，今から２年後の父の年れいは，{(②－２)＋(①－２)}×３＝(③－４)×３＝⑨－12になる。よって，⑨－12＝⑫－32＋２＝⑫－30という式に表すことができるので，⑫－⑨＝30－12，③＝18，①＝18÷３＝６(才)とわかる。したがって，現在の弟の年れいは，６－４＝２(才)と求められる。

(5)　食塩水Ａと食塩水Ｂの重さはそれぞれ，$180\times\frac{2}{2+3}=72$(g)，180－72＝108(g)である。また，(食塩の重さ)＝(食塩水の重さ)×(こさ)より，食塩水Ａと食塩水Ｃにふくまれる食塩の重さはそれぞれ，72×0.03＝2.16(g)，180×0.09＝16.2(g)だから，食塩水Ｂにふくまれる食塩の重さは，16.2－2.16＝14.04(g)とわかる。よって，食塩水Ｂのこさは，14.04÷108×100＝13(％)と求められる。

(6)　１きゃくに６人ずつ座ると，生徒が15人余る(座れない)。また，１きゃくに８人ずつ座ると，１きゃくだけ７人となり，長いすが11きゃく余るので，すべての長いすに生徒が座るためには，生徒が，(８－７)＋８×11＝89(人)足りないと考えることができる。よって，右上の図３のように，１きゃくの長いすに座る人数の差が，８－６＝２(人)のとき，すべての長いすに座る人数の差が，15＋89＝104(人)になるから，長いすの数は，104÷２＝52(きゃく)と求められる。したがって，生徒数は，６×52＋15＝327(人)である。

図３

　　６人，…，６人 → 15人余り
　　８人，…，８人 → 89人不足
差　２人，…，２人 → 104人

3　通過算

(1)　右の図で，電車Ａがトンネルを通過するときに走る道のりの長さは，300＋180＝480(m)なので，電車Ａの速さは毎秒，480÷24＝20(m)となる。

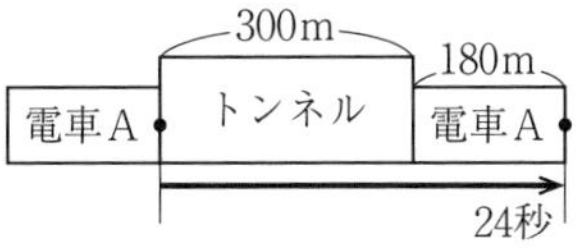

(2)　電車Ａが長さ1500mのトンネルを通過するときに走る道のりの長さは，1500＋180＝1680(m)だから，通過するのにかかる時間は，1680÷20＝84(秒)になる。

(3)　電車Ａと電車Ｂがすれちがうとき，２つの電車が走る道のりの長さの和は，180＋200＝380(m)とわかる。２つの電車は１秒間に合わせて，20＋18＝38(m)走るので，すれちがうのにかかる時間は，380÷38＝10(秒)と求められる。

4　平面図形―図形上の点の移動，辺の比と面積の比

(1)　点Ｐは３秒後までに，点Ａから反時計回りに，１×３＝３(cm)移動するから，下の図１のようになる。図１の点線より，三角形ABCの面積は正六角形ABCDEFの面積の$\frac{1}{6}$倍である。また，BP＝３－２＝１(cm)より，BPの長さはBCの長さの$\frac{1}{2}$倍だから，三角形ABPの面積は三角形ABCの面積の$\frac{1}{2}$倍とわかる。よって，三角形ABPの面積は正六角形ABCDEFの面積の，$\frac{1}{6}\times\frac{1}{2}=\frac{1}{12}$(倍)になる。

(2)　点Ｐは８秒後までに，点Ａから反時計回りに，１×８＝８(cm)移動するので，下の図２のようになる。台形ABEFと三角形AEFの面積は，それぞれ正六角形ABCDEFの面積の$\frac{1}{2}$倍，$\frac{1}{6}$倍だから，三角形ABPの面積は正六角形ABCDEFの面積の，$\frac{1}{2}-\frac{1}{6}=\frac{1}{3}$(倍)とわかる。

(3)　点Ｐは９秒後までに，点Ａから反時計回りに，１×９＝９(cm)移動するので，下の図３のようになる。ここで，FP＝２×５－９＝１(cm)だから，(1)より，三角形AFPの面積は正六角形ABCDEFの面積の$\frac{1}{12}$倍とわかる。また，三角形FEBは図２の三角形ABPと合同だから，正六角形

ABCDEFの面積の$\frac{1}{3}$倍である。さらに，EPの長さがEFの長さの$\frac{1}{2}$倍より，三角形EPBの面積は，正六角形ABCDEFの面積の，$\frac{1}{3}\times\frac{1}{2}=\frac{1}{6}$(倍)とわかる。よって，三角形ABPの面積は正六角形ABCDEFの面積の，$\frac{1}{2}-\frac{1}{12}-\frac{1}{6}=\frac{1}{4}$(倍)になる。

図１
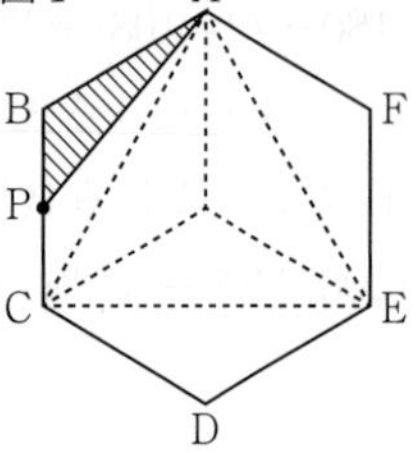

図２
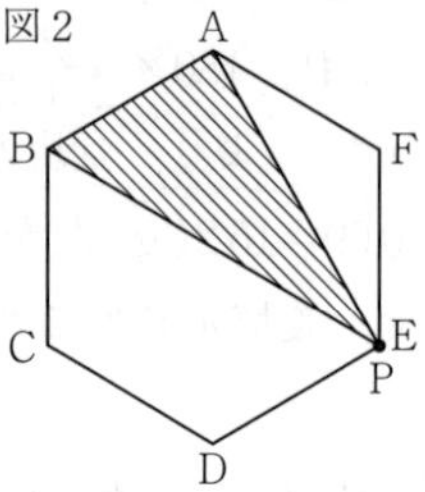

図３
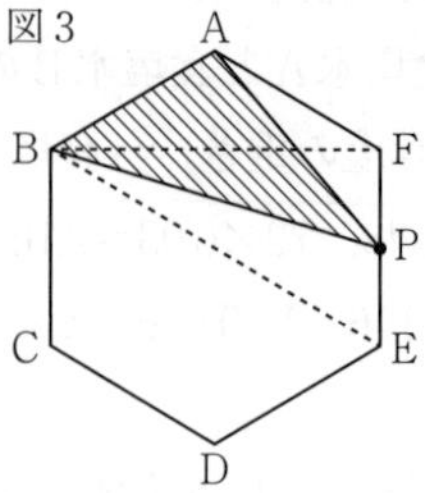

5 比の性質，倍数算

⑴，⑵　ＡさんとＢさんが持っている折り紙の枚数の比は９：７で，ＢさんとＣさんが持っている折り紙の枚数の比は５：３だから，右の図１のように，Ｂさんの比を７と５の最小公倍数の35にそろえると，ＡさんとＢさんとＣさんが持っている折り紙の枚数の比は45：35：21とわかる。この比の和が，45＋35＋21＝101より，ＡさんとＢさんとＣさんの３人が持っている折り紙の合計枚数は101枚で，それぞれ，45枚，35枚，21枚とわかる。

図１

	Ａさん		Ｂさん		Ｃさん	
×５	９	：	７			
			５	：	３	×７
	45	：	35	：	21	

⑶　ＡさんとＢさんに折り紙を□枚ずつあげたとすると，右の図２のように表すことができる。図２で，⑥－⑤＝①にあたる枚数は，45－35＝10(枚)とわかるので，□枚あげた後のＢさんが持っている折り紙の枚数は，10×５＝50(枚)となる。よって，このときのＣさんが持っている折り紙の枚数は，$50\times\frac{1}{2}=25$(枚)だから，Ｃさんにあげた折り紙の枚数は，25－21＝４(枚)と求められる。

図２
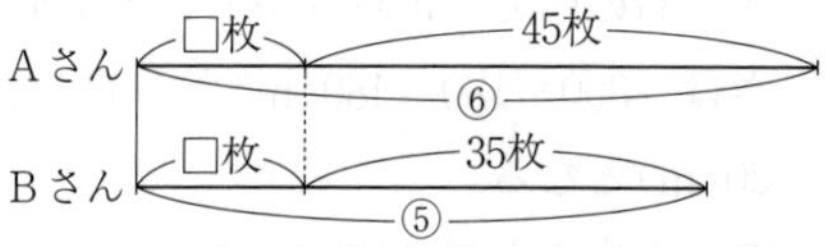

社　会　＜第１回Ａ試験＞（30分）＜満点：50点＞

解　答

1 **問１**　⑴　イ　⑵　(例)　(地球は24時間かけて１周するから，１時間では360°÷24＝15°進む。日本は，)東経135°に位置しているから135°÷15°＝９より，９時間ほどイギリスより早く進んでいる。イギリスとの時差は９時間だから，日本時間から９時間おくらせた日時は12月31日午後３時になる。　**問２**　イ　**問３**　ア　**問４**　本初子午線　**問５**　ア　**2** **問１**　**Ａ**　山形(県)　**Ｂ**　秋田(県)　**Ｃ**　岩手(県)　**Ｄ**　宮城(県)　**Ｅ**　福島(県)　**Ｆ**　青森(県)　**問２**　**Ａ**　カ　**Ｂ**　イ　**Ｃ**　ウ　**Ｄ**　オ　**Ｅ**　エ　**Ｆ**　ア　**3** **問１**　**Ａ**　徳川綱吉　**Ｂ**　聖徳太子　**問２**　**ア**　大宝律令　**イ**　学制　**問３**　**１**　ウ　**２**　イ　**問４**　(え)→(い)→(お)→(あ)→(う)　**問５**　(例)　当時の農家にとって，子どもを学校に通わせることは労働力を奪われることにつながるため，貧富の差が教育を受ける機会の差となっていたことが，現実の状況と異なっていたという点。　**問６**　エ　**問７**　寺子屋　**問８**　(あ)　(く)

(い) (か)　**(う)** (き)　**(え)** (こ)　**(お)** (け)　**問９**　(例)　国外の状況にあわせて教育の内容や対象者が時代ごとに異なっている。(時代により，仏教，国学，蘭学，工業と重要とされる内容が異なっている。)　**4**　**問１**　広島　**問２**　①　**写真ア**…(例)　広島に原子爆弾が落とされたが，まるでそれがなかったかのように，お祭りをしている。　**写真イ**…(例)　広島に原子爆弾が落とされ，数多くの犠牲者，被ばく者に対して祈りをささげている。　②　(例)　人々には，物事の整理がつくまで時間が必要と考えられる。戦争が終わってすぐの時には平和のお祭りを行い，少し時間が経ち，冷静になってからは，戦争で傷ついた人々のことを考えて祈りをささげる，というように，人々の行動も適切なものになっている。

解　説

1　イギリスとオーストラリアについての問題

問１　(1)，(2)　地球は１日で１回自転するので，360°÷24時間＝15°より，経度が15度違うと１時間の時差が生じる。経度０度のイギリスと東経135度の東京との経度差は135度で，東京はイギリスより東に位置していることから，135°÷15°＝９時間より，イギリスは東京より９時間おくれている。よって，イギリスの日時は，１月１日午前０時－９時間＝12月31日24時－９時間＝12月31日15時＝12月31日午後３時となる。

問２　オーストラリアの面積は約769万2000km^2，日本の面積は約37万8000km^2であるので，769.2÷37.8＝20.34…より，オーストラリアの面積は日本の約20倍の広さである。

問３　雨が非常に少なく砂漠となっている地域や，少しだけ雨が降り草原が広がっている地域を乾燥帯という。オーストラリアは北部が熱帯，東部・南部が温帯だが，それ以外の国土の約70％が乾燥帯である。

問４　経度０度の基準の経線を本初子午線といい，イギリスの首都ロンドンにある旧グリニッジ天文台を通るように定められている。それより東を東経，西を西経とよび，東にいく(日付変更線に近づく)ほど時刻は早い。

問５　オーストラリアは，日本にとって第３位(第１位は中華人民共和国，第２位はアメリカ合衆国)の輸入相手国で，輸入品上位１位の液化天然ガス・第２位の石炭・第３位の鉄鉱石が輸入総額の約４分の３を占《し》めている。なお，イはアメリカ合衆国，ウは中華人民共和国からの輸入品の上位５品目。

2　東北地方６県についての問題

問１　**A**　最上川は，西吾妻《あづま》山(山形県と福島県との県境)付近を源流とし，山形県内の米沢《よねざわ》盆地・山形盆地・新庄《しんじょう》盆地・庄内平野を流れ，酒田市で日本海に注ぐ。　**B**　男鹿《おが》半島は，秋田県西部に位置する日本海に突き出た半島で，北緯40度線・東経140度線が通ることで知られる。　**C**　北上川は，岩手町御堂を源流とし，東側の北上高地と西側の奥羽山脈から流れてくる支流を合わせ，岩手県の中央部を南下する。　**D**　牡鹿《おしか》半島は，宮城県東部にある半島で，江島列島・金華山・網地《あじ》島・田代島などがあり，三陸復興国立公園に指定されている。　**E**　猪苗代《いなわしろ》湖は，福島県のほぼ中央に位置し，そのすぐ北にある磐梯《ばんだい》山の噴火によってできたと考えられている湖で，吾妻山・安達太良《あだたら》山・磐梯山・裏磐梯などからの水が流れ込んでいる。　**F**　下北半島は，青森県の東側の北に突き出た半島で，半島付け根の六ヶ所村には，原子力発電に利用した燃料を再使用できるようにするための日本初の核燃料再処理施設がある。

問２　**Ａ**　山形県の説明文はカである。最上川下流に形成された庄内平野では稲作，内陸部の山形盆地や庄内平野では果物づくりがさかんである。伝統的工芸品の天童将棋駒は，将棋駒生産量の９割以上を占める。「花笠《はながさ》まつり」は，毎年８月に山形市で行われる。　**Ｂ**　秋田県の説明文はイである。「あきたこまち」というブランド米の生産地である。秋田杉を材料とし，武士の内職として発展した大館《おおだて》曲げわっぱが伝統的工芸品として知られる。「竿燈《かんとう》まつり」は，竿燈全体を稲穂に，提灯を米俵に見立てて豊作を祈る祭りで，毎年８月に秋田市で行われる。　**Ｃ**　岩手県の説明文はウである。岩手県の面積は，北海道についで全国第２位の大きさである。南部鉄器は，岩手県でとれた鉄・木炭・砂などを原料としてつくられる伝統的工芸品で，鉄びんが有名である。「さんさ踊《おど》り」は，毎年８月に盛岡市で行われる。　**Ｄ**　宮城県の説明文はオである。宮城県では「ひとめぼれ」や「ササニシキ」という品種の米の生産がさかんで，大崎市の鳴子温泉地域でつくられる鳴子こけしが伝統的工芸品である。「七夕まつり」は，毎年８月に仙台市で行われる。　**Ｅ**　福島県の説明文はエである。福島県の面積は，北海道，岩手県についで全国第３位の大きさである。桃の生産量は第１位が山梨県，第２位が福島県となっている。会津は福島県西部を指し，この地域でつくられる漆器が会津塗である。大わらじの片足分を奉納する「わらじまつり」は，毎年８月に福島市で行われる。　**Ｆ**　青森県の説明文はアである。りんごの生産量は第１位が青森県，第２位が長野県である。津軽は青森県西部を指し，この地域でつくられる漆器が津軽塗である。「ねぶた祭」は，国の重要無形民俗文化財に指定された祭りで，毎年８月に青森市で行われる。

3　**５つの時代の日本の教育についての問題**

問１　**Ａ**　江戸幕府の第５代将軍徳川綱吉は，中国の孔子によって始められた儒教《じゅきょう》を政治に取り入れ，湯島聖堂を建設して儒学を奨励《しょうれい》し，上下関係や礼節を重んじる文治政治を行った。　**Ｂ**　６世紀末に推古天皇の摂政となった聖徳太子は，奈良の斑鳩《いかるが》に現存する世界最古の木造建築で有名な法隆寺を建て，憲法十七条の中で仏教をあつく敬うことを定めた。

問２　**ア**　701年，文武天皇の命令によって刑部《おさかべ》親王や藤原不比等らが中心となり，唐(中国)の律令を手本として，律令政治の基本となる大宝律令を完成させた。律は刑法，令は行政法にあたる。　**イ**　1872年，明治政府は，男女の区別なく国民全員に教育を受けさせることを目的に，フランスの学校制度にならった学制を定めた。これにより，全国に小学校が建てられ，６歳以上のすべての男女は小学校に通うことが義務づけられた。

問３　**１**　金沢文庫は，鎌倉時代に北条実時《さねとき》(第２代執権北条義時の孫)が現在の神奈川県横浜市金沢区につくった私設図書館で，政治・文学・歴史など和漢の多岐にわたる蔵書が集められた。現在の金沢文庫は1930年に神奈川県の施設として復興したものである。　**２**　足利学校は，現在の栃木県足利市にあった日本最古の学校で，室町時代に上杉憲実《のりざね》が再興してからは地方武士たちの学問所となった。フランシスコ＝ザビエルから，「日本中最も大にして，最も有名な坂東の大学」と称された。

問４　古い時代から並べると，(え)古墳時代→(い)飛鳥時代→(お)鎌倉時代・室町時代→(あ)江戸時代→(う)明治時代となる。

問５　1872年に出された学制により小学校がつくられ，1886年の小学校令により義務教育が導入された。しかし，授業料は家庭の負担で校舎の建設費は地元住民の負担であったことや，子どもを学校に通わせると大事な働き手が奪《うば》われることから，反対運動や一揆が起こる地域もあり，最初は入学する子どもの割合が半分以下であった。

問６　本校の創立者である渡邉洪基は，工業立国を推し進める優れた技術者を育てるため，工科大学教授の辰野金吾《たつのきんご》の賛同を得て，1887年に工学院大学(工手学校)を設立した。なお，アの創立者は孝明天皇，イの創立者は福沢諭吉，ウの創立者は大隈重信。

問７　寺子屋は，江戸時代の庶民《しょみん》の子どものための教育機関で，生活に必要な知識である「読み・書き・そろばん」が教えられた。子どもたち一人ひとりに応じた内容を教えることが原則で，武士や僧などが教師を務めた。

問８　**(あ)**　江戸時代に庶民が学べる教育機関が数多く生まれたことについて書かれているので，(く)となる。　**(い)**　飛鳥～平安時代に全国を支配するための人材(官僚)を育成するための学校組織がつくられたことについて書かれているので，(か)となる。　**(う)**　明治時代に実学主義を目的とした教育機関が設立されたことについて書かれているので，(き)となる。　**(え)**　５～６世紀に朝鮮半島との関わりがあり，日本で教育環境が育まれていったことについて書かれているので，(こ)となる。**(お)**　鎌倉～室町時代に武士のための学校ができたことについて書かれているので，(け)となる。

問９　教育内容は，仏教，儒教の経典を中心とする教育，武士に必要な学問，国学や蘭学，読み・書き・そろばん，工業などの実学と移り変わっている。対象者も，僧侶，貴族の子弟，武士，庶民，国民全員と時代ごとに異なっている。

４　ある都市の異なるようすについての問題

問１　写真イの奥に原爆ドーム，中央に原爆死没者慰霊碑《いれいひ》(広島平和都市記念碑)が見えることから，広島市であるとわかる。原爆ドームは，1945年８月６日に広島に人類史上初の原子爆弾が投下されたことを象徴する建物(広島県産業奨励館)で，核兵器の恐ろしさと平和の大切さを訴えるために，当時の姿のまま残されている。

問２　①　1947年８月，被ばくした人々の平和への意志を全世界に発信するため，広島で第１回平和祭が開催《かいさい》され，最初の平和宣言が行われた。1952年８月，原爆死没者に対して祈りをささげるとともに，世界平和の実現を願い，平和記念式典が開催された。　②　当初は，広島が文化的平和都市として再建に取り組むための平和のお祭りであったが，1951年の式典からは慰霊祭としての位置づけも加わった。

理　科　＜第１回Ａ試験＞（30分）＜満点：50点＞

解　答

１　**問１**　ア　光合成　イ　水中　**問２**　444種類　**問３**　284種類　**問４**　204種類　**問５**　(エ)　**２**　**問１**　(ウ)　**問２**　(エ)　**問３**　(ア)　**問４**　(エ)　**問５**　(ア)　**問６**　(ウ)
３　**問１**　(ア)　**問２**　(ウ)　**問３**　(イ)　**問４**　(カ)　**問５**　①　1　②　2　**問６**　(ア)
４　**問１**　(ア)　**問２**　(ア)　**問３**　水素　**問４**　食塩(塩化ナトリウム)　**問５**　10mL　**問６**　５mL

解　説

1 生物の種類についての問題

問１　そう類は胞子《ほうし》や分裂などで増える生物で，植物と同様に葉緑体で光合成をして養分をつくりだしている。また，そう類はおもに水中で生活している生物で，ワカメやコンブのような海そうが多く含《ふく》まれる。

問２　表のなかでは，昆虫《こんちゅう》類だけが６本のあしを持つ動物である。

問３　ほ乳類・鳥類・は虫類・両生類・たん水にすむ魚類の５種類がせきつい動物にあたるので，その合計は，42＋162＋13＋15＋52＝284(種類)となる。

問４　体温を一定に保つことのできる恒温《こうおん》動物はほ乳類と鳥類だけなので，その合計は，42＋162＝204(種類)となる。

問５　サワガニもアカハライモリもたん水にすむ生物なので，生活の場ではない海岸の環境《かんきょう》の変化が，これらの生物の個体数の減少に直接影響《えいきょう》することはない。

2 天気についての問題

問１　◎の天気記号は，空の９割以上が雲によっておおわれている曇《くも》りの天気を表している。

問２　日本では，陸上の樹木や海上の波の様子などから，風力を０から12までの13段階の数字で表している。

問３　温暖《おんだん》前線は図のように半円で進んでいる向きが示されていて，通過した直後に気温が上がる。

問４　高度が100メートル高くなると気温が１℃下がるので，高度1200メートルのところでは高度０メートルのところと比べて，1200÷100＝12(℃)温度が下がっている。よって，高度1200メートルのところで気温が13℃のとき，高度０メートルのところでの気温は，13＋12＝25(℃)になっている。

問５　台風が温帯低気圧に変わっても，温かく湿《しめ》った空気がたくさんあるため，まだ強い風や大雨になるおそれがあり，決して安心できるような状態になったとはいえない。

問６　最高気温が35℃以上の日のことを猛暑日《もうしょび》という。なお，最高気温が30℃以上の日を真夏日，25℃以上の日を夏日という。

3 音と光についての問題

問１　針金をはじく強さは一定なので音の大きさは変わらないが，木片の間隔《かんかく》を小さくすることで針金の振動《しんどう》する部分の長さが短くなるので，音は高くなる。

問２　同じ長さと太さの針金を用いて，針金につるしたおもりの重さだけを変えているので，針金を張る強さと，音の高低の関係を調べようとしているとわかる。なお，針金を張る強さを変えても，はじく強さが一定であれば，音の大小は変わらない。

問３　空気からガラスなどの物質中に光が進むとき，光は境界《きょうかい》面から離《はな》れるように屈折《くっせつ》して進み，ガラスから空気に光が進むときは，光は境界面に近づくように屈折して進む。また，光が入ってくる面と出ていく面が平行になっているときは，入ってくる光と出ていく光は，(イ)のような平行になる。

問４，問５　左右に見える像は，それぞれの鏡に１回反射して見える像で，それぞれKの文字が反射したものが見えている。しかし，真ん中に見える像は，Kの文字が左右の鏡に１回ずつ，合計２回反射した像なので，左右が反対になった像が見える。よって，(カ)のようになる。

問６　２枚の鏡の角度を60度にすると，１周(360度)を６つに分けることになるので，鏡ではさまれた空間が６つできることになる。この中にはもとの物体が１つと５つの像ができる。よって，鏡の角度が90度のときよりも像の数は増える。

4　中和についての問題

問１　実験③では，酸性の塩酸10mLとアルカリ性の水酸化ナトリウム水溶液《すいようえき》15mLを混ぜると，加えたBTB溶液が緑色になったので，塩酸と水酸化ナトリウム水溶液を，10：15＝２：３の体積比で混ぜ合わせると過不足なく中和して中性になることがわかる。すると，塩酸５mLとちょうど反応する水酸化ナトリウム水溶液の体積は，$5\times\frac{3}{2}=7.5$(mL)だから，実験①では塩酸が残っていることがわかる。よって，BTB溶液を加えると酸性を示す黄色になる。

問２　アルカリ性の水溶液は赤色リトマス紙を青色に変化させる。問１より，混ぜ合わせた塩酸と過不足なく反応する水酸化ナトリウム水溶液の体積は，塩酸５mLのとき7.5mL，塩酸15mLのとき，$15\times\frac{3}{2}=22.5$(mL)，塩酸30mLのとき，$30\times\frac{3}{2}=45$(mL)だから，実験②のみ水酸化ナトリウム水溶液が残っていて，アルカリ性になっていることがわかる。よって，赤色リトマス紙を変化させるのは１つのみである。

問３　問２より，実験④では塩酸が余っている。塩酸と亜鉛《あえん》が反応すると，気体の水素が発生する。

問４　実験⑤では，混ぜ合わせた塩酸と水酸化ナトリウム水溶液が過不足なく中和して中性になっている。塩酸と水酸化ナトリウム水溶液が中和すると食塩水ができるので，加熱して水を蒸発《じょうはつ》させると食塩(塩化ナトリウム)が出てくる。

問５　水酸化ナトリウム水溶液15mLに水10mLを加えても，水溶液中の水酸化ナトリウムの量は変化しないので，必要な塩酸は，水酸化ナトリウム水溶液15mLが過不足なく中和するときと同じである。よって，実験③で水酸化ナトリウム水溶液15mLが過不足なく中和しているので，必要な塩酸は10mLとわかる。

問６　塩酸10mLに水を20mL加えて全体を30mLにしても，水溶液中の塩化水素の量は変化しないので，このうすめた塩酸30mLを中和するには，実験③より，水酸化ナトリウム水溶液15mLを混ぜ合わせればよいとわかる。したがって，このうすめた塩酸10mLを中和するために必要な水酸化ナトリウム水溶液は，$15\times\frac{10}{30}=5$(mL)と求められる。

国　語　＜第１回Ａ試験＞（50分）＜満点：100点＞

解　答

一　**問１**　(例)　ひばりが元気に鳴いている様子。　**問２**　ウ　**問３**　イ　**問４**　(例)　**季節**…秋／**様子**…すず虫がみんなでおしゃべりをしている。　**二**　**問１**　(例)　自分の中にある「興味」や「好奇心」「疑問」。　**問２**　**１**　表現の花　**２**　探究の根　**問３**　好奇心　**問４**　(例)　単なる結果でしかない(もの。)　**問５**　**４**　ウ　**５**　イ　**問６**　**あ**　(例)　根の特徴　**い**　(例)　大きさも色も形もさまざまだが，地上にいるどの人がつくった花よりも，堂々と輝いている。　**う**　(例)　いつしか季節が変わって一度地上から消えてしまっても，何度でも新しい「表現の花」を咲かせることができる。　**え**　(例)　「他人が定めたゴール」に向かって技術や知識を得て，それを改善・改良し，再生産していく。　**問７**　(a)　みなもと　(b)　ゆだ(ね)　(c)，(d)，(f)　下記を参照のこと。　(e)　つい(やす)　**三**　**問１**　学校　**問２**　(例)　頼まれたら断らない　**問３**　ウ　**問４**　エ　**問５**　(例)　駅伝は学校をあげて取り組んでいるため，自分のせいで上に進めないのは問題だから。／放課後や夏休みに練習するのが面倒だから。　**問６**　エ→ア→(ウ)→イ→カ→オ　**問７**　わかった　**問８**　イ　**問９**　**いつ**…(例)　駅伝のメンバーになることを断った時　**原因**…(例)　自分のせいで駅伝に出られないかもしれないから。　**問10**　(a)　だいどころ　(b)，(d)　下記を参照のこと。　(c)　ちいき

●漢字の書き取り

二　**問７**　(c)　批評　(d)　予期　(f)　姿　**三**　**問10**　(b)　務(める)　(d)　文句

解　説

一　**出典は工藤直子《くどうなおこ》の「にぎやかな日々」による**。いろいろな動物や植物について，それぞれがにぎやかに過ごすようすを描《えが》いた詩である。

問１　「口がまわる」は，つかえずにすらすら話すことを表すので，「ひばりが元気よく鳴いている様子」だといえる。

問２　「木の芽」が「笑う」，「川」が「歌う」と，人でないものを人のように表現しているので，「擬人法《ぎじんほう》」である。

問３　ひばりが鳴き，オタマジャクシが見られる時期なので，五月がふさわしい。

問４　この詩では，動物や植物を人に見立てて表現している。同じように擬人法を使って，それぞれの季節に合わせた動物や植物が「にぎやかな」ようすを表現するとよい。

二　**出典は末永幸歩《すえながゆきほ》の『「自分だけの答え」が見つかる　13歳《さい》からのアート思考』による**。筆者は，「アート」を「植物」にたとえ，その特徴《とくちょう》と「アーティスト」について説明している。

問１　空らん３の直前の大段落で，「アートという植物」が「養分にするのは，自分自身の内部に眠《ねむ》る興味や，個人的な好奇心《こうきしん》，疑問です」と述べられている。

問２　**１**　直前に「目に見える」とあるので，「アートという植物」を構成する「表現の花」，「興味のタネ」，「探究の根」のうち人々に見える部分である「表現の花」があてはまる。　**２**　タンポポと同様に「植物の大部分を占《し》める」部分で，同時に「地表に顔を出さない」部分なので，地下に広がっている「探究の根」がふさわしい。

問３　すぐ後に「探究の根」はタネから送られる「養分に身を委ね」て伸《の》びていくと述べられている。問１でみたように，養分とは「興味」や「好奇心」，「疑問」なので，空らん３には「好奇心」があてはまると考えられる。

問４　直後に注目する。アーティストが花を咲《さ》かせることにあまり興味がないのは，「花は単なる結果でしかないことを知っているから」だと説明されている。

問５　**４**　前では，花職人のなかには高い評価を受ける人もいると述べ，後では，どんなに細かく素晴らしい花でもどこか生気が感じられないと述べているので，前のことがらを受けて，それに反する内容を述べるときに用いる「しかし」がふさわしい。　**５**　前では，一度は自分の「興味の

タネ」から「探究の根」を伸ばそうとしてみたが途中で花職人に転向する人も多いと述べ，後では，「根を伸ばすには相当な時間と労力がかかるから」と理由を説明しているので，前に述べたことがらの原因や理由を説明するときに用いる「なぜなら」があてはまる。

問６　あ　直前の段落に，「根を伸ばすには相当な時間と労力がかかる」ので「ほとんどの人は，途中《とちゅう》まで伸ばしかけた根を諦《あきら》めて」しまうとある。また，傍線《ぼうせん》③の後で，アーティストは根を「じっくりと」，「粘《ねば》り強く」伸ばすと述べられている。よって「根の特徴《とくちょう》」を述べた項目だとわかる。　**い**　アーティストが咲かせた「表現の花」について，波線(d)をふくむ段落で，「大きさも色も形もさまざまですが，地上にいるどの人がつくった花よりも，堂々と輝《かがや》いています」と述べられている。　**う**　アーティストの「将来」については，本文の最後に，いつしか季節が変わって一度消えても，「何度でも新しい『表現の花』を咲かせること」ができると述べられている。

え　文章中で筆者が「花職人」という言葉を出した直後に，花職人は「他人が定めたゴール」に向かって，「先人が生み出した花づくりの技術や花の知識を得るため」に訓練を受け，それらを「改善・改良し，再生産する」と説明されている。

問７　(a)　音読みは「ゲン」で，「資源」などの熟語がある。　(b)　音読みは「イ」で，「委員」などの熟語がある。　(c)　物事の善悪などについて自分の評価を述べること。　(d)　あることが起こるだろうと待ち受けること。　(e)　音読みは「ヒ」で，「費用」などの熟語がある。

(f)　音読みは「シ」で，「姿勢」などの熟語がある。

三　**出典は瀬尾《せお》まいこの『あと少し，もう少し』による**。ジローは担任の小野田先生に呼び出され，駅伝に出てほしいと頼《たの》まれた。これまで頼まれたことは引き受けてきたジローだが，今回は小野田先生の頼みを断った。

問１　担任の先生からの電話中の言葉である。読み進めていくと，ジローはこの後学校へ行っているので，学校に呼び出されたと考えられる。

問２　「母親の教え」として幼いころから言われ続け，それによってジローはこれまで頼まれたことを引き受けてきているので，頼まれたことは断るなというような内容が入る。

問３　もどす文では，ジローが頼みごとだと確信することが述べられている。［ウ］に入れると，小野田先生にクーラーのついた会議室に通され，「贅沢《ぜいたく》だろ？」と笑いかけられたので，確信したというつながりになり，文意が通る。

問４　少し後で，ジローは「俺《おれ》より速いやつが三年生だけでもずいぶんいる」と考えているので，エが選べる。

問５　続く部分に注目する。駅伝は学校をあげて取り組んでいて，毎年県大会に進出しているのに，「速くもない俺が走って上に進めないとなると大問題だ」と，ジローの心中が書かれている。また，「放課後や夏休みに練習するのが面倒《めんどう》でもある」というのも，駅伝に出たくない理由である。

問６　「そうか。そうだな。わかった」という小野田先生の言葉の後なので，まず，頼《たよ》りにしていたジローに断られた先生のようすを表すエが続く。ジローはそれを見てアのように「嫌《いや》な気持ちに」なり，断ることの後味の悪さを感じている。そして，思わず引き受けそうになるが，うまくいくわけがない，もっと困るだろうと思いとどまっているという流れになるように，イ→カ→オと続けるのがよい。

問７　ジローが断ったことを受け入れたと思われる小野田先生の言葉なので，空らん３の直前の

「わかった」があてはまる。

問８　「最後の砦《とりで》」は，最後に残された希望のことである。

問９　ジローに駅伝のメンバーになってほしいという小野田先生の頼みを断った後，空らん３の後に，「切ないような苦しいようなざわざわした思いは，家に帰ってからも消えなかった」とあるのが一度目である。傍線③の段落に「俺が断るということは，駅伝が成り立たないということだ」とあることに注目。自分のせいで駅伝に出られないかもしれないと思って断ったが，罪悪感があり，一度は断ったものの，迷いが生じているのである。

問10　(a)　家の中で食物の調理をする部屋。　(b)　音読みは「ム」で，「義務」などの熟語がある。　(c)　区切られた一定の範囲《はんい》の土地。　(d)　不満などの言い分。

2023
年度

工学院大学附属中学校

【算　数】〈第１回Ｂ試験〉（50分）〈満点：100点〉

【注意事項】円周率は3.14とします。

1　次の $\square$ にあてはまる数を求めなさい。

(1)　$138 \div 2 + 3 \times (15 - 2 \times 4) = \square$

(2)　$192 \times 15 - 19.2 \times 50 = \square$

(3)　$\dfrac{7}{16} \div 1\dfrac{2}{5} - \dfrac{2}{15} \times \left(\dfrac{1}{12} \times 15 - \dfrac{5}{48} \div \dfrac{1}{9}\right) = \square$

(4)　$50 \div \{80 - (20 + \square \times 2)\} = 1$

2　次の問いに答えなさい。

(1)　次のように、ある規則にしたがって数が並んでいます。はじめから数えて2023番目の数は何ですか。

1，2，3，4，2，3，4，5，3，4，5，6，4，5，……

(2) 右の図で、点Oは円の中心です。角 x の大きさは何度ですか。

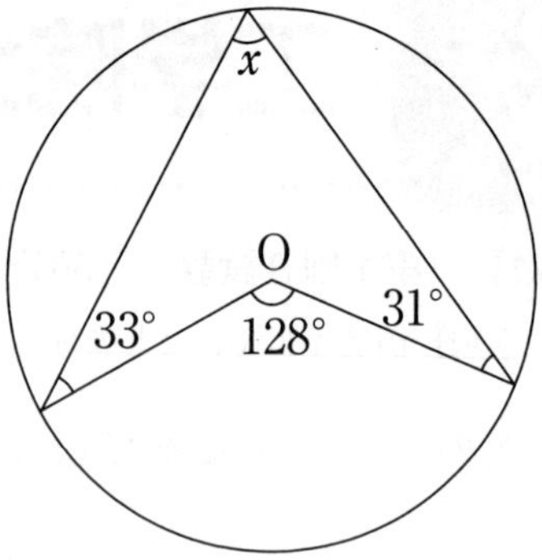

(3) 右の展開図を組み合わせてできる円柱の表面積は何 cm^2 ですか。

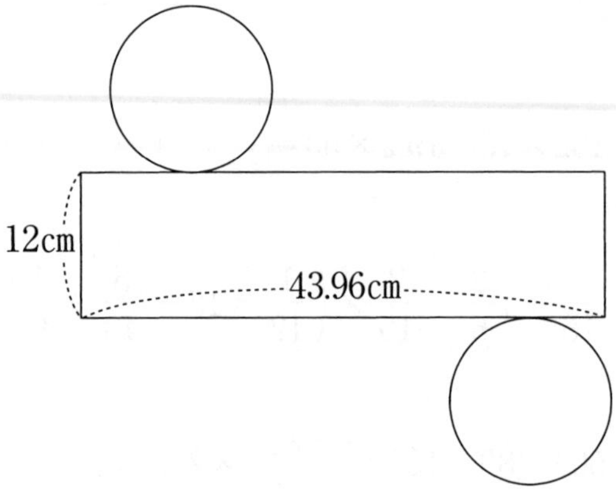

(4) 3つの歯車A、B、Cがかみ合っています。Aの歯の数は60で、Cの歯の数は48です。また、Aが8回転するとき、Bは15回転します。Cが30回転するとき、Bは何回転しますか。

(5) 定価2800円のボードゲームを3割引きで売ります。ボードゲームの売り値は何円ですか。

(6) 体育館で入場が始まるときに、すでに180人の行列ができていました。さらに、1分間に48人の割合で人が並びます。受付は4か所あり、入場を始めてから9分後に受付に並ぶ人がいなくなります。受付1か所あたり、1分間に入場できるのは何人ですか。ただし、どの受付でもかかる時間は同じものとします。

3 桜の木が等しい間かくで並んで立っている真っ直ぐな道があります。桜の木Ａから桜の木Ｂまで走るのに、太郎君は15秒、花子さんは21秒かかります。

太郎君は桜の木Ａの３本手前の桜の木Ｃから、花子さんは桜の木Ａから同時に走り出しました。太郎君が桜の木Ｂの１本手前の桜の木Ｄを通過したときに、花子さんは桜の木Ｄの６ｍ手前にいました。太郎君が桜の木Ｂに着いたときに、花子さんは桜の木Ｄに着きました。

このとき、次の問いに答えなさい。

⑴　太郎君の走る速さと花子さんの走る速さの比をもっとも簡単な整数の比で答えなさい。

⑵　となり合う桜の木の間かくは何ｍですか。

⑶　花子さんの走る速さは毎秒何ｍですか。

4 右の図のような、１辺の長さが６cmの立方体ABCD－EFGHがあります。この立方体の辺上を２点P、Qが移動します。点Pは点Fを出発して、毎秒２cmの速さでF→E→Hと移動します。また、点Qは点Fを出発して、毎秒２cmの速さでF→G→Hと移動します。

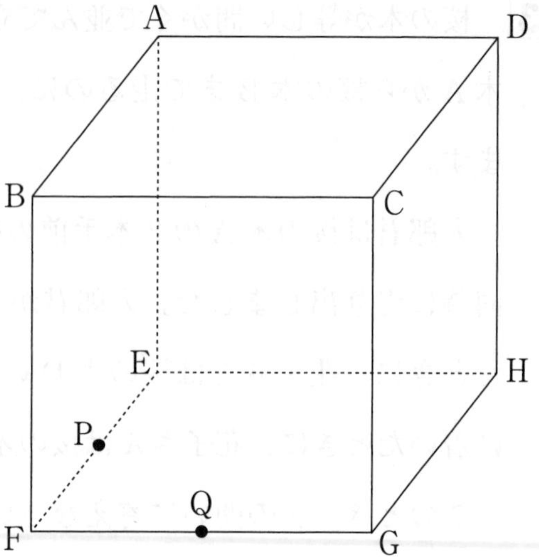

このとき、次の問いに答えなさい。

(1) ２点P、Qが点Fを同時に出発してから３秒後に、４点A、C、P、Qを通る平面で切ったときにできる立体のうち、点Bをふくむ立体の体積は何cm^3ですか。

(2) ２点P、Qが点Fを同時に出発してから４秒後に、APを延長した直線とDHを延長した直線が交わる点をRとするとき、HRの長さは何cmですか。

(3) ２点P、Qが点Fを同時に出発してから４秒後に、４点A、C、P、Qを通る平面で切ったときにできる立体のうち、点Dをふくむ立体の体積は何cm^3ですか。

5　２つの容器Ａ、Ｂがあり、容器Ａには３％の食塩水が600ｇ、容器Ｂにはこさのわからない食塩水が300ｇ入っています。容器Ａから200ｇの食塩水をくみ出し、容器Ｂに移してよくかき混ぜたところ、容器Ｂの食塩水のこさが６％になりました。

このとき、次の問いに答えなさい。

(1)　移す前の容器Ａの食塩は何ｇですか。

(2)　移す前の容器Ｂの食塩水のこさは何％ですか。

そのあと、容器Ｂの食塩水から水を何ｇか蒸発させて、そこに容器Ａの残りの食塩水をすべて加えよくかき混ぜたところ、こさは５％になりました。

(3)　容器Ｂから蒸発させた水は何ｇですか。ただし、式や言葉、図などを用いて、答えまでの経過を表現しなさい。

問一　空欄《くうらん》［1］に入る言葉を後から一つ選び、記号で答えなさい。

ア　蹴《け》った　　イ　ふんだ　　ウ　はねた　　エ　飲んだ

問二　傍線《ぼうせん》①「千波、もう進路決めた？」とありますが、恵《めぐみ》がこの話を始めた理由が分かる一文を二十五字以内で本文中からぬき出し、最初の五字で答えなさい。

問三　傍線②「なにか否定的なことをいってやりたい衝動《しょうどう》がおさえきれなかった。とうとう口をひらいた。」とありますが、千波がそのように感じたのはなぜですか、三十字以内で答えなさい。

問四　傍線③「恵をすごく遠くに感じた」とありますが、これと同じことを述べている一文を本文中からぬき出し、最初の五字で答えなさい。

問五　傍線④「なさけなく、ため息がもれる」とありますが、どのような点がなさけないのですか。「〜点。」に続くように二十五字以内で答えなさい。

問六　傍線⑤「あきらめるには強すぎるあこがれが、胸をノックしつづける」とありますが、ここで用いられている表現技法を後から一つ選び、記号で答えなさい。

ア　倒置《とうち》法　　イ　直喩《ちょくゆ》　　ウ　隠喩《いんゆ》　　エ　擬人《ぎじん》法

問七　空欄［2］に入る言葉を、後から一つ選び、記号で答えなさい。

ア　私は私と、はぐれる訳にはいかないから

イ　せめて自分の信じてた夢ぐらいはどうにか覚えていて

ウ　楽園ではなくても、夢ではなくても、この目で見てみたい

エ　幸せについて本気出して考えてみたら
いつでも同じところに行きつくのさ

問八　波線部（a）〜（e）の漢字はひらがなに、カタカナは漢字にそれぞれ直しなさい。

メリカの(e)田舎町の小さなあばら家にでも、百年まえのイギリスの花咲《さ》き誇《ほこ》る庭園にも。

そしてそこでたくさんの見知らぬひとたちに出会ってきた。それは千波の心を際限なく広い場所へと誘《さそ》ってくれた。胸ふくらむ体験だった。それってすごいことだ。⑤あきらめるには強すぎるあこがれが、胸をノックしつづける。跳《と》ぶなら、いまだ。いましかない。千波はベッドをきしませて身をよじった。

ひとをはげませるひとになりたいと、恵はいった。千波だってそうだ。本の持つ力は、はかり知れない。読むひとの心にはいりこんで、時に涙《なみだ》を流させ、時に「よしっ」と勇気をふるい起こさせることだってできる。

千波のいま一番の愛読書、『星をまく人』の力強さはどうだ。読んでいるといつのまにか、主人公の女の子エンジェルにどっぷり感情移入して、いっしょに泣いたり笑ったり、心をふるわせたりしている。そうして夢中になって読み終えたあとには、心が綿菓子《わたがし》みたいにふくらんで読むまえとはすこしちがっている自分を発見する。

――いつか、あんな物語が書きたい。

千波は奥歯をかみしめる。いまはポルノへのファンレターひとつ書けないちっぽけな自分だけど、いつか、いつかはゼッタイに……。

2

ポルノの歌声がやさしく背中をおす。そうだよ。わたしが信じてあげなくてどうする。わたしが信じて育んではじめて夢は夢になる。そうじゃなきゃ、夢に失礼だ。考えこみすぎて頭が痛くなった。スッと睡魔《すいま》に引きこまれた。その寸前、またなにかの燃えるにおいが鼻先をかすめた。おかしいなあ、あっちは離《はな》れなのに。

八束澄子「明日につづくリズム」より

注

※１　しわぶき……咳《せき》のこと。

※２　ポルノ……ポルノグラフィティ。岡野昭仁（アキヒト）と新藤《しんどう》晴一（ハルイチ）による日本のロックバンド。

※３　鷹揚《おうよう》……小さなことにこだわらずゆったりとした様子。

※４　理学療法士……ケガなどの障害のある人が、自立した生活を送れるよう支援《しえん》するリハビリテーションのせんもん職のこと。

※５　張子《はりこ》の虎《とら》……首だけ動く虎のおもちゃ。　※６　冠木門《かぶきもん》……屋根のついた家の門。

家に帰ると、※6冠木門《かぶきもん》まえのひろっぱに、大地と有くんの姿はなかった。クーちゃんだけが盛大にむかえてくれた。ところがチョコのにおいが残っていたのか、「あら？　だれのにおい？」とでもいうようにしつこく千波の足をかぎまわって、とがった目をむけてきた。そんなクーちゃんまでがうっとうしくて、

「どいて」

邪険《じゃけん》に追いはらった。

「あっちー」

梅雨のど真ん中のねっとりと重い空気が勉強部屋にこもっていた。いそいで窓をあけ、扇風機《せんぷうき》を股《また》にはさむと、引きはがすように制服をぬいだ。どこからか、なにかが燃えるようなにおいがただよってきて鼻を刺激《しげき》した。あれ？　と思ったけれど、余裕《よゆう》がなかった。のどがカラカラだ。心もひりついている。まずは麦茶、麦茶。Ｔシャツを首に引っかけたまま、台所に行って砂漠《さばく》でようやくオアシスに出会ったひとのように立ち飲みしていると、流しにつかったコップが置いてあるのが目にはいった。大地、いるのかな。

部屋にもどり、大音量でポルノをかける。アキヒトの歌声が部屋に充満《じゅうまん》して、ようやく自分にもどれた。

ベッドに寝《ね》ころがり目を閉じると、力強い恵の宣言が頭の中でぐるぐるまわりだす。

（いつかゼッタイ夢をかなえる！）

――ああ。

④なさけなく、ため息がもれる。寝返りを打つと、頭が壁《かべ》にぶつかった。そのままゴンゴン打ちつけた。

――うちは、なにしょんじゃろう。

あせりが、ちりちりと胸をこがす。文学をやりたいといいつつ、自分はどこかで逃《に》げていた。今日、恵にそのことに気づかされた。このままじゃ夢に失礼だ。

――ひとの心にとどく物語を書きたい。

それはうそ偽《いつわ》りのない、千波の心の底からの願いだ。大それた夢だとずっと胸の奥《おく》におしこめてきた。だけど、そうか？

キミが夢を願うから、今も夢は夢のまま
大好きだから踏《ふ》み出せない、大好きだから臆病《おくびょう》になる

いいのか、それで。壁を見つめながら自分の心とじっとむきあった。

本が好きだ。本のない生活なんて考えられない。勉強で時間をわすれたことなんてないけれど、本を読んでいるといくらでもわすれられた。本の世界は無限だ。たとえ瀬戸内海《せとないかい》の真ん中の小さな島に暮らしてはいても、本に導かれて千波はどんな場所にだっていけた。ア

②なにか否定的なことをいってやりたい衝動《しょうどう》がおさえきれなかった。とうとう口をひらいた。
「医系ってすごいお金がかかるが」
「そうなんよ。問題はそれよ。じゃけど、うちはゼッタイにあきらめんけえね。いつかゼッタイ夢をかなえる！」
　きりりと表情を引きしめた恵は、高らかに千波にむかって宣言した。
「ああ、やっといえたあ。これで安心。だれかに宣言しとくと、夢は夢でのうなるゆうもんね」
　恵は水からあがったようなさっぱりした表情を見せた。さっぱりしないのは千波だ。
　――うちはどうなるん？　置いてきぼり？
　心でつながってると思いこんでいた恵の心がはなれていこうとしているさびしさが胸をさす。
「どしたん、千波。ボケッとして」
　魂《たましい》のぬけたようになっている千波にようやく気づくと、恵は腕《うで》をのばしてテーブルごしに千波のおでこを突っついた。千波の頭は、まるで※5張子《はりこ》の虎《とら》のように、こくこくゆれた。
「もう、こんなとこにご飯つぶまでつけて」
　しょうのない子ですねえといいたげに、恵はほっぺたのご飯つぶをつまんで、あいたままの千波の口に放りこんだ。その大人っぽいしぐさが、よけいに千波の心をⓓ逆なでした。もう、やめてよ。
「ポルノもがんばっとんじゃけえ、うちらもがんばらにゃ！　キミが夢を願うからー、今も夢は夢のままー」
　高らかに歌いながら立ちあがった恵は、きびきびとＣＤをいれかえた。そんな恵がまぶしくて、みじめに口を動かしながら千波はテーブルに視線を落とした。③恵をすごく遠くに感じた。
　そのとき庭先からおかしな音が聞こえた。
　プッ、プッピッピピ
　連続してひびく。
「……なんの音？」
　顔をあげた。
「チョコのおなら。あいつ、よう、おならするんよ」
「え、チョコってメスじゃろ。サイテー」
　無理に笑ってみせたけれど、笑顔が引きつった。だれに対しても、いまはいじわるな言葉しかでてこない。「恵、すごい！　がんばって」そういえない自分がなさけなかった。

「うまい！」

口いっぱいにほおばる千波に恵は、

「いっぱいお食べ」

と満足そうにうなずいた。

「①千波、もう進路決めた？」

唐突《とうとつ》にたずねられた。恵の質問はいつも唐突だ。

「うーん、まだ」

千波の答えを期待してというよりは、自分にいいたいことがある様子の恵は、

「うちね。……きゃー、どうしよう。いおうかな、やっぱやめようかな」

一応もったいぶったあげく、だれにもいわんでよと、念をおしながら語りはじめた。

「お父さんの病室のまえに、リハビリの部屋があるんじゃけど、そこの※4理学療法士《りがくりょうほうし》の先生がめっちゃええひとでね、患者《かんじゃ》さんの話をいっこも嫌《いや》がらんと、よう聞いてあげるし、めっちゃやさしいんよ」

いつもより早口の恵に、なんだかイヤな予感がした。おにぎりから顔をあげると、恵のほおは、さくら色に染まっていた。目は千波をとおりこして、どこか遠いところをさまよっている。

「このあいだ廊下《ろうか》ですれちごうたら、『お父さん(c)コウコウですね』って声かけられたんよ。めっちゃうれしかった」

恵はひとりでいって、ひとりで照れて、バシバシテーブルをたたいた。

――なに、恵。ひょっとして、恋《こい》をしてるとか？

恵のテンションの高さについていけない千波の心臓の鼓動《こどう》が速くなった。どくどくと耳の中でまでひびく。

「藤田《ふじた》先生、その先生、藤田先生ゆうんじゃけど、お父ちゃんによると、まだ若いのにめちゃめちゃ仕事熱心で、その熱心さにほだされた患者さんが、藤田先生をよろこばせたい一心でリハビリをがんばるんじゃて。その結果、『もうどうなってもええ』ゆうてあきらめとった患者さんまでが、ようなって退院していくんじゃて。これって、スゴイ思わん？」

恵の話の中身よりも、千波は自分の心に起こった変化にとまどっていた。ぞわぞわぞわ。胸が不快にさわぎ立てる。これって、ひょっとして嫉妬《しっと》？

「じゃけえ、うちもいつかは藤田先生みたいに理学療法士になって、ひとをはげましたいんよ。いまはまだ自分のことで精一杯《せいいっぱい》じゃけど」

恵の瞳《ひとみ》はいつもの数倍かがやきを増していた。見ているのがつらくて、千波は口のあたりに視線をそらせた。

「じゃけど……」

「あんがと、千波」

恵が腰《こし》にだきついてきた。身長差が二十五センチもあると、だきつかれるのはいつも胸ではなく腰だ。

「おなかすいたあ」

つぶやく千波に、

「寄っていく？」

恵は自分の家の方角を指さした。

「うん！」

恵の家をたずねるのは、ひさしぶりだった。

「チョコ、元気ィー」

庭先につながれた飼い犬のチョコが、ふさふさのしっぽをメトロノームみたいにふってむかえてくれた。うしろの土が、まるくはいたようにきれいになった。

「おじゃましまーす」

はいってともいわれないうちから、千波はⓐ**居間**にあがりこんだ。恵の家は、なんだかなつかしいにおいがした。郵便局と名のはいった貯金箱だの、めくられないままの日めくりだの、ごちゃごちゃと物があふれているのも、逆に落ち着く。行儀《ぎょうぎ》が悪いとは知りつつ、千波は好奇心《こうきしん》いっぱいであたりを見まわした。部屋の隅《すみ》のソファの上に、派手な色あいのブラウスやスカートが乱雑にぬぎ散らされていた。なるほど、のぶ子の趣味《しゅみ》とはだいぶちがう。でも恵のお母さんだったら似あうと思うけどなあ。

「おばちゃんは？」

「えーと、今日は準夜勤だ。夜中に帰ってくる」

台所でごそごそしている恵が、カレンダーに目をやりながら答えた。

「あいよ」

さほどまたないうちに、テーブルの上におにぎりが置かれた。中からおかかと梅干がのぞいている。

「すごーい、恵。自分でつくったん？」

「ほかにだれかいますか？」

千波はつまみ食いⓑ**センモン**の自分がはずかしくなった。

「いっただきまあす」

塩のきいているところと、そうでないところと多少ムラがあったけれど、手でにぎったおにぎりはコンビニのおにぎりとちがってあたたかくて、ふんわりお米が立っていた。口にいれるとほわりとくずれる。

問六　傍線③「決定的な違《ちが》い」とはどのようなことですか、後から一つ選び、記号で答えなさい。

ア　松坂牛よりもシラスウナギの方が、個体数を増やすのがかなり難しいということ。

イ　松坂牛よりもシラスウナギの方が、誰でも手に入れることができるということ。

ウ　シラスウナギよりも松坂牛の方が、自然環境保全に影響《えいきょう》を与えているということ。

エ　シラスウナギよりも松坂牛の方が、ブームによって利益が左右されるということ。

問七　波線（ａ）～（ｅ）の漢字はひらがなに、カタカナは漢字にそれぞれ直しなさい。

三

次の文章をよく読んで、後の問いに答えなさい。

いつのまにか古い長屋がむかいあわせに建っている一角にはいりこんでいた。ひとの足でふみかためられた、土の道の感触《かんしょく》がなつかしい。きれいにほうきの目がとおった道の脇《わき》には、色とりどりの花のプランターがならび、それでなくてもせまい道を、なおせまくしていた。板塀《いたべい》ごしにのぞくと、まだ明るいのに裸電球《はだかでんきゅう》がともっていた。中からテレビの音と老人の※1しわぶきがもれてくる。こんな家にのぶ子は弁当をくばっていたのかもしれない。

（一日中ひとりの家でわたしの配達する弁当だけを楽しみにまっとんよ）

千波は、のぶ子の嘆《なげ》きの意味がようやくすこし理解できた気がした。

「いろんなひとの、いろんな暮らしがあるねえ」

ちょうど千波が感じたと同じことを恵《めぐみ》がつぶやいた。恵って不思議。千波が心で思ったことを、まるで読んだように先に言葉にすることがある。そのたび、千波は感動する。やっぱりうちらは心でつながっとる！

お寺の塀にはばまれていきどまりになり、キャアキャアいって、おしりをおしあいっこしながら、なんとか無事乗りこえた。すっかり冒険《ぼうけん》心を満足させたふたりは坂道をおりて、いつもの本通り商店街にでた。ＣＤショップのまえに、※2ポルノの新曲のポスターがはられていた。

「またでたんじゃ！　キャーほしいなあ。でも家出資金ためんといけんしなあ」

くやしそうに恵はポスターのまえで地団駄《じだんだ》を［ 1 ］。

「ええが、うちが買うけえ。貸してあげる」

千波は※3鷹揚《おうよう》にいった。たしか郵便貯金がまだ残ってたはず。

問一　次の図は、傍線《ぼうせん》①「とある農村での話」を表したものですが、2はどのような状態になりますか。その絵を描き、絵の説明をしなさい。

1

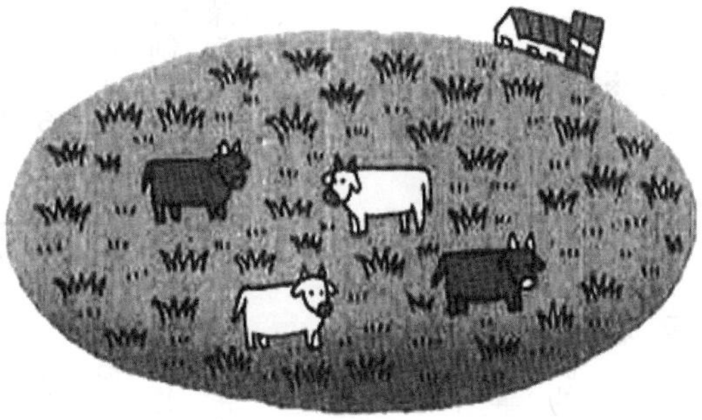

2

3

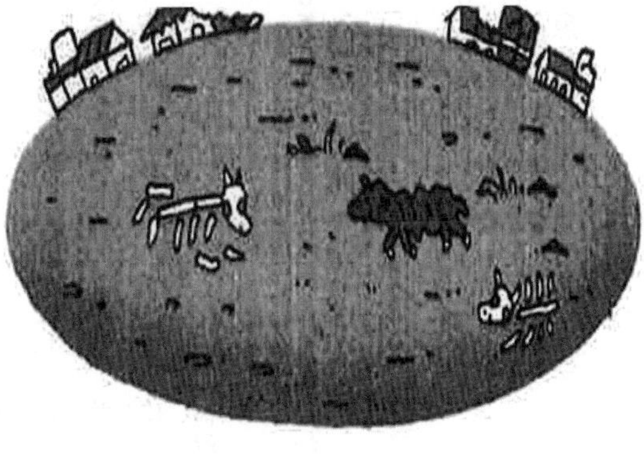

問二　傍線②「このゲームの参加者全員が敗者になる」とはどういうことか、四十字以内で説明しなさい。

問三　空欄《くうらん》［1］には時刻や方位、ある一定の期間などを表す十二支が当てはまります。後から一つ選び、記号で答えなさい。

ア　丑　イ　卯　ウ　巳　エ　戌

問四　空欄［2］、［3］に入る言葉を前後の文章から考えてそれぞれ答えなさい。

問五　空欄［4］には「非常に珍《めずら》しいこと」という意味の四字熟語が入ります。後から一つ選び、記号で答えなさい。

ア　奇想《きそう》天外　イ　付和雷同《らいどう》　ウ　空前絶後　エ　前人未踏《みとう》

の日本において、肉牛は私有物である。野良犬みたいな野良牛がそのへんを歩いてて、誰の持ち物でもない、なんてことはあり得ない。そして、ウナギと異なり肉牛の繁殖《はんしょく》※10法は確立されている（飼育下で子ウシを産ませて成長させることが可能だ）。つまり肉牛は、完全に私有物として管理されているのである。

ここで、もし松坂牛のステーキを食べることが［４］の大ブームになって、肉が高く売れるようになったらどうなるか考えてみよう。松坂牛の生産者組合は「いまだけ儲かればいい」と考えてすべての牛を出荷してしまうだろうか。そうなると、松坂牛は絶滅し、ⓓ**ケットウ**が途絶《とだ》えてしまう。もう松坂牛でお金を儲けることはできない。だからそんなバカなことは絶対にしないのである。

そう、いくら松坂牛がブームになって高く売れるからといって、親となる牛たちまでみんな出荷して食べちゃう、なんてことはない。牧畜《ぼくちく》業者のみなさんは後先考えて、種ウシを母ウシに繁殖させて子ウシを産ませるから、松坂牛ブームがどんなに盛り上がっても松坂牛が絶滅することはない。むしろ、お金を儲けようと松坂牛の飼育をはじめる牧場が増加することで、ウシの個体数は増えることだろう。シラスウナギに起こっている悲劇との③決定的な違いをわかってもらえただろうか。

僕ら人間は、私有物の場合は後先考えながら大事にあつかうが、共有物は粗末《そまつ》にあつかう。こういう人間のⓔ**性**が出るのが共有地の悲劇なのである。「いやいや、僕ら日本人の大半には良心というものがあって、共有物だからといって無茶はしない。むしろ共有物こそ大切にするように教わっている」なんて反論もあるかもしれない。それはそのとおりである。良識ある人びとは、共有地の悲劇を避《さ》けるために自制心をはたらかせることが可能なのだ。しかし、ほんのひと握《にぎ》りの人たちが、密漁などの無茶をすることによって、社会や自然環境に深刻な被害《ひがい》がおよんでしまう。これが共有地の「悲劇」と呼ばれるゆえんだ。一部の欲望に忠実な人たちの行動が環境問題を生み出してしまうのである。

伊勢武史「２０５０年の地球を予測する　科学でわかる環境の未来」より

注
※１　気概《きがい》……困難にくじけない強い心。
※２　短絡的《たんらくてき》……物事の本質を深く考えずに、原因と結果などを性急に結びつけてしまうさま。
※３　寓話《ぐうわ》……教訓的な内容を他のことに関連づけたたとえ話。イソップ物語など。
※４　絶滅危惧種《ぜつめつきぐしゅ》……絶滅のおそれの最も高い生物種。　※５　養殖《ようしょく》……魚や貝などを人工的に育てて増やすこと。
※６　稚魚《ちぎょ》……魚の子供のこと。　※７　夜陰《やいん》……夜。夜間。
※８　高騰《こうとう》……物価などが高く上がること。　※９　収奪《しゅうだつ》……奪《うば》いとること。
※10　繁殖《はんしょく》……動物や植物が生まれ増えること。

るまで育てるのを完全養殖というが、それはとてもむずかしいことなのだ。じゃあどうやってウナギの養殖をしているかというと、海で自然にふ化してあるていどのサイズまで成長したウナギの稚魚（シラスウナギ）が海から川にもどってくるところをつかまえて、養殖池に投入して大きくなるまで飼育するのだ。これがウナギの養殖の実態である。

　このシラスウナギ漁は、たいへん儲《もう》かる仕事である。まっくらな夜中、集魚灯のあかりにおびき寄せられるウナギの稚魚を網《あみ》ですくう。これだけで一晩に数十万円もの儲けになることもあるらしい。なんせ、シラスウナギは俗《ぞく》に「白いダイヤ」と呼ばれるくらいで、この漁はお金の儲かる仕事。そして※7夜陰《やいん》に乗じてやる仕事だけに、正式の許可を得ていない密漁者が後を絶たない。こうして日本じゅうでシラスウナギの乱獲《らんかく》が行われ、ウナギが激減するに至ったのである。

　僕《ぼく》は四国の生まれ。僕が幼かったころ、町内にはいくつものウナギの養殖池があった。池のウナギたちに空気を送るための電動の水車がバシャバシャと派手《はで》な水しぶきをまき散らしているのが(b)**フウブツシ**であり、夏になると駅前には屋台が出て、安くてうまいウナギのかばやきが売りさばかれていたものだ。

　町を流れる川では、シラスウナギ漁がとてもさかんだった。シーズンになると、川の下流部のあちこちに、集魚灯をともした小舟《こぶね》がたくさん浮《う》かんでいた。どこかに出かけた帰り道、その光景をみかけた小学生の僕は父親に「あれは何をやってるの？」と聞いたんだけど、そのとき彼《かれ》は言葉を濁《にご》した。今になって、父親の気持ちが分かる気がする。シラスウナギ漁をやっている人には、［　2　］もいれば［　3　］もいるというのが現状だったのだ。

　「シラスウナギ」でネット検索《けんさく》すると、いまも密漁者が後を絶たないことがわかるだろう。近年ウナギが減少するにしたがって価格が※8高騰《こうとう》し、僕ら庶民《しょみん》はおいそれと味わうことがむずかしくなってきた。しかしそれは、シラスウナギ一匹《いっぴき》あたりの価格が高騰することを意味するから、密漁者が密漁を続けるモチベーションは依然《いぜん》として高い。現に、日本で流通するシラスウナギの五割から七割が密漁によるものという(c)**スイテイ**もあるのだ。

　このように、公共の場所である河川で、誰《だれ》の所有物でもないウナギの稚魚を獲るという行為《こうい》には、人間がエゴをむき出しにして、たとえ将来絶滅しようが後先考えず今だけの利益のために行動するよう仕向けるメカニズムが存在している。密漁者たちも当然、シラスウナギが年々減少していることを自分の身をもって痛感しているだろう。それでも、自然環境保全のために密漁をやめるかといえば、そうではない。自分ひとりがやめても、ほかの誰かが採ってしまい、結局は破滅に向かうからだ。どうせウナギ産業が破滅するのなら、いまのうちに少しでもお金を稼いでおこう。こういう考え方こそが、共有地の悲劇を生んでいる。

　読者のみなさんは気づいたことだろう。共有地の悲劇が生じるのは、※9収奪《しゅうだつ》される対象物が公共の場所にあり、誰かの所有物ではない場合である。公共物と私有物の違《ちが》いはたいへん重要で、この違いが共有地の悲劇の発生を決定づけている。ひとつ例を考えてみよう。現代

二 次の文章をよく読んで、後の問いに答えなさい。

なぜ環境《かんきょう》問題は起こるのだろう。その理由について、「人間は愚《おろ》かでわるいから、自然を破壊《はかい》する。文明は悪である。地球は泣いている」なんて考え方をする人は多い。環境問題を真剣《しんけん》に考える人は、まじめでピュアで、問題を何とかしようという※1気概《きがい》にあふれている。それは素晴らしいことではあるけれど、※2短絡的《たんらくてき》に結論を出したり、感情論だけで突《つ》っ走るのではなく、落ち着いて環境問題について考えてみてほしい。

（中略）

これは、①とある農村での話である。この村の住民はそれぞれ、自宅でウシを飼っていた。ウシたちは、村共有の牧草地で放牧され、草を食《は》んで暮らしていた。村人は、ウシの乳をしぼったり、ときにウシを市場に売ったりしてくらしの足しにしていたのである。こういう状況《じょうきょう》がながく続き、村人たちの生活は安定していたのだが、ある日、知恵《ちえ》のはたらく村人が、自分の飼うウシの数を増やすことにしたのである。子ウシを何頭も買ってきて共有地で放牧し、大きくなったら売りさばく。こうしてこの村人は成功し、財をなしたのである。

これを見ていたほかの村人たちも「よし、おれもウシの数を増やそう」と思い立ち、その結果村の共有地で放牧されるウシの数が激増するに至った。しかし、共有地の面積にはかぎりがあり、そこで育つ牧草の量にもかぎりがある。やがて牧草は食べつくされ、ウシたちはみんな飢《う》え死にしてしまった。結局村人たちはみなお金を損して、不幸になってしまった。これが共有地の悲劇という※3寓話《ぐうわ》である（ギャレット・ハーディンという有名な環境科学者の著作に登場するお話だ）。

共有地の悲劇の寓話が興味深いのは、人間が環境問題を引き起こすメカニズムの核心《かくしん》をついているからだ。この物語の登場人物は、けっしてバカではない。それどころか、みんな毎日を精いっぱいに生き、なんとかして自分や家族のくらしをゆたかにしようと知恵をしぼり工夫をこらしているのだ。彼《かれ》らはバカじゃないから、ウシの数が増えすぎたらやがて牧草が食べつくされて悲劇が起こることも予期している。しかしそれでも、彼らはウシの数を減らさない。どうせ自分が減らしたって、ほかの村人がどんどんウシの数を増やすのが目に見えているからだ。将来は②このゲームの参加者全員が敗者になることが分かっていても、いまこの瞬間《しゅんかん》、お金を稼《かせ》ぐのをやめられないのである。こういう現象は、寓話の世界だけじゃなく、現実に起こっている。たとえば現代の日本でも。

最近、ニホンウナギが※4絶滅危惧種《ぜつめつきぐしゅ》に指定された。日本人が土用の[1]の日などに好んで食べるウナギだけど、近年では数が極端《きょくたん》に減って、絶滅危惧種になってしまったのである。その原因はいろいろあるんだけど、最大の原因は「獲《と》りすぎ」である。食用のウナギといえば※5養殖《ようしょく》モノが(a)**主流**だけど、ウナギの完全養殖はまだまだ実験段階だ。飼育下のウナギにタマゴを産ませてふ化させて、※6稚魚《ちぎょ》を成魚にな

注　※　俯瞰《ふかん》……高い所から見おろすこと。

問一　空欄《くうらん》[1]に入る言葉を、本文中から二字でぬき出しなさい。

問二　空欄[2]に入る言葉を次から一つ選び、記号で答えなさい。

ア　雲　　イ　指　　ウ　地平線　　エ　空

問三　次の文がぬけている場所をＡ～Ｄから選び、記号で答えなさい。

僕が上になる

問四　次の空欄[A]、[B]に入る言葉を、答えなさい。ただし、空欄[A]にあてはまる言葉は四字で、空欄[B]にあてはまる言葉は五字で、それぞれひらがなで答えなさい。

詩で使われている「地平線」は[A]を表していて、この詩は[B]について書かれているものである。

2023 年度

工学院大学附属中学校

【国 語】〈第一回Ｂ試験〉（五〇分）〈満点：一〇〇点〉

【はじめに】問題本文は、問題作成上、元の文を一部変えています。また、文中の※印がついていることばは、本文の後に意味の説明があります。なお、問いに文字数の指定がある場合は、句読点や記号も一つにつき一文字として数えますので注意してください。

一　次の村野四郎の文章をよく読んで、後の問いに答えなさい。

Ａ
僕《ぼく》は地平線に飛びつく
僅《わず》かに指さきが引っかかった

Ｂ
僕は世界にぶら下《さが》った
筋肉だけが僕の頼《たの》みだ
僕は赤くなる　僕は収縮《しゅうしゅく》する
足が上《あが》ってゆく

Ｃ
おお 僕は何処《どこ》へ行く
大きく［ 1 ］が一回転して

Ｄ
高くからの※俯瞰《ふかん》
ああ 両肩《りょうかた》に柔軟《じゅうなん》な［ 2 ］

2023年度

工学院大学附属中学校 ▶解説と解答

算 数 ＜第１回Ｂ試験＞（50分）＜満点：100点＞

解 答

[1] (1) 90 (2) 1920 (3) $\frac{13}{48}$ (4) 5 [2] (1) 508 (2) 64度 (3) 835.24 cm^2 (4) 45回転 (5) 1960円 (6) 17人 [3] (1) 7：5 (2) 8.4m (3) 毎秒4.4m [4] (1) 108cm^3 (2) 12cm (3) 76cm^3 [5] (1) 18ｇ (2) 8％ (3) 60ｇ

解 説

[1] 四則計算，計算のくふう，逆算

(1) 138÷２＋３×(15－２×４)＝69＋３×(15－８)＝69＋３×７＝69＋21＝90

(2) $A\times B-A\times C=A\times(B-C)$となることを利用すると，192×15－19.2×50＝192×15－19.2×10×５＝192×15－192×５＝192×(15－５)＝192×10＝1920

(3) $\frac{7}{16}\div1\frac{2}{5}-\frac{2}{15}\times\left(\frac{1}{12}\times15-\frac{5}{48}\div\frac{1}{9}\right)=\frac{7}{16}\div\frac{7}{5}-\frac{2}{15}\times\left(\frac{5}{4}-\frac{5}{48}\times\frac{9}{1}\right)=\frac{7}{16}\times\frac{5}{7}-\frac{2}{15}\times\left(\frac{20}{16}-\frac{15}{16}\right)=\frac{5}{16}-\frac{2}{15}\times\frac{5}{16}=\frac{15}{48}-\frac{2}{48}=\frac{13}{48}$

(4) 50÷{80－(20＋□×２)}＝１より，80－(20＋□×２)＝50÷１＝50，20＋□×２＝80－50＝30，□×２＝30－20＝10 よって，□＝10÷２＝５

[2] 数列，角度，表面積，反比例，売買損益，ニュートン算

(1) (１，２，３，４)，(２，３，４，５)，(３，４，５，６)，…と分けて，それぞれの組を１組目，２組目，３組目，…とすると，１組に４個ずつ数が並んでいるから，2023÷４＝505余り３より，2023番目の数は，505＋１＝506(組目)の３番目の数とわかる。よって，506組目の１番目の数は506なので，その３番目の数は，506＋２＝508となる。

図１

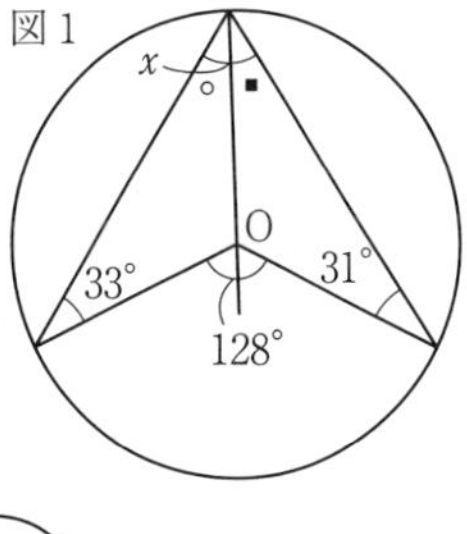

(2) 右の図１で，三角形の１つの外角はとなり合わない２つの内角の和と等しいから，(○＋33)＋(■＋31)＝128という式で表すことができる。よって，○＋■，つまり，角xの大きさは，128－33－31＝64(度)とわかる。

図２

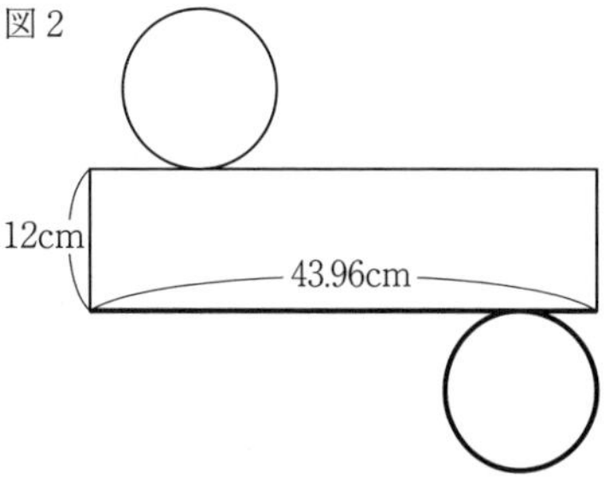

(3) 右の図２で，２つの太線部分の長さは等しいので，底面の円の半径は，(43.96÷3.14)÷２＝７(cm)である。よって，この円柱の表面積は，(７×７×3.14)×２＋12×43.96＝７×43.96＋12×43.96＝(７＋12)×43.96＝19×43.96＝835.24(cm^2)と求められる。

(4) ３つの歯車は，(歯の数)×(回転数)が等しいから，60×

8＝(Ｂの歯の数)×15より，Ｂの歯の数は，60×８÷15＝32である。よって，48×30＝32×(Ｂの回転数)より，このときＢの回転数は，48×30÷32＝45(回転)とわかる。

⑸　定価2800円の３割引きの売り値は，2800×(１－0.3)＝1960(円)である。

⑹　入場を始めてから９分間に新たに並んだ人は，48×９＝432(人)なので，入場した人数は，180＋432＝612(人)になる。この人数を４か所の受付で９分間で入場させたから，受付１か所あたり，１分間に入場できるのは，(612÷４)÷９＝17(人)と求められる。

3 速さと比

⑴　同じ道のりを太郎君は15秒，花子さんは21秒で走るので，太郎君と花子さんの走る速さの比は，$\frac{1}{15}:\frac{1}{21}$＝７：５である。

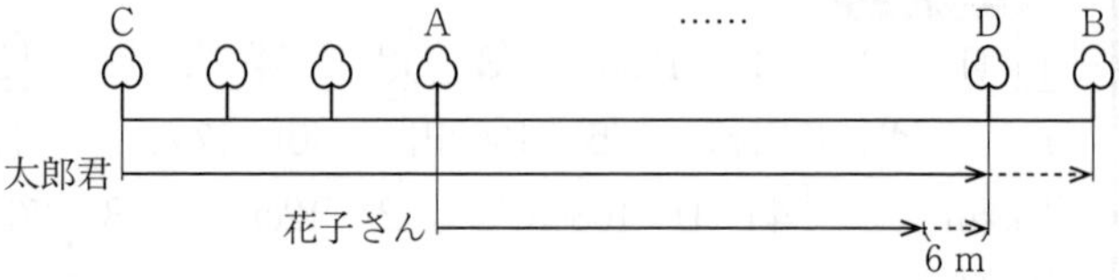

⑵　太郎君と花子さんが走ったようすは，上の図のようになる。図で，２人の点線部分の道のりの比は，速さの比と同じ７：５で，６ｍが比の５にあたるから，桜の木Ｄから桜の木Ｂまでの道のり，つまり，となり合う桜の木の間かくは，$6\times\frac{7}{5}=8.4$(ｍ)とわかる。

⑶　図で，桜の木Ｃから桜の木Ｂまでの道のりと，桜の木Ａから桜の木Ｄまでの道のりの比は７：５で，比の差の，７－５＝２が，8.4×４＝33.6(ｍ)にあたるので，桜の木Ａから桜の木Ｄまでの道のりは，$33.6\times\frac{5}{2}=84$(ｍ)である。よって，桜の木Ａから桜の木Ｂまでの道のりは，84＋8.4＝92.4(ｍ)で，花子さんはここを21秒で走ったので，花子さんの速さは毎秒，92.4÷21＝4.4(ｍ)と求められる。

4 立体図形―図形上の点の移動，分割，体積，長さ

⑴　２点Ｐ，Ｑは３秒後に，２×３＝６(cm)移動するから，点Ｐは点Ｅに，点Ｑは点Ｇに移動する。よって，右の図１のようになるので，この平面で切ったとき，点Ｂをふくむ立体は三角柱となるので，その体積は，６×６÷２×６＝108(cm^3)である。

図１
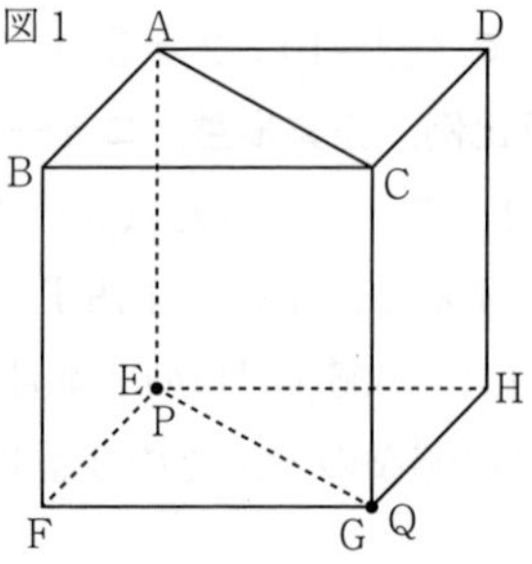

図２
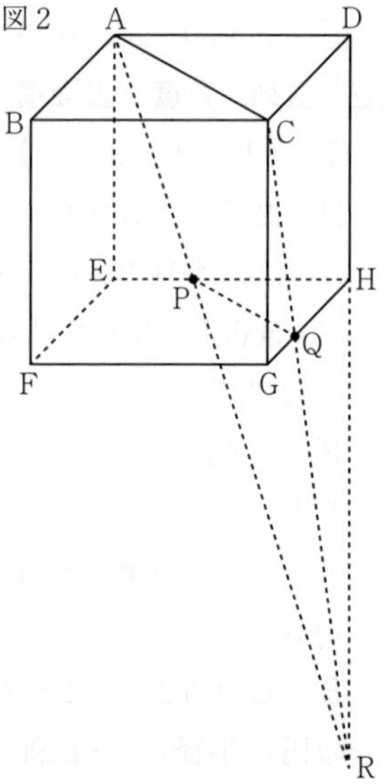

⑵　２点Ｐ，Ｑは４秒後に，２×４＝８(cm)移動するから，右の図２のように，点ＰはEH上の点Ｅから，８－６＝２(cm)の位置に，点ＱはGH上の点Ｇから２cmの位置にそれぞれ移動する。そこで，PHとADが平行より，三角形RPHと三角形RADは相似なので，RH：RD＝PH：AD＝(６－２)：６＝２：３となる。よって，DHの長さは６cmだから，HRの長さは，$6\times\frac{2}{3-2}=12$(cm)とわかる。

⑶　図２で，点Ｄをふくむ立体は，三角すいR－ACDから三角すいR－PQHをのぞいたものになる。よって，その体積は，$6\times6\div2\times(6+12)\times\frac{1}{3}-4\times4\div2\times12\times\frac{1}{3}=108-32=76$($cm^3$)と求められる。

5 濃《のう》度《ど》

(1)　(食塩の重さ)＝(食塩水の重さ)×(こさ)より，移す前の容器Ａの３％の食塩水600ｇにふくまれる食塩の重さは，600×0.03＝18(ｇ)である。

(2)　容器Ａからくみ出した食塩水200ｇにふくまれる食塩の重さは，200×0.03＝６(ｇ)である。また，混ぜ合わせてできる容器Ｂの食塩水，300＋200＝500(ｇ)にふくまれる食塩の重さは，500×0.06＝30(ｇ)となる。よって，移す前の容器Ｂの食塩水300ｇにふくまれる食塩の重さは，30－６＝24(ｇ)なので，そのこさは，24÷300×100＝８(％)とわかる。

(3)　容器Ａの残りの食塩水の重さは，600－200＝400(ｇ)で，そこにふくまれる食塩の重さは，18－６＝12(ｇ)である。よって，混ぜ合わせてできる５％の食塩水にふくまれる食塩の重さは，30＋12＝42(ｇ)だから，食塩水の重さは，42÷0.05＝840(ｇ)とわかる。よって，混ぜ合わせる前の容器Ｂの食塩水の重さは，840－400＝440(ｇ)なので，容器Ｂから蒸発させた水は，500－440＝60(ｇ)と求められる。

国　語　＜第１回Ｂ試験＞（50分）＜満点：100点＞

解　答

一　**問１**　世界　**問２**　ア　**問３**　Ｄ　**問４**　**Ａ**　てつぼう　**Ｂ**　さかあがり　**二**　**問１**　**絵**…(例)　右の図　**説明**…(例)　牛の数が増えたことで，牧草が食べつくされていった。　**問２**　(例)　ウシはみな死んでしまい，村人たちはみなお金を損して，不幸になるということ。　**問３**　ア　**問４**　**２**　(例)　許可を得て漁をする人　**３**　(例)　許可を得ていない密漁者　**問５**　ウ　**問６**　イ　**問７**　(a)　しゅりゅう　(b)〜(d)　下記を参照のこと。　(e)　さが　**三**　**問１**　イ　**問２**　だれかに宣　**問３**　(例)　恵が自分を置いて将来の夢を語ることに嫉妬しているから。　**問４**　心でつなが　**問５**　(例)　恵と違い文学をやりたいという夢から逃げている(点。)　**問６**　エ　**問７**　イ　**問８**　(a)　いま　(b)，(c)　下記を参照のこと。　(d)　さか(なで)　(e)　いなかまち

●**漢字の書き取り**

二　**問７**　(b)　風物詩　(c)　推定　(d)　血統　**三**　**問８**　(b)　専門　(c)　孝行

解　説

一　**出典は村野《むらの》四郎《しろう》の「鉄棒(二)」による。**「僕《ぼく》」が筋肉を使って「地平線」にたとえた鉄棒にぶら下がり，一回転するようすが描《えが》かれている詩。

問１　「世界にぶら下《さが》った」状態から「足が上《あが》って」，高い所から見おろす体勢になっているので，「世界」が一回転していることになる。

問２　直前に「柔軟《じゅうなん》な」とあることから，アがふさわしい。

問３　もどす文の内容から，「一回転して」の後のＤに入れると，「一回転して／僕が上になる」というつながりになり，文意が通る。

問４　「足が上ってゆく」や「一回転して」，「高くからの俯瞰《ふかん》」などから，「僕」は「さかあがり」をしたのだと考えられる。よって，「僕」が飛びついた「地平線」というのは，「てつぼう」のことである。

二　**出典は伊勢武史《いせたけし》の『2050年の地球を予測する　科学でわかる環境《かんきょう》の未来』による**。なぜ環境問題が起こるのかを，「共有地の悲劇」というたとえ話から考えている。

問１　同じ段落と次の段落に，村人は共有の牧草地でウシを放牧して安定した生活をしていたが，ある村人が自分の飼うウシの数を増やして財をなしたことをきっかけに，ほかの村人たちもウシの数を増やし，「共有地で放牧されるウシの数が激増」し，「牧草は食べつくされ」てしまったとある。３の絵は，その結果ウシたちが飢《う》え死《じ》にしたことを表しているので，２はウシの数が増え，牧草が減っている状態の絵にする。

問２　「ゲームの参加者全員が敗者になることが分かって」いるという状態は，同じ段落で，「ウシの数が増えすぎたらやがて牧草が食べつくされて悲劇が起こること」を「予期している」と述べられている。この，「全員が敗者になる」という「悲劇」の結末とは，問１でみた，前段落の寓話《ぐうわ》の最後，「ウシたちはみんな飢え死にし」，「村人たちはみなお金を損して，不幸になってしまった」ということである。

問３　「うし」と読む「丑」があてはまる。

問４　直前の一文で，筆者は今になって，自分の質問に対して言葉を濁《にご》した「父親の気持ちが分かる気がする」と述べている。シラスウナギ漁について，二つ前の段落で，たいへん儲《もう》かる仕事なので「正式の許可を得ていない密漁者が後を絶たない」と述べられている。つまり，許可を得て漁をする人だけでなく「許可を得ていない密漁者」もいるので，父親ははっきりと言えなかったのである。

問５　「空前絶後」は，過去にも将来にもないと思われるような珍《めずら》しいこと。

問６　松坂牛とシラスウナギの「違《ちが》い」について書かれた，傍線③の二つ前の段落に注目すると，「共有地の悲劇が生じるのは，収奪《しゅうだつ》される対象物が公共の場所にあり，誰《だれ》かの所有物ではない場合である」と述べられている。松坂牛は私有物だが，シラスウナギは誰の所有物でもない，つまり誰でも手に入れられるということなので，イがふさわしい。

問７　(a)　中心となるやり方。　(b)　季節をよく表しているもの。　(c)　あることがらをもとにして見当をつけること。　(d)　代々続いている血のつながり。　(e)　音読みは「セイ」「ショウ」で，「性格」「根性」などの熟語がある。

三　**出典は八束澄子《やつかすみこ》の『明日《あした》につづくリズム』による**。仲のよい千波と恵《めぐみ》だが，千波はとつぜん進路についての恵の考えを聞かされ，心を乱される。

問１　「地団駄《じだんだ》をふむ」は，“くやしさやいかりで地面をふみつける”という意味。

問２　傍線②の少し後で，恵が自分の夢について千波に一通り話し，「いつかゼッタイ夢をかなえる！」と宣言した後で，「安心」して「だれかに宣言しとくと，夢は夢でのうなるゆうもんね」と言っている。ここから，千波に話すことで，夢をただの夢で終わらせず，実現させようと考えた恵の決意が読み取れる。

問３　前の部分で，千波は恵の話を聞きながら胸さわぎを覚え，それは「嫉妬《しっと》」ではないかと考えている。また，傍線②の後で，自分が「置いてきぼり」にされ，「恵の心がはなれていこうとしているさびしさ」を感じていることから，恵が自分を置きざりにして将来の夢を語ることに対して嫉妬して，応援《おうえん》する気持ちになれなかったと考えられる。

問４　問３でみたように，自分の夢について話す恵を見て，千波は「置いてきぼり」にされたように感じている。「心でつながってると思いこんでいた恵の心がはなれていこうとしているさびしさが胸をさす」という一文が，千波のそのような気持ちを表している。

問５　千波は夢について話していた恵のことを思い出して，自分を「なさけなく」感じている。少し後に，千波は「文学をやりたいといいつつ，自分はどこかで逃《に》げていた」とあることから，恵と自分の夢への態度の違いを痛感しているのだとわかる。

問６　「あこがれ」が「ノックしつづける」と，人でないものを人に見立てて表現しているので「擬人法《ぎじんほう》」である。

問７　続く部分に注目する。歌を聞いて千波は，「そうだよ。わたしが信じてあげなくてどうする」と考えていることから，イがふさわしい。

問８　(a)　家の中の，家族がくつろぐ部屋。　(b)　一つの分野の学問や職業に従事すること。

(c)　子が親を大切にすること。　(d)　音読みは「ギャク」で，「逆転」などの熟語がある。

(e)　都会からはなれた，自然が多く残る町。

2023年度 工学院大学附属中学校

＊【適性検査Ⅰ】は国語ですので，最後に掲載してあります。

【適性検査Ⅱ】〈適性検査型ＭＴ①試験〉（50分）〈満点：100点〉

1 **太郎**《たろう》さん、**花子**さん、**先生**が、「数字のカード」について話しています。

先　生：正方形のカードを同じ間かくで小さい正方形に仕切り、連続する整数を１から順に並べて書いたカードを作りたいと思っています。どのような並べ方があるでしょう。

花　子：左上のマスを１にして、そこから順番に横に数字が並んでいるものは、よく見かけます。せっかくなので、おもしろい並びにしてみたいですね。

太　郎：**図１**のように、うず巻き状に数字を並べてみました。
左上のマスを１にして、下に数字を書いていき、一番下のマスまで数字を書いたら右に進んで数字を書いていき、次は上へ、さらに左へマスに数字を書いていきます。すべてのマスが数字でうまるまで、下、右、上、左の順をくり返して進みながら連続する整数を書いていきます。

図１

１枚目のカード

1

２枚目のカード

1	4
2	3

３枚目のカード

1	8	7
2	9	6
3	4	5

４枚目のカード

1	12	11	10
2	13	16	9
3	14	15	8
4	5	6	7

花　子：２枚目のカードは２×２＝４（個）のマス、３枚目のカードは３×３＝９（個）のマスの中に数字を書いたのですね。

先　生：おもしろいですね。数字の書かれているマスの位置を簡単に表すために、例えば、上から３段目、左から４番目の位置を〈3, 4〉と書くことにしましょう。

太　郎：４枚目のカードの〈3, 4〉の数字は８になりますね。

先　生：その通りです。次に、もっと先のカードまで考えてみましょう。

〔問題１〕５枚目のカードを完成させなさい。また、５枚目のカードの〈3, 2〉の数字を答えなさい。

太　郎：次に、〈3, 2〉の数字がどのようになっていくか、調べてみたいと思います。３枚目のカードの〈3, 2〉の数字は4、４枚目のカードの〈3, 2〉の数字は14です。いま５枚目のカードの数字は分かったので、６枚目のカードから先について考えます。

以下、※印のカードは一部の数字のみ表示してあります。

６枚目のカード※

1					
2					
3					
4					
5					12
6	7	8	9	10	11

７枚目のカード※

1						
2						
3						
4						
5						
6						14
7	8	9	10	11	12	13

８枚目のカード※

1							
2							
3							
4							
5							
6							
7							16
8	9	10	11	12	13	14	15

花　子：６枚目のカードの〈3, 2〉の数字は（ア）、７枚目のカードの〈3, 2〉の数字は（イ）となります。

太　郎：さらに、８枚目のカードの〈3, 2〉の数字は（ウ）となります。

花　子：ここまで調べた３枚目から８枚目のカードの〈3, 2〉の数字を並べてみると規則があることが分かります。

太　郎：この規則から考えると、25枚目のカードの〈3, 2〉の数字は（エ）となりますね。

〔問題２〕上の（ア）～（エ）にあてはまる数字を答えなさい。

また、（エ）の求め方を式や文章で説明しなさい。

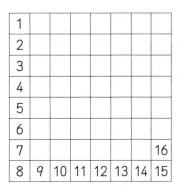

先　生：次に、それぞれのカードに書かれた最大の数の位置に注目して見てみましょう。どのようなことが分かりますか。

１枚目のカード

1

２枚目のカード

1	4
2	3

３枚目のカード

1	8	7
2	9	6
3	4	5

４枚目のカード

1	12	11	10
2	13	16	9
3	14	15	8
4	5	6	7

太　郎：３枚目のカードの最大の数は「9」、４枚目のカード最大の数は「16」です。

先　生：３枚目のカードの「9」はカードのちょうど真ん中の位置〈2, 2〉ですね。

花　子：２枚目や４枚目のカードの最大の数は、ちょうど真ん中の位置ではないようです。奇数《きすう》枚目のカードと、偶数《ぐうすう》枚目のカードでは、別々の規則があるのでしょうか。

太　郎：おもしろいですね。それではまず奇数枚目のカードについて、最大の数の位置を調べてみます。

５枚目のカード※

1				
2				
3		25		
4				
5				

７枚目のカード※

1						
2						
3						
4			49			
5						
6						
7						

９枚目のカード※

1								
2								
3								
4								
5				81				
6								
7								
8								
9								

花　子：最大の数の位置は、５枚目のカードは〈3, 3〉、７枚目のカードは〈4, 4〉、９枚目のカードは〈5, 5〉となっています。

先　生：では、偶数枚目のカードについてはどうでしょうか。

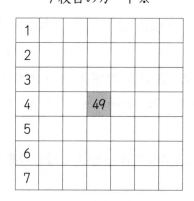

太　郎：６枚目のカードの最大の数の位置は〈3, 4〉です。

６枚目のカード※

1					
2					
3			36		
4					
5					
6					

花　子：６枚目のカードの最大の数の位置と、５枚目のカードや７枚目のカードの最大の数の位置との関係を考えると、規則があることが分かりますね。

〔問題３〕　花子さんは「規則があることが分かりますね。」と言っています。

（１）　偶数枚目のカードの最大の数の位置についての規則を、その１つ前の奇数枚目に注目して説明しなさい。

（２）（１）で説明した規則を用いて、50枚目のカードの最大の数の位置を求めなさい。

2　**太郎**《たろう》さん、**花子**さん、**先生**が、「18歳《さい》選挙権」について話し合いをしています。

太　郎：選挙権が18歳に引き下げられてもう随分《ずいぶん》経《た》ったね。

花　子：2015年6月19日に公布《こうふ》、2016年6月19日に施行《しこう》されてから、2023年で18歳選挙に移り変わって7年になるって先生が授業で言っていたね。

太　郎：僕たちが選挙の投票に行けるようになる日もどんどん近づいてくるね。

先　生：そうですね。中学校の社会科の授業はもちろん、ニュースなどでも選挙に関する話題が出てくるから、しっかりと情報を収集《しゅうしゅう》して、自分たちで考える習慣《しゅうかん》をつけないといけませんね。

太　郎：政治に関しては難しい話が多いからまだまだ理解できないことも多くあるけど、18歳を迎《むか》えるまでには理解できるようになって、ちゃんと投票ができるようになりたいな。

花　子：私も理解できていないことが多いからしっかり勉強しないといけないな。そういえば、どうして選挙権は18歳に引き下げられたのかな。

太　郎：衆議院、参議院どちらの選挙も投票率が良くない状況が続いているということが背景の一つにあるってニュースで見たことがあるよ。

花　子：そんなに良くない状況なのね。どのくらいの投票率なのかインターネットを使って調べてみましょう。

太郎さんと花子さんはインターネットを使って、過去11回分の衆議院議員選挙、参議院議員選挙の投票率の移り変わりについて調べてみた。

表１　衆議院議員選挙の投票率の移り変わり

年代	平成２年 ２月18日	平成５年 ７月18日	平成８年 10月20日	平成12年 ６月25日	平成15年 11月９日	平成17年 ９月11日	平成21年 ８月30日	平成24年 12月16日	平成26年 12月14日	平成29年 10月22日	令和３年 10月31日
70代以上	73.2%	71.8%	66.8%	69.2%	67.7%	69.4%	71.0%	63.3%	59.4%	60.9%	61.9%
60代	87.2%	83.3%	77.2%	79.2%	77.8%	83.0%	84.1%	74.9%	68.2%	72.0%	71.4%
50代	84.8%	79.3%	70.6%	71.9%	70.0%	77.8%	79.6%	68.0%	60.0%	63.3%	62.9%
40代	81.4%	74.4%	65.4%	68.1%	64.7%	71.9%	72.6%	59.3%	49.9%	53.5%	55.5%
30代	75.9%	68.4%	57.4%	56.8%	50.7%	59.7%	63.8%	50.1%	42.0%	44.7%	47.1%
20代	57.7%	47.4%	36.4%	38.3%	35.6%	46.2%	49.4%	37.8%	32.5%	33.8%	36.5%
10代	—	—	—	—	—	—	—	—	—	40.4%	43.2%

表２　参議院議員選挙の投票率の移り変わり

年代	平成元年 ７月23日	平成４年 ７月26日	平成７年 ７月23日	平成10年 ７月12日	平成13年 ７月29日	平成16年 ７月11日	平成19年 ７月29日	平成22年 ７月11日	平成25年 ７月21日	平成28年 ７月10日	令和元年 ７月21日
70代以上	66.7%	61.4%	57.2%	65.2%	65.2%	63.5%	64.8%	54.2%	58.5%	61.0%	56.3%
60代	79.9%	69.9%	64.9%	75.2%	75.1%	74.2%	76.2%	75.9%	67.6%	70.1%	63.6%
50代	75.4%	62.0%	54.7%	69.0%	67.3%	66.5%	69.4%	67.8%	61.8%	63.3%	55.4%
40代	70.2%	54.8%	48.3%	64.4%	61.6%	60.3%	60.7%	58.8%	51.7%	52.6%	46.0%
30代	65.3%	49.3%	41.4%	55.2%	49.7%	47.4%	49.1%	48.8%	43.8%	44.2%	38.8%
20代	47.4%	33.4%	25.2%	35.8%	34.4%	34.3%	36.0%	36.2%	33.4%	35.6%	31.0%
10代	—	—	—	—	—	—	—	—	—	46.8%	32.3%

（公益財団法人明るい選挙推進協会より）

太　郎：**表１・２**を見ると、たしかにどの年代でも投票率が下がってきていることが読み取れるね。

花　子：本当だね。平成２年２月18日に行われた衆議院議員選挙、平成元年７月23日に行われた参議院議員選挙の投票率を見ると、どちらも30代以上の投票率は50％以上であることが読み取れるね。でも、それぞれの回から最近の投票率を見ていくと、投票率は下がっていっていることがわかるね。

太　郎：**表1・2**を見てみると、（あ）はどの回でも最も投票率が高いけど、この年代も投票率が下がっていることがわかるね。さらに、どの回でも最も投票率が低い年代は（い）で、最も投票率が低かったときは（う）％で、最も投票率が高かったときでも（え）％であることがわかるね。

〔問題1〕　二人の会話から（あ）、（い）には適切な年代を、（う）、（え）にはあてはまる投票率をそれぞれ答えなさい。

太　郎：では、どうして投票率は下がってきてしまっているのだろう。

花　子：何か理由があるはずだよね。この理由についてもインターネットで調べてみたよ。どうやら理由は**表3**の内容にあるみたい。さらに、**表3**に関係する内容として、**資料4**も用意したよ。

表3　投票率が上がらない理由（令和元年7月実施　参議院議員選挙）

投票しなかった理由	割合
仕事や用事があったから	43.9%
病気または体調が悪かったから	13.7%
投票所に行くのが面倒《めんどう》だから（投票所が遠いからを含《ふく》む）	11.3%
選挙にあまり関心がなかったから	30.1%
政策や候補者《こうほしゃ》の人柄《ひとがら》などがよくわからなかったから	20.5%
適当な候補者や政党がなかったから	19.2%
私一人が投票してもしなくても同じだから	11.9%
選挙によって政治がよくならないから	12.8%
棄権《きけん》することで、自分の政治に対する意思を表したかったから	3.8%
選挙があること（投票日）を知らなかったから	1.9%
その他	6.2%
わからない	1.3%
無回答	0.2%

（令和3年3月埼玉県選挙管理委員会「投票率向上に関する報告書」より）

資料4　諸外国における「週労働時間が49時間以上の者」の割合（令和元年）

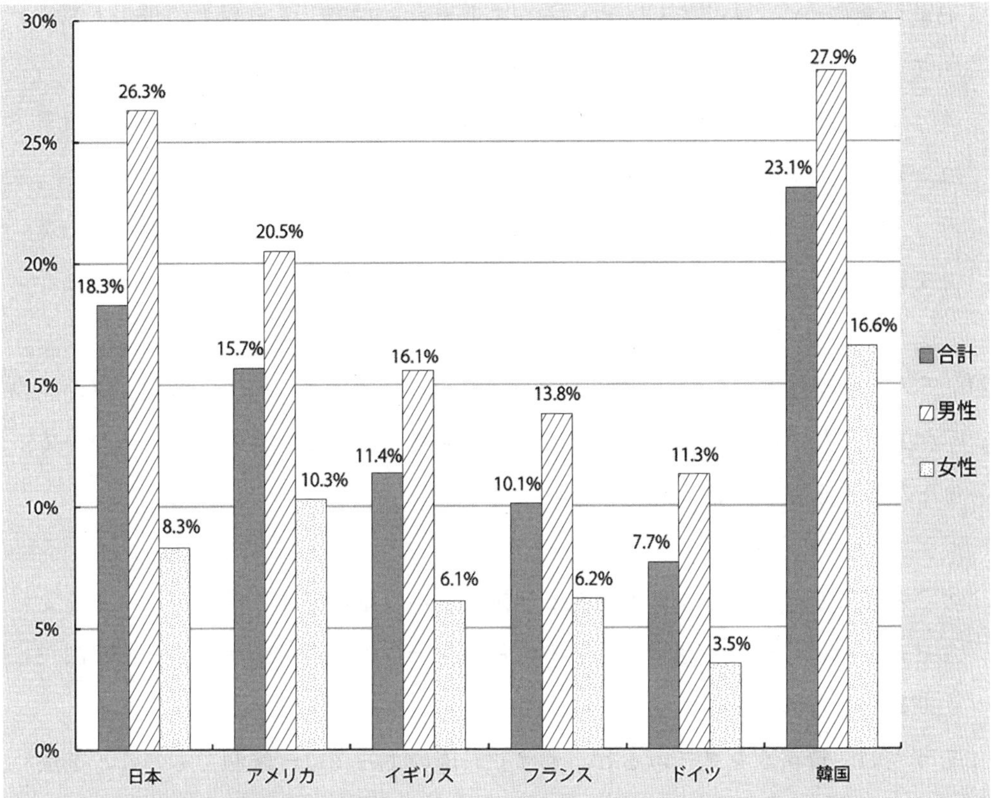

（資料出所）日　本：総務省労働力調査
アメリカ：米労働省（2020. 2）Labor Force Statistics from the CPS
その他：ILOSTAT Database（2020年7月現在）
（注）令和元（2019）年における週労働時間が49時間以上の者の割合を示したもの。

（厚生労働省ホームページ「令和２年版過労死等防止対策白書」より）

太　郎：**資料4**を見てみると、日本は働く時間がどの国よりも長いことがわかるね。

花　子：本当だね。**表3**も見てみると、投票しなかった理由として、「仕事や用事があったから」と回答する人が43.9%を占めているね。これが日本の選挙で投票率が上がらない大きな原因となっているのではないかな。

先　生：たしかに、日本は他国の人たちと比べて一人当たりの働く時間が長くなっていて、問題となっています。しかし最近では、投票日に仕事がある人でも投票ができるように、投票日当日の投票時間を長くしたり、投票日前に投票を行う期日前投票の条件を広げることで、以前よりも投票しやすいようになっています。そのため、投票率が低い原因は、働き方の問題だけではないかもしれませんね。

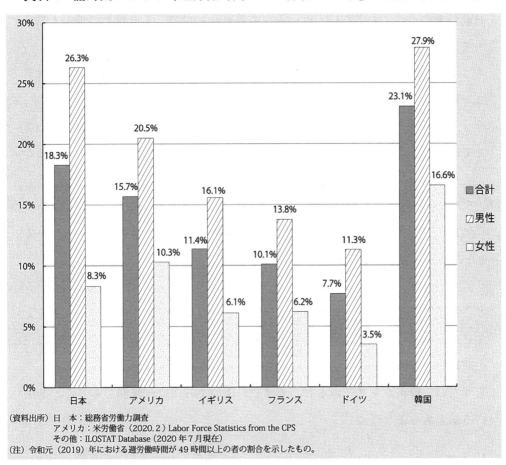

太　郎：そうなのですね。期日前投票は初めて聞きました。もしかすると私たちみたいに期日前投票について知らない人もいるかもしれないけど、それ以外の理由も原因となっているかもしれないですね。

花　子：たしかに、世の中にはさまざまな事情や考えを持った人たちがいるから、投票できない理由もさまざまなものが考えられますね。

先　生：そうですね。それでは、働き方の問題以外で投票率が上がらない理由について、考えてみましょう。

〔問題２〕　三人の会話の内容と**表３・資料４**を参考にして、「仕事に関する問題」以外で投票率が上がらない理由を一つ明らかにし、投票率を上げるための改善策について、あなたの考えを書きなさい。

太　郎：ところで、日本の国会には衆議院と参議院という議論をする機関が二つあるよね。なぜ二ヵ所に分かれて議論をするのだろう。一つの場所で議論をする一院制だと何か問題があるのかな。

花　子：そうだね。**資料５**を見てみると、どうやら国によっては一院制でものごとを決めている国もあるようだよ。

資料５

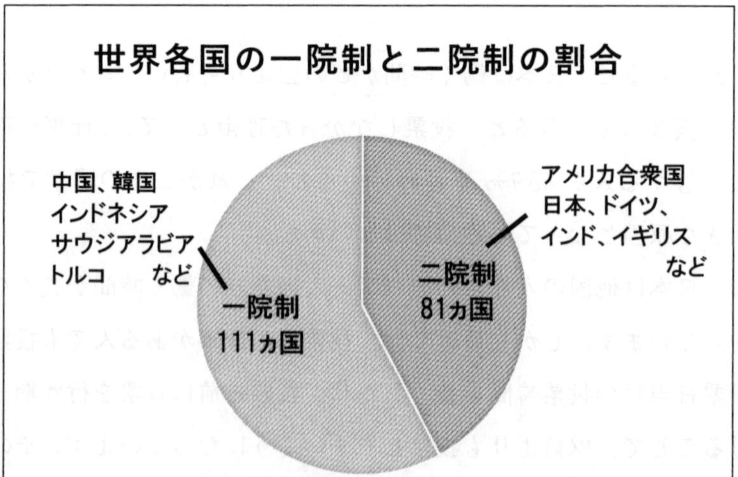

太　郎：こうして見ると一院制を採用している国の方が二院制を採用している国よりも多いことがわかるね。この資料を見ると一院制でも政治をするうえでは問題がないように思えるけど、なぜ二院制を採用している国があるのだろう。先生、なぜ日本をはじめとした国では二院制を採用しているのでしょうか。

先　生：一緒に考えてみましょう。それぞれの方法で政治を行った場合の違いとは何でしょうか。

花　子：一つの場所で議論するのか、二つの場所で議論するのかという点に着目すると、ものごとを決めるときのスピード感が一院制と二院制では異なることがわかりますね。

太　郎：一院制だと大きな政党の意見が通りやすそうな気がするけど、反対の声が大きいなかで強引に意見を通すと、後々の選挙で議席数が減ってしまう可能性があるかもしれませんね。

花　子：そう考えると一院制を採用したことで必ずしも国民の反対の声が通らないことはないかもしれませんね。適切な運用をすれば一院制でも二院制でも問題はないことがわかりますね。

先　生：そうですね。国ごとの一院制、二院制の採用数が極端《きょくたん》に偏《かたよ》っているわけではありませんから、どちらが良い、悪いということはないことがわかると思います。大切なことはそれぞれの長所、短所を整理して、どのように長所を活かし、短所を解消していくのか考えていくことにあると思います。

〔問題3〕　あなたは政治のものごとを決めるときに、一院制と二院制のどちらがより良い形だと思いますか。選んだ方の長所と短所を挙げなさい。さらに、短所については改善策を書きなさい。

3 海岸や川岸などで、さまざまな形状の石を積《つ》み上げる「ロックバランシング」と呼ばれる遊びがインターネットで話題になっています。**太郎《たろう》**さん、**花子**さん、**先生**が、**図1**の写真を見ながら話しています。

図1

(https://o-dan.net/ja/ より)

太　郎：すごいね！石の上に石が乗って立っている！

花　子：石どうしを接着剤《せっちゃくざい》でつけたのかしら？

先　生：接着剤は使っていません。石だけでバランスをつくって積み上げているのです。道具もお金もかからないから、気軽にだれでも楽しめるし、愛好家の人も多いのですよ。

太　郎：まるで、石が石の上に浮《う》いているみたいですね。先生、ぼくにも作れますか？

先　生：もちろんです。コツをおさえれば作れますよ。ポイントは石の「重心」です。

太　郎：重心？

先　生：簡単に説明しますと、物体を細かく切り分けると**図2**のようにそれぞれの部分に小さな重力がはたらきます。これらの重力をすべて合わせた力がはたらく位置が物体の「重心」です。

図 2

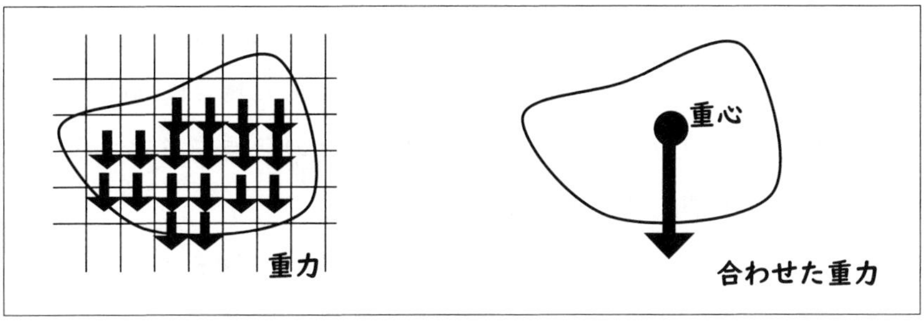

先　生：てこの問題を使って「重心」について復習しましょう。

〔例題 1〕

長さ 80 cm、重さ 400 g、太さが均一な棒 AB があります。**図 3** のように棒の O 点を糸でつるしたところ、棒は水平になりました。AO 間のきょりは何 cm ですか。

図 3

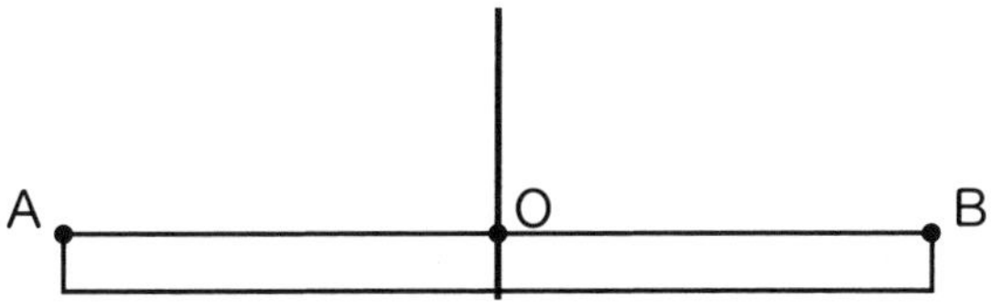

先　生：**図 3** の O 点は、棒にかかる重力が集中する場所なので、重心です。この位置を糸でつるすと、棒を支えることができます。

花　子：もし棒の太さが均一でなかったとしたら、重心の位置はどうなりますか。

先　生：では、次の問題を考えてみましょう。

〔例題 2〕

太さが均一でない長さ 80 cm の棒 AB をもちいて、**図 4** のように一方の端《はし》を地面に置いて他方の端をばねばかりでつるしたところ、A 点でつるした場合は 300 g でしたが、B 点でつるした場合は 100 g でした。また、**図 5** のように棒の P 点を糸でつるしたところ、棒は水平になりました。AP 間のきょりは何 cm ですか。

図 4

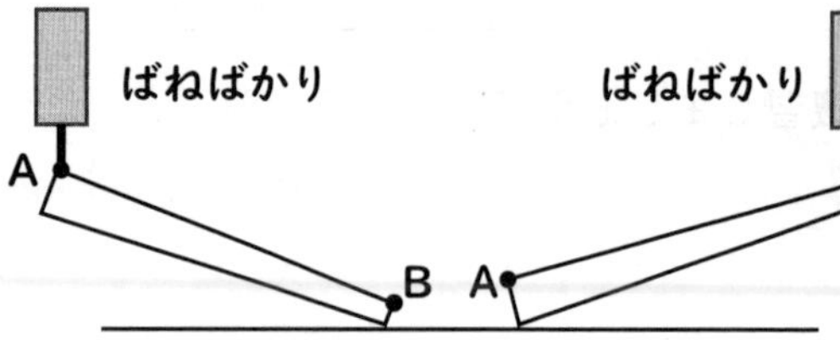

図 5

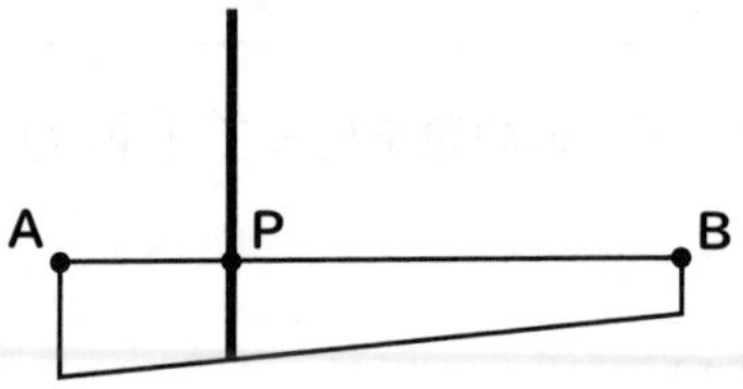

先　生：**図 5** の P 点が重心となります。

花　子：棒の重心の位置を糸でつるすことで、棒が水平になり、糸が棒を引く力と、棒にかかる重力がつりあっているのですね。

先　生：そのとおりです。では、**図 5** の P 点で、棒を 2 つに切ると、太い方（A の方）と細い方（B の方）の重さの関係はどうなっていると思いますか。

太　郎：重心の位置で分けたから等しいのかな？でも、見た目は太い方が重そうですね。

先　生：棒を水平にするためには「回転する力のつりあい」も必要です。これを「モーメントのつりあい」といって次のような式が成り立ちます。

（モーメントの大きさ）＝（支点からの距離）×（重さ）

支点を P 点として、AP 間のきょりを考えてみてください。

太　郎：わかりました！ （あ） ですね！

先　生：正解です。太さが均一のときと均一でないときでは重心の位置が変わります。では、ロックバランシングに挑戦《ちょうせん》してみましょう！

〔問題 1〕

（1）〔例題 1〕の問題に解答しなさい。

（2）〔例題 2〕の問題に解答しなさい。

（3） （あ） にあてはまるものを①～③より選び、その理由を答えなさい。

①太い方が重い　　②細い方が重い　　③太い方も細い方も同じ重さ

太郎さん、花子さん、先生は学校の近くの川岸にやってきました。

先　生：まず、硬《かた》くて動かない大きな石や岩を探してください。それを台座にします。
太　郎：これはどうですか？
先　生：いいですね。まわりより高い位置に石を立てると見《み》栄《ば》えがいいと思います。
次に、上に立てる石を選びましょう。手のひらサイズの石がいいですよ。
花　子：丸くてかわいい石を見つけました。
先　生：では、台座と石ができるだけ小さい点で接するように立ててみましょう。石の重心をイメージして、台座と石の接点の位置を移動させることを考えながら、少しずつ調整してください。(接点……曲線または曲面と直線などが接する点のこと。)

太郎さんと花子さんは台座に石が立てられるように調整を繰《く》り返しました。

花　子：できました！
先　生：おっ！すばらしい！では、写真に撮《と》っておこう。……**図６**
先　生：今度は台座の上に、同じ重さの２つの石を立ててみよう。
太　郎：やってみます！

二人は、同じ重さの２つの石を見つけてきて、再び石を立てることに挑戦しました。

太　郎：できました！！
先　生：すごい！！この写真も撮っておこう。……**図７**

先　生：今日は二人ともよくがんばったね。そろそろ終わりにしましょう。終わらせるときは、必ず石をくずして帰りましょう。石が体にぶつからないように気を付けてください。
花　子：少し手で触《ふ》れただけでくずれてしまいました。
先　生：それは石の（い）の位置と、石と石の（う）の位置がずれるからだね。
太　郎：とてもおもしろかったです！今度は別の形に立てることも挑戦してみたいです。

〔問題２〕

（１）　**図６**について、●は石の重心、○は石と石の接点を表しています。●と○の位置が正しいものはどれか①～④より選びなさい。

図６

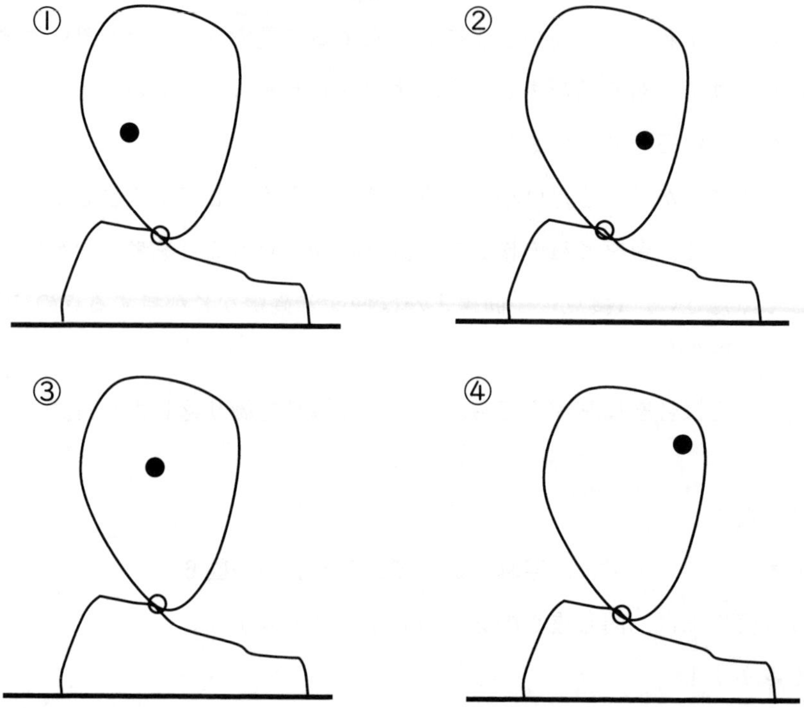

（２）　**図７**について、●は石の重心、○は石と石の接点を表しています。①、②どちらの形になったか選び、その理由を答えなさい。ただし、石１と石２の重さは等しいものとします。

図７

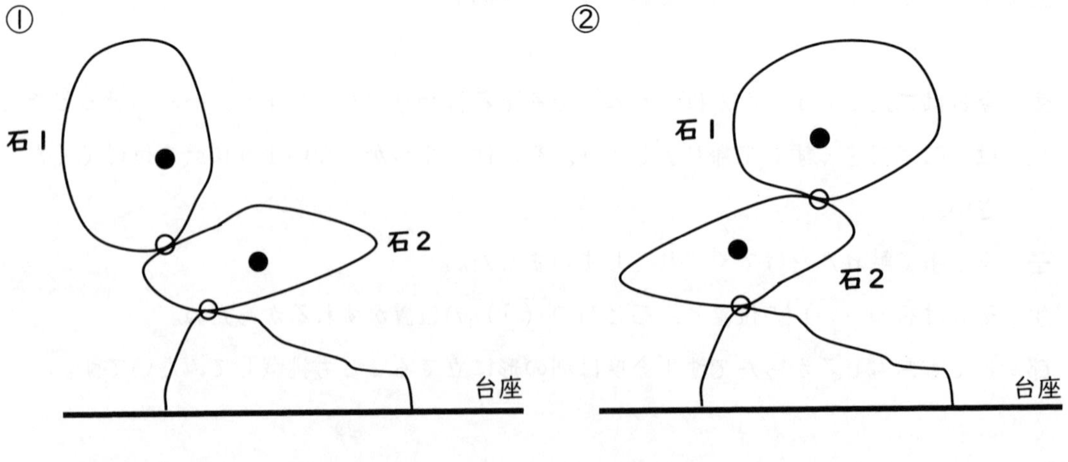

（３）　（い）・（う）に適切な言葉をあてはめて文章を完成させなさい。

〈問題３〉　「労働」に対する考え方について、**文章1**と**文章2**で述べられている考え方以外で、「労働とは何のためにするものなのか？」という疑問に対する考えと、そのように考えた理由について、あなた自身の経験をもとに具体例を挙げながら、次の**〈手順〉**と**〈きまり〉**にしたがって、三百字以上四百字以内で書きなさい。

　ただし、考えを書くにあたり、「お金を稼《かせ》ぐためにするもの」や「欲しいものを買うためにするもの」といった内容以外のことを書くこと。

〈手順〉

① 「労働とは何のためにするものなのか？」という疑問に対するあなた自身の考えと、そのように考えた理由を書く。

② ①について、それはどのような体験がもとになっているのか、具体的に書く。

③ ②で書いた体験から、「労働には、何（どういうこと・どういうもの・どういう気持ち）が大切なのか？」について書く。

〈きまり〉

○題名は書きません。

○最初の行から書き始めます。

○各段落《かくだんらく》の最初の字は一字下げて書きます。

○行をかえるのは、段落をかえるときだけとします。

○、や。や」などもそれぞれ字数に数えます。これらの記号が行の先頭に来るときには、前の行の最後の字と同じますめに書きます。

○。と」が続く場合には、同じますめに書いてもかまいません。この場合、。」で一字と数えます。

○段落をかえたときの残りのますめは、字数として数えます。

○最後の段落の残りのますめは、字数として数えません。

文章2

私たちの生活は誰《だれ》かの仕事によって支えられています。

たとえば隣町《となりまち》へ行きたい場合。徒歩《とほ》でも移動できるかもしれませんが、バスや電車を使えば早く、疲《つか》れずに目的地にたどり着けます。バスや電車を運転する仕事、運行する会社があるから、私たちはそれらを利用できます。

たとえば髪が伸びた場合。伸びっぱなしでも死にはしませんが、きれいに髪をカットしてもらえるとスッキリします。美容師の仕事が私たちの気分を良くしてくれるのです。

いろいろな仕事の共通点はなんだろうという視点で世の中を見てみると、「どんな仕事も誰かの役に立っている」「誰かにとって必要なもの・ことが、社会の中で仕事として存在している」ということがわかります。

わたしたちは一人で生きていくことができない、だから生きていくうえで必要な手助けが〝仕事〟として存在している、そう考えると世の中ってとてもシンプルだと思いませんか？

なぜ僕らは働くのか、その答えの1つは、助け合いでつくられるこの社会の一員になるためです。社会の中で助けられるだけではなく、自分も自分ができることをして誰かの役に立つ、社会に*貢献《こうけん》する、それが私たち一人ひとりのすべきことなのです。「自分なんて誰の役にも立てないのでは…」などと、不安に思う必要はありません。しっかりと自分の将来を考えて生きていれば、必要とされる場所は誰だって必ず見つけられます。

（池上彰『なぜ僕らは働くのか』による）

〈注〉貢献《こうけん》—ある物事や社会のために役立つように尽力《じんりょく》すること。

〈問題1〉①三つの意味とありますが、それはどのようなことでしょうか。**文章1**の言葉を用いて、「一つ目は～こと、二つ目は～こと、三つ目は～こと。」という形で、九十字以内で説明しなさい。

なお、、や。や」などもそれぞれ字数に数え、一ますめから書き始めること。

〈問題2〉②労働は、一人の人間が社会的人格としてのアイデンティティを承認されるための、必須条件なのである。とありますが、これに関連して、**文章2**では傍線部②の内容をどのように分かりやすく述べているでしょうか。**文章2**の中の言葉や表現を用いて、六十字以内で説明しなさい。

なお、、や。や」などもそれぞれ字数に数え、一ますめから書き始めること。

〈注〉

意義《いぎ》――その事柄《ことがら》にふさわしい価値。値うち。

根拠《こんきょ》――物事が存在するための理由となるもの。存在の理由。

根源《こんげん》――物事の一番もとになっているもの。おおもと。

規定《きてい》――物事を一定の形に定めること。

帯《お》びる――ある性質・成分・傾向《けいこう》などを含《ふく》み持つ。

言うに及《およ》ばず――言うまでもない。

資材《しざい》――物を作るための材料。

関与《かんよ》――ある物事に関係すること。

媒介《ばいかい》――両方の間に立ち、仲立《なかだ》ちをすること。とりもつこと。

介《かい》する――両者の間に立てる。仲立ちとする。

外化《がいか》・表出《ひょうしゅつ》――内側から外側に表現して形にすること。

動機《どうき》――人が意志を決めたり、行動を起こしたりする直接の原因。

潜《ひそ》む――内部に隠《かく》れて外に現れない状態にある。

統合《とうごう》――二つ以上のものを合わせて一つにすること。

参入《さんにゅう》――市場などに新たに加わること。

当てにする――心の中で期待し、頼《たよ》りにする。

連鎖《れんさ》――物事が互《たが》いにつながっていること。

アイデンティティ――自己が環境《かんきょう》や時間の変化にかかわらず、連続する同一のものであること。本人に間違《まちが》いないこと。自分が自分であること。

承認《しょうにん》――そのことが正当または事実であると認めること。よしとして認め許《ゆる》すこと。聞き入れること。

必須《ひっす》――欠かせないこと。

2023年度 工学院大学附属中学校

【適性検査Ⅰ】〈適性検査型ＭＴ①試験〉（五〇分）〈満点：一〇〇点〉

次の**文章1**と**文章2**をよく読み、あとの問題に答えなさい。

（＊印のついている言葉には、本文のあとに〔注〕があります。）

文章1

労働の＊意義《いぎ》を＊根拠《こんきょ》づけているのは、私たち人間が、本質的に社会的な存在であるという事実そのものである。

労働が私たちの社会的な存在のあり方そのものによって＊根源《こんげん》的に＊規定《きてい》されてあるということには、①三つの意味が含まれている。一つは、私たちの労働による生産物やサービス行動が、単に私たち自身に向かって投《とう》与《よ》されたものではなく、同時に必ず、「だれか他の人のためのもの」という規定を＊帯《お》びることである。

（中略）

労働の意義が、人間の社会存在的本質に宿っているということの第二の意味は、そもそもある労働が可能となるために、人は、他人の生産物やサービスを必要とするという点である。これもまた、いかなる原始共同体でも変わらない。実際に協業する場合は＊言うに及《およ》ばず、一見一人で労働する場合にも、その労働技術やそれに用いる道具や＊資材《しざい》などから、他人の生産物やサービス活動の＊関与《かんよ》を排除することは難しい。すっかり排除してしまったら、猿《さる》が木に登って木の実を採取《さいしゅ》する以上の大したことはできないであろう。

そして第三の意味は、労働こそまさに、社会的な人間関係それ自体を形成する基礎《きそ》的な＊媒介《ばいかい》になっているという事実である。労働は人間精神の、身体を＊介《かい》してのモノや行動への＊外化《がいか》・表出形態《ひょうしゅつけいたい》の一つであるから、それははじめから関係的な行為であり、他者への呼びかけという根源的な＊動機《どうき》を＊潜《ひそ》ませている。

人はそれぞれの置かれた条件を踏まえて、それぞれの部署《ぶしょ》で自らの労働行為を社会に向かって投与するが、それらの諸労働は、およそ、ある複数の人間行為《こうい》の＊統合《とうごう》への見通しと目的とを持たずにばらばらに存在するということはあり得ず、だれかのそれへの気づきと関与と＊参入《さんにゅう》とをはじめから「＊当てにしている」。そしてできあがった生産物や一定のサービス活動が、だれか他人によって所有されたり消費されたりすることもまた「当てにしている」。他人との協業や分業のあり方、またその成果が他人の手に落ちるあり方は、経済システムによってさまざまであり得るが、いずれにしても、そこには、労働行為というものが、社会的な共同性全体の＊連鎖的関係《れんさてきかんけい》を通してその意味と本質を受け取るという原理が貫かれている。②労働は、一人の人間が社会的人格としてのアイデンティティを＊承認《しょうにん》されるための、＊必須条件《ひっすじょうけん》なのである。

（小浜逸郎『人はなぜ働かなくてはならないのか――新しい生の哲学のために』による）

2023年度
工学院大学附属中学校 ▶解　答

※　編集上の都合により，適性検査型MT①試験の解説は省略させていただきました。

適性検査Ⅰ　<適性検査型MT①試験>（50分）<満点：100点>

解　答

問題１　(例)　一つ目は自分の労働による生産物やサービス行動が他人のためになること，二つ目は人は他人の生産物やサービスを必要とすること，三つ目は労働は社会的な人間関係を作る役割を持っていること。　**問題２**　(例)　労働とは，社会の一員になるため，自分ができることをして誰かの役に立つこと，社会に貢献することであり，自分のすべきことだ。　**問題３**　下記の作文例を参照のこと。

問題３　(例)

　労働とは、自分の好きなことややりたいことを仕事にして取り組むためのものだと考える。なぜなら、好きなことややりたいことをするからこそ、大変だったとしても情熱を持ってねばり強く取り組めるからだ。

　私は図書委員として、低学年のクラスで読み聞かせをした経験がある。本選びから始まって、声の大きさや読む速度、感情のこめ方など読み聞かせには多大な神経を使い、かなり練習も必要だとわかった。ふだん読み聞かせをして下さるボランティアの方々のご苦労が理解できたとともに、忙しい仕事や家事の合い間をぬって読み聞かせを続けるには、読み聞かせが好きで楽しいと思える気持ちが欠かせないのではないかと感じた。

　この体験から、私は労働には自分が楽しくなれる気持ちが大切だと考える。結果が見えない段階でも、楽しんでできれば苦労も苦労と感じず、前向きにがんばれるはずだ。私もそんな希望に満ちた労働をしたい。

適性検査Ⅱ　<適性検査型MT①試験>（50分）<満点：100点>

解　答

1	16	15	14	13
2	17	24	23	12
3	18	25	22	11
4	19	20	21	10
5	6	7	8	9

1　**問題１**　**５枚目のカード**…右の図／**〈３，２〉の数字**…18　**問題２**　(ア)…22，(イ)…26，(ウ)…30，(エ)…98／**(エ)の求め方**…(例)　３枚目から８枚目の〈３，２〉の数は４，14，18，22，26，30となっており，４枚目以降は４ずつ増えて

いる。よって，25枚目までは，(25－4)×4＝84だけ増えると考えられるから，14＋84＝98となる。　**問題３**　(1)（例）偶数枚目の最大の数の位置は，１つ前の奇数枚目の最大の数の位置と比べ，上下は同じで，１つだけ右へ移動した位置にある。　(2)〈25，26〉

2　**問題１**　(あ) 60代　(い) 20代　(う) 25.2　(え) 57.7　**問題２**（例）選挙にあまり関心がないと考える人が多いため，政治に興味を持ってもらえるように，ニュースなどで政府の取り組みの詳細について，人々に伝わるようにする。(投票所に行くのが面倒だからという意見が出ているため，投票所の数をさらに増やしたり，郵送やインターネットによる投票もとり入れたりして，手軽に投票できる環境をつくっていく。)　**問題３**（例）一院制／議論をする場所が一か所で済むため，迅速な意思決定ができる。／多数政党の意見が優先され，反対する国民の声が反映されない可能性がある。／一院制は残したまま，国民投票制度を充実させることで，国会で決まった内容について，改めて国民に意見を問う形にする。(二院制／議論をする場所が二か所あるため，慎重な議論が行われ，より国民の声を反映することができる。／議論に時間がかかるため，意思決定に時間を要する。／ICT技術を国会で活用し，事前に賛成と反対の意見を整理して，妥協点を見出せるようにする。)

3　**問題１**　(1) 40cm　(2) 20cm　(3) ①／**理由**…(例)　太い方の重心の位置はＰ点に近く，細い方の重心の位置はＰ点から離れている。よって，Ｐ点を支点とするとモーメントの大きさが等しくなるには，太い方の重さが重く，細い方の重さが軽くなるため。　**問題２**　(1) ③　(2) ①／**理由**…(例)　石１と石２の接点の真上に石１の重心があれば石１はつり合う。また，石１と石２をまとめて一つの物体と考えたとき，その物体と台座の接点の真上に物体の重心があれば物体はつり合う。石１と石２の質量は等しいので，物体の重心は石１と石２の重心を結んだ線を２等分した位置となるため，①のようになったとわかる。　(3) (い) 重心　(う) 接点

2022年度　工学院大学附属中学校

〔電　話〕　042(628)4914
〔所在地〕　〒192－8622　東京都八王子市中野町2647－2
〔交　通〕　JR線「八王子駅」，京王線「京王八王子駅」よりバス

【算　数】〈第１回Ａ試験〉（50分）〈満点：100点〉

【注意事項】円周率は3.14とします。

1　次の □ にあてはまる数を求めなさい。

(1)　$(18-121\div11+8)\times15=$ □

(2)　$12.78\times14-1.278\times40=$ □

(3)　$\frac{5}{7}+\left(1-\frac{1}{6}\div1\frac{2}{3}\right)\times1\frac{3}{7}=$ □

(4)　$2022+\{17-($ □ $\div8+9)\}=2022$

2　次の問いに答えなさい。

(1)　サイコロを３回ふって、出た目の和が７になる目の出方は何通りですか。

(2)　右の図の三角形ABCは、AB＝ACの二等辺三角形で、２つの直線 ℓ 、m に重なっています。また、辺BCをCの方に延長した直線と直線 ℓ が交わる点をDとします。角 x の大きさは何度ですか。

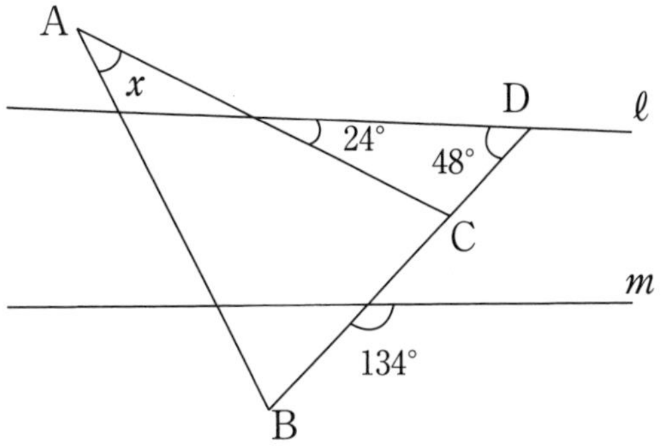

⑶　4個の半径4cmの円が右の図のようにくっついています。かげをつけた部分の面積は何cm^2ですか。

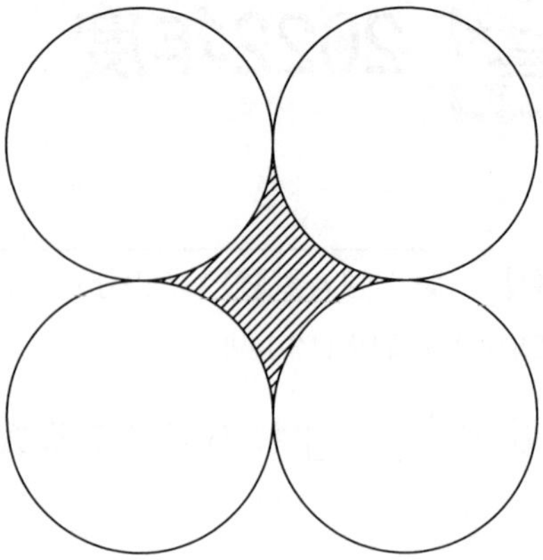

⑷　現在、ある子どもの年れいは5才、その父の年れいは35才です。父の年れいが子どもの年れいの2倍になるのは何年後ですか。

⑸　仕入れ値が500円の商品を30個仕入れ、2割の利益を見こんで定価をつけました。仕入れた商品のうち20個は定価で売れ、10個は定価の10％引きで売れました。利益は何円ですか。

⑹　テストが全部で10回あります。テストを8回受け終わった時点で、平均点は6.5点でした。テストをすべて受け終わったところ、平均点は7点でした。9回目と10回目のテストの合計点は何点ですか。

3　マラソン選手のＡさんは、ある大会で42 kmの道のりを２時間30分で走りました。

(1)　このときのＡさんの走る速さは毎時何 kmですか。ただし、Ａさんの走る速さは一定だったとします。

別のマラソン大会でＡさんは、最初は毎時18 kmで走りましたが、Ｘ地点からは毎時12 kmで走り、最終的に42 km走るのに２時間45分かかりました。

(2)　ＡさんがＸ地点を通過したのは、スタートしてから何時間何分後ですか。

(3)　スタート地点からＸ地点までの道のりは何 kmですか。

4 下の図のように長方形ABCDを対角線ACで折り返したところ、三角形CDFの各辺の長さが12cm、9cm、15cmになりました。
このとき、次の問いに答えなさい。

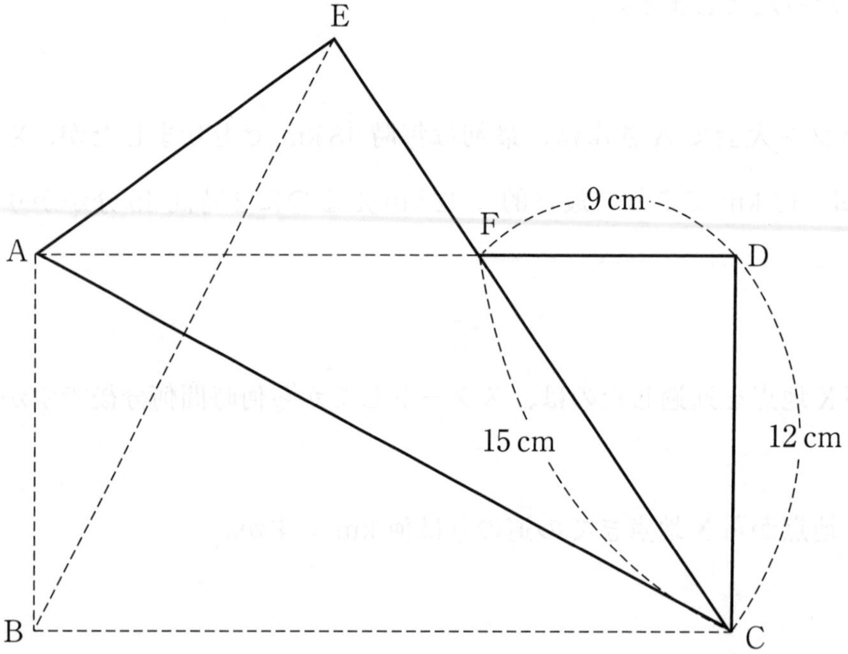

(1) BCの長さは何cmですか。

(2) 三角形ACFの面積は何cm^2ですか。

(3) 三角形ABEの面積は何cm^2ですか。

5　１から順に整数を10までかけた整数を［10］とします。たとえば、

$1=[1]$

$1\times2=[2]$

$1\times2\times3=[3]$

$1\times2\times3\times4=[4]$

$1\times2\times3\times4\times5=[5]$

です。

この［10］を、くり返し２で割っていくことを考えます。

２の倍数は、必ず１回２で割り切れ、$4=2\times2$ より、４の倍数は、必ず【ア】回２で割り切れます。同じようにして、$8=2\times2\times2$ より、８の倍数は、必ず【イ】回２で割り切れます。

このように考えると、かけ合わせる２の個数が分かれば、２で何回割り切れるか求めることができますので、［5］は２で【ウ】回割り切れ、［10］は２で【エ】回割り切れます。

(1)　【ア】～【エ】にあてはまる数は何ですか。

(2)　$1\times2\times3\times\cdots\cdots\times N=[N]$（Nは０でない整数）とします。［N］を３で割り続けたところ、13回割り切れ、14回目で割り切れませんでした。このとき、Nにあてはまる数は何ですか。あてはまるものをすべて答えなさい。

ただし、式や言葉、図などを用いて、答えまでの経過を表現しなさい。

【社　会】〈第１回Ａ試験〉（30分）〈満点：50点〉

1　下は日本の自然災害《さいがい》について、さくらさんと先生の会話です。あとの問いに答えなさい。

さくら　最近、台風や地震《じしん》の自然災害のニュースをよく聞きます。日本は、ほんとうに自然災害が多いですね。夏には大雨の被害《ひがい》があったのを覚《おぼ》えています。

先生　日本列島は豊かな自然に恵《めぐ》まれた国ですが、地震、津波、台風、洪水《こうずい》、土砂《どしゃ》災害、火山の噴火《ふんか》など世界的に見ても自然災害の多い国です。

先生　2021年７月には静岡県熱海《あたみ》市で大量の土や砂などが川を流れる大規模《きぼ》な土石流が起き、大きな被害がでましたね。

さくら　私が住んでいる地域でも、土砂災害が起きることはありますか？

先生　日本は山が多く、川も急で流れが速いので、多くの地域で災害の危険性があります。台風や大雨の時には、（　①　）庁が公表している「キキクル」（危険度分布《ぶんぷ》）を利用し、大雨による災害の危険度の高まりをリアルタイムで確認することもできます。その他にも、災害の危険性を地図で確認する（　②　）を調べるといいですよ。

さくら　身近な地域で、どんな災害が起きるか心配なので調べてみます。

先生　地図を見るときに、地名にも注目してみてください。地名から、過去《かこ》にどのような被害があったかを推測《すいそく》することもできます。

さくら　昔の人がヒントを残してくれているのですね。

先生　2011年に発生した（　③　）大震災から11年が経過しました。災害はいつどこで起きるかわかりません。もしものときのために備《そな》えていきましょう。

問１　会話文の（　①　）～（　③　）にあてはまる語句を答えなさい。（　②　）はカタカナで答えなさい。

問２　日本の自然環境について、説明した次の文章のうち、間違《まちが》っているものをア～エから１つ選び、記号で答えなさい。

ア　東北地方の中央には奥羽《おうう》山脈があり、背骨のように南北に連《つら》なる。

イ　中央高地の飛騨《ひだ》山脈、越後山脈、赤石山脈は日本アルプスとよばれる。

ウ　日本三大急流の最上《もがみ》川、富士川、球磨《くま》川は、川が急で流れが速い。

エ　信濃《しなの》川は日本で最《もっと》も長く、利根《とね》川は日本で最も流域面積が広い。

問３　下線部について、川は山から海へ流れるあいだ、さまざまな地形をつくります。川がつくる地形で最も下流にできるものをア～エから１つ選び、記号で答えなさい。

ア　三角州《さんかくす》　　イ　扇状地《せんじょうち》　　ウ　台地　　エ　盆地

問４　下のグラフと表は、みかんの生産量が多い都道府県を示しています。生産量１位の和歌山県の位置を地図のア～オから１つ選び、記号で答えなさい。

また、みかんの生産が多い地域に共通する自然条件とは何でしょうか。地図を参考にして、説明しなさい。

みかんの生産量〔2018 年〕

順位	都道府県名	生産量（トン）	%
1位	和歌山	155,600	20.1
2位	静岡	114,500	14.8
3位	愛媛	113,500	14.7
4位	熊本	90,400	11.7
5位	長崎	49,700	6.4
	その他	250,000	32.3

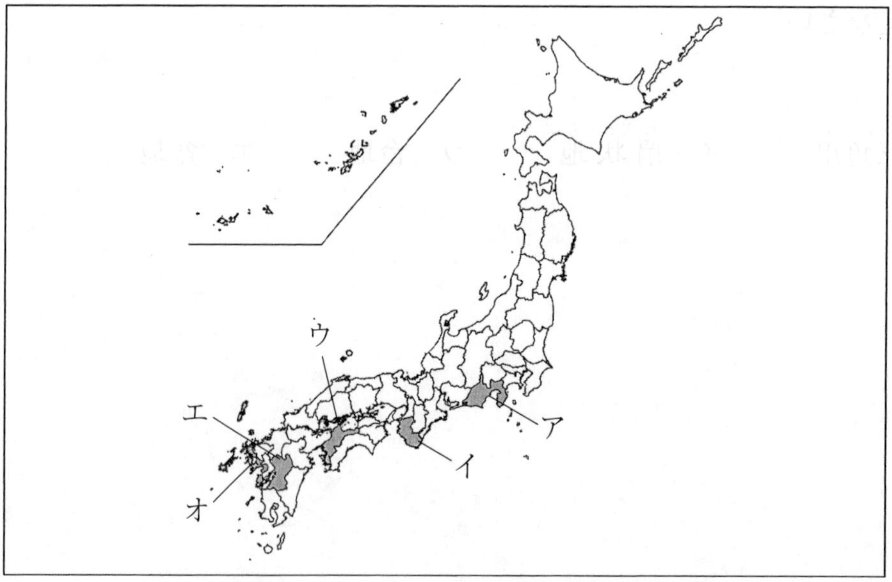

出典：平成 30 年産果樹生産出荷統計

問５　地図は、熱海市の津波災害地図と地形図を重《かさ》ねたものです。あとの問いに答えなさい。

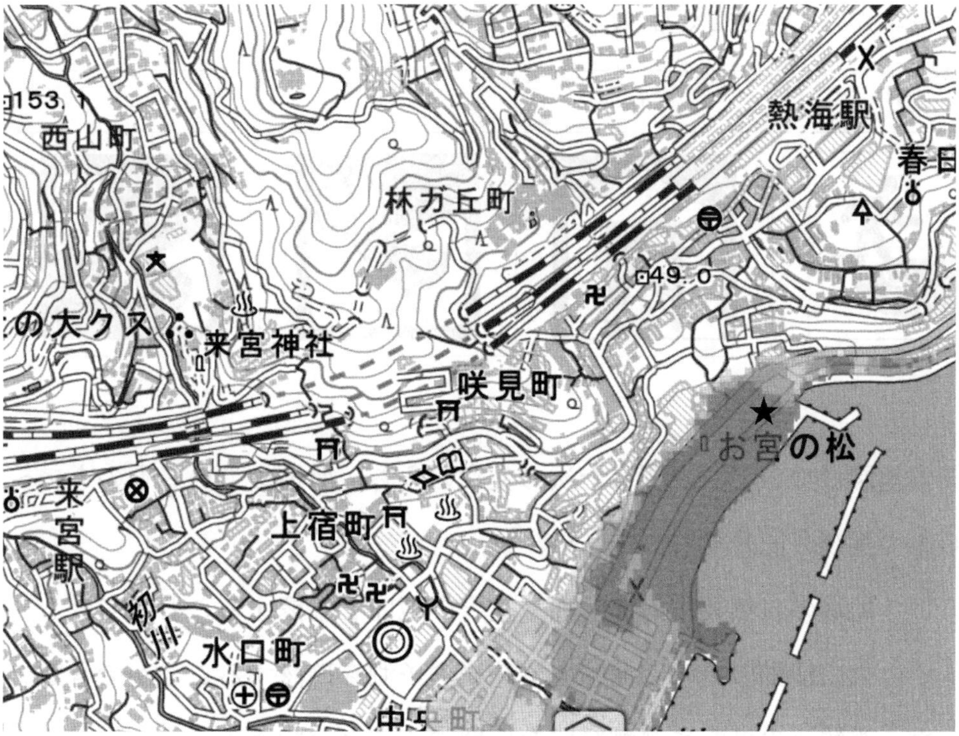

⑴地図を読み、あてはまらないものをア～エから１つ選び、記号で答えなさい。

ア　熱海駅の北側には郵便《ゆうびん》局がある

イ　林ガ丘町の山には針葉樹《しんようじゅ》林と広葉樹林がある

ウ　上宿町《かみじゅくちょう》には温泉がある

エ　熱海駅と来宮駅《きのみやえき》の間にトンネルがある

(2)あなたが、★付近にいる時に、およそ10mの津波が発生する危険性があり、津波避難《ひなん》ビルへ逃げることにしました。津波避難ビルにあてはまるものをア～エから１つ選び、記号で答えなさい。

ア	イ	ウ	エ

(3)災害地図について、説明した次の文章のうち、間違っているものをア～エから１つ選び、記号で答えなさい。

ア　地域の自然災害の危険性や被害の範囲を確認することができる。

イ　火山活動の災害が発生する時期の予測を確認することができる。

ウ　避難所の場所や避難経路を確認することができる。

エ　川の氾濫《はんらん》により想定される浸《しん》水の深さを確認することができる。

2　文章を読み、あとの問いに答えなさい。

新型コロナウイルスの感染《かんせん》拡大で、史上初の１年延《えん》期となった東京2020オリンピック・パラリンピックは、2021年７月23日に無観客の開会式がおこなわれた。東京都に緊急事態《きんきゅうじたい》宣言が出ているなかでの幕《まく》開けとなった。約6000人の参加した選手団は、（　①　）（社会的距離《きょり》）を保ちながら入場した。また、「男女平等」のオリンピック憲章《けんしょう》の理念で、史上初めて旗手《きしゅ》は男女１人ずつとなった。

東京 2020 大会は、“Be better, together”（より良い未来へ，ともに進もう）をコンセプトに気候変動の原因となる二酸化炭素《たんそ》を減らすことや、限りある資源や生物の豊かさを守ること、人権を大切にする大会づくりなどの取り組みを通じて、SDGs（持続可能な開発目標）にも貢献《こうけん》した。この大会では「都市鉱山《こうざん》からつくる！みんなのメダルプロジェクト」、海洋（　②　）汚染《おせん》が大きな課題となるなか、使用済み（　②　）を再生利用した「みんなの表彰台《ひょうしょうだい》プロジェクト」などさまざまな取り組みがおこなわれた。

この大会が、より良い未来に向けて、皆さん一人ひとりが気づき、行動するきっかけになったら、世界を変えることができるかもしれないと考えている。

「Tokyo2020 ホームページ」より引用編集

問１　（　①　）（　②　）にあてはまる語句をそれぞれカタカナで答えなさい。

問２　オリンピックの開会式は、最初にオリンピックが始まった国であるギリシャが入場し、最後に開催《かいさい》国が入場することとなっています。ギリシャの国旗として正しいものをア～エから１つ選び、記号で答えなさい。

ア	イ	ウ	エ

問３　閉会《へいかい》式では、2024 年夏季《かき》オリンピックが開催される都市の市長へオリンピック旗が渡されました。2024 年に開催される「都市」とはどこですか。答えなさい。

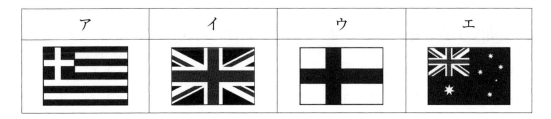

問４　下線部について、これはどのような取り組みですか。どのような意味で都市鉱山なのかを下の画像を参考にし、説明しなさい。

3　文章を読み、あとの問いに答えなさい。

現在、世界中でインターネットの普及《ふきゅう》が進み、多くの情報を素早く入手することができます。しかし、このような社会は昔からあったわけではありません。

はるか昔、たとえば㋐縄文《じょうもん》時代や弥生《やよい》時代では、煙《けむり》や明かりを使って簡単な情報を伝達しました。それが㋑文字の誕生《たんじょう》によって、手紙を使用するようになるともう少し詳《くわ》しい情報が伝達できるようになります。㋒鎌倉《かまくら》時代の日本では「早馬《はやうま》」が用いられ、鎌倉・京都間を７日で、㋓江戸時代には飛脚《ひきゃく》とよばれる人たちが活躍し、東京から大阪までを３日で移動できるようになりました。

一方㋔ヨーロッパでは、海の向こうまで国土が広がる国もありました。海の向こうにすぐ情報を伝達させることができず、往復《おうふく》させると半年以上かかることもありました。そのため情報伝達の高速化が求められ、㋕19世紀にモールス信号が開発されました。やがて世界各国がよりはやく情報を伝達させようと研究を重ねていきます。㋖二つの世界大戦時には数多くの情報戦が繰り広げられ、皮肉《ひにく》なことに、戦争によって情報通信技術が向上したのです。㋗私たちが生きる社会は、このような長い「進化」の結果生まれたものとも言えます。

問１　下線部㋐について、あとの問いに答えなさい。

(1)　縄文時代の人々が、生活の中で出るごみを捨てていた場所を何といいますか。答えなさい。

(2)　佐賀県にある弥生時代の遺跡《いせき》として正しいものを、ア～エから１つ選び、記号で答えなさい。

ア　吉野ヶ里《よしのがり》遺跡　　イ　三内丸山《さんないまるやま》遺跡　　ウ　登呂《とろ》遺跡　　エ　板付《いたづけ》遺跡

問２　下線部㋑について、日本でひらがなが誕生したのは平安時代といわれています。あとの問いに答えなさい。

(1)　『枕草子《まくらのそうし》』の作者を答えなさい。

(2)　『源氏物語《げんじものがたり》』の作者を答えなさい。

問３　下線部㋒について、鎌倉幕府《ばくふ》を開いた人物として正しいものを、ア～エから１人選び、記号で答えなさい。

ア　平清盛《たいらのきよもり》　　イ　北条時宗《ほうじょうときむね》　　ウ　源頼朝《みなもとのよりとも》　　エ　北条政子《ほうじょうまさこ》

問４　下線部㋓について、江戸時代には大きな戦《いくさ》もなかったため、文化が大いに栄えました。江戸時代で活躍した人物と、その代表作の組み合わせとして正しいものを、ア～エから１つ選び、記号で答えなさい。

ア　松尾芭蕉《ばしょう》―『吾輩《わがはい》は猫である』
イ　葛飾北斎《かつしかほくさい》―『富嶽《ふがく》三十六景』
ウ　夏目漱石《そうせき》―『人間失格』
エ　歌川広重《ひろしげ》―『解体新書』

問５　下線部㋔について、外国と日本との間に起きた出来事を古い順に並べかえたものとして正しいものをア～エから１つ選び、記号で答えなさい。

あ　外国との貿易は厳《きび》しく制限され、出島《でじま》という場所でのみオランダとの貿易が許された。
い　聖徳太子が、使者として小野妹子《おののいもこ》を中国の隋《ずい》に派遣《はけん》した。
う　種子島《たねがしま》にポルトガルの船が漂着《ひょうちゃく》し、日本に鉄砲がもたらされた。
え　アメリカの黒船が浦賀沖《うらがおき》に来航し、日本に開国を要求した。

ア　い→う→あ→え　　　イ　い→う→え→あ
ウ　う→い→あ→え　　　エ　う→い→え→あ

問６　下線部㋕について、次の文は19世紀（1801年～1900年）に日本で起きた出来事を説明したものです。文中の（　あ　）～（　う　）にあてはまる言葉を書きなさい。

1870年ごろから、板垣退助《いたがきたいすけ》らを中心として、国民が政治に参加できるように国会の開設《かいせつ》を求める（　あ　）運動が活発になりました。国会の開設を約束した政府は、次に憲法《けんぽう》の作成に乗り出しました。初代内閣総理大臣《ないかくそうりだいじん》である（　い　）を中心に作成され、1889年国民に発布《はっぷ》されたものが（　う　）憲法です。

問7　下線部㋖について、第二次世界大戦の終戦よりあとに起きた出来事として正しいものを、ア～エから1つ選び、記号で答えなさい。

ア　福沢諭吉《ゆきち》が『学問のすゝめ』の中で、すべての人間は平等であるべきだ、と主張《しゅちょう》した。

イ　冷戦《れいせん》の象徴であった「ベルリンの壁《かべ》」がとりはらわれ、東西ドイツが統一された。

ウ　日本では、シベリア出兵《しゅっぺい》の影響で米の値段が急激《きゅうげき》に上昇し、米騒動《こめそうどう》が起こった。

エ　渋沢栄一は、第一国立銀行の設立にかかわり、日本の銀行制度の基礎をつくった。

問8　下線部㋗について、2021年に起こった出来事として正しいものを、ア～エから1つ選び、記号で答えなさい。

ア　菅《すが》総理大臣の後任《こうにん》として、安倍晋三が内閣総理大臣に就任《しゅうにん》した。

イ　新しい電波塔（送信所）として、浅草に東京スカイツリーが開業した。

ウ　ジョー・バイデンが、アメリカの第46代大統領《だいとうりょう》として就任した。

エ　イギリスは、EU（ヨーロッパ連合）を離脱した。

4 次の文章を読み、あとの問いに答えなさい。

歴史（History《ヒストリー》）ということばには次の３つの意味がふくまれています。

1. 探究《たんきゅう》によって学ぶこと。
2. 探究によって得られた知識や情報。
3. 探究していることについて説明すること、語ること。

この試験をうけている皆さんは、２の「探究によって得られた知識や情報」を、繰返しおぼえてきた人も多いのではないでしょうか。中学校でも歴史家たちが探究して説明、語ってきた知識や情報を「なぜ？それで？本当に？」という問いを持ちながら、身につけていくことを大切にしていきましょう。①知識や情報が事実かどうかを確かめる姿勢は、歴史学習だけでなく、確かめることが難しい情報にあふれる現在の私たちの生活に応用できると考えています。

イギリスの歴史家Ｅ・Ｈ・カーは、彼の著書《ちょしょ》『歴史とは何か』のなかで、「歴史とは現在と過去との対話である」と述べています。また、古代ローマの歴史家クルティウス＝ルーフスは「歴史は繰り返す」という言葉をのこしています。２人の言葉が真理ならば、いま、わたしたちが立っている現在は、どのように過去と対話し、また、いつの歴史の繰り返しの中にあるのでしょうか。

歴史を学ぶと、その時々で、後の歴史に大きく影響を与えた出来事が起きていることに気がつきます。

②「もし、自分だったらどう生きるのか」という視点をもちながら、歴史の選択の多様性を学ぶことは、自らの考える力で未来を選択、決断していく力になると考えています。「探究していることについて説明すること、語ること」を通して、人間とは何か、私たちをとりまく社会や“世界”への理解が深まることを期待しています。

最後に、ワインゼッカー元ドイツ大統領が、第二次世界大戦ドイツ敗戦40年にあたる1985年にドイツ連邦議会の演説で述べた言葉を紹介《しょうかい》して文章を締《し》めくくります。

「過去に目を閉《と》ざす者は、結局のところ現在にも盲目《もうもく》になる」

問１　下線部①に関連して、「聖徳太子」の実像《じつぞう》については参考文のように再検《さいけん》討《とう》が進んでいます。そのような背景がある中で、下の画像が聖徳太子であること（ないこと）をあなたはどのように調べますか、あなたが考えるその方法について詳《くわ》しく説明しなさい。

参考文

近年、「聖徳太子が、じつは存在しなかった」という、にわかに信じられない学説《がくせつ》が唱《とな》えられ、従来《じゅうらい》の教科書表記《ひょうき》にも影響を及《およ》ぼすほどに拡大しています。教科書を見ても、いままでは「聖徳太子」と書かれていたのが、最近の教科書では「厩戸王《うまやとおう》（聖徳太子）」（『詳説《しょうせつ》日本史B』山川出版社）とカッコつきの表記に変わってきています。

［中略］

現在使われている高校の日本史教科書（『詳説日本史B』山川出版社）でも、「厩戸王（聖徳太子）」と表記されていますが、次の教科書検定で改訂《かいてい》されるときには、「聖徳太子」の語は本文からは削除《さくじょ》されると思われます（脚《きゃく》注《ちゅう》では言及《げんきゅう》される見込みです）。

［後略］

https://www.gqjapan.jp/culture/column/20160530/legendary-politician-prince-shotoku　より引用、編集

問2　下線部②に関連して、[東京オリンピック・パラリンピック開催までの年表] を参考にしながら、東京オリンピック、パラリンピックが開催されたことは、未来の社会にどのような遺産《いさん》（英語ではLegacy《レガシー》、ここでは未来にうけつがれていく価値《かち》や良い点、と考えてよい）を残すのか、あなたの考えを述べなさい。

[東京オリンピック・パラリンピック開催までの年表]

2013年9月	東京オリンピック・パラリンピック開催決定。
2020年1月	中国で原因不明の肺炎《はいえん》が流行。
2月	「新型コロナウイルス感染症」と日本政府が法令《ほうれい》で定める。
3月	世界保健機構が世界的大流行宣言（パンデミック宣言）。
	東京オリンピック・パラリンピックの開催延期が決定。
4月	感染症防止のための第1回目の緊急事態宣言が出される。
	（期間4月7日～5月25日）
2021年1月	感染症防止のための第2回目の緊急事態宣言が出される。
	（期間1月8日～3月21日）
4月	感染症防止のための第3回目の緊急事態宣言が出される。
	（期間4月25日～6月20日）
7月	感染症防止のための第4回目の緊急事態宣言が出される。
	（期間7月12日～9月30日）
同月	東京オリンピック・パラリンピックが開催。
8月	東京オリンピック・パラリンピックが閉幕《へいまく》。

【理　科】〈第１回Ａ試験〉（30分）〈満点：50点〉

1 次の文章を読んで、以下の問いに答えなさい。

森や水辺などの環境とそこにすんでいるすべての生物（植物、動物、微《び》生物）をまとめたものを生態系と呼んでいて、ある生態系には、A, B, C, D, E, F, G, H, Iと名づけられた９種類の生物がすんでいると仮定します。A～Iの生物どうしの関係は次に示す通りとします。

生物Ｅは、生物Ａと生物Ｃを食べる。
生物Ｂは、生物Ｄと生物Ｈを食べる。
生物Ｇは、生物Ｆと生物Ｉを食べる。
生物Ｂと生物Ｅは、どちらも生物Ｆおよび生物Ｉの両方に食べられる。

問１　食うものと食われるものの関係を下の例のように矢印を使って表すこととします。この生態系におけるA～Iの生物どうしの食う食われるの関係は、上に示した関係をもとにすると何本の矢印からできていると考えられますか。次の（ア）～（オ）から１つ選んで、記号で答えなさい。なお、生物A～生物Iは必ず矢印でつながっているものとします。

例） 生物Ａが生物Ｂを食べる場合は、　　B → A　　と表す。

（ア）８本　（イ）９本　（ウ）10本　（エ）11本　（オ）12本

問２　食う食われるの関係を支える土台となるのは、光合成をする植物の仲間です。A～Iのうち、植物にあてはまると考えられる生物は４種類存在します。その４種類の正しい組み合わせは次の（ア）～（エ）のどれですか。１つ選んで、記号で答えなさい。

（ア）A,C,D,E　（イ）A,D,E,H　（ウ）A,D,E,F　（エ）A,C,D,H

問３　生物ＥもしくはＢにあてはまると考えられる生物を、次の（ア）～（オ）から２つ選んで、記号で答えなさい。

（ア）　カエル　　（イ）　カマキリ　　（ウ）　バッタ　　（エ）　アオダイショウ
（オ）　アゲハチョウ

問４　生態系を保っていくには、微生物の存在を忘れることはできません。また土中からヒトの役に立つ微生物が発見されることも珍《めずら》しくありません。次の（ア）～（エ）に示す食品のうち、微生物の力を使って作られたものだけを示しているのはどれでしょうか。１つ選んで、記号で答えなさい。

（ア）　ワイン、納豆《なっとう》、チーズ　　（イ）　豆腐《とうふ》、甘酒、ヨーグルト
（ウ）　パン、ビール、こんにゃく　　（エ）　ソーセージ、プリン、油あげ

問５　世界的に貴重な生態系を有する地域は世界自然遺産に認定されることがあります。2021年には日本に新たな世界自然遺産の場所が加わりました。さて、2021年に世界自然遺産に加わった場所について述べた文章として**誤っているもの**を次の（ア）～（エ）から１つ選んで、記号で答えなさい。

（ア）　かつてアメリカ軍が保有していた地域を含んでいる。
（イ）　その場所のみにすんでいる生物（固有種）が多いことが特徴《とくちょう》である。
（ウ）　世界でも有数のヒグマの生息地域を含んでいる。
（エ）　貴重な飛べない鳥やキツツキの仲間がすんでいる。

2 天気について、次の各問いに答えなさい。

問１　新聞などにのっている天気図で使われている天気記号があります。その天気記号で「くもり」を表すものはどれですか。次の（ア）～（エ）から、１つ選び、記号で答えなさい。

（ア）○　　（イ）●　　（ウ）◎　　（エ）⦿

問２　風の強さを表すのに「風力」というものがあります。日本の天気図で風力は弱い方から「0」（風弱くともいいます）から始まります。一番強い風力はいくつですか。次の（ア）～（エ）から、１つ選び、記号で答えなさい。

（ア）6　　（イ）8　　（ウ）10　　（エ）12

問３　気象観測は決められた場所で、決められた方法によって、けいぞく的に行われます。さて、一つの観測点において起こることについて、以下の（ア）～（エ）で述べていることがらで、正しいものはどれですか。１つ選び、記号で答えなさい。

（ア）　その日の最低気温は必ず日の出直前に観測される。
（イ）　前線が通ると、急に雨が降り出し、気温が下がることがある。
（ウ）　台風が通過しても、風向きは変わらない。
（エ）　その日の最高気温は必ず午後１時～３時ごろに観測される。

問４　梅雨の時期になると、日本列島付近に「梅雨前線」がていたいします。さて、その梅雨前線がていたいしている様子を表した図として、以下の（ア）～（エ）の図で正しいものはどれですか。１つ選び、記号で答えなさい。

（ア）

（イ）

（ウ）

（エ）

問５　冬の時期、太平洋側で晴天が続き、日本海側が雨や雪が続く天候があります。その気象条件について「○○○○の冬型の気圧配置」という言い方をします。この○○○○に入る言葉として、正しいものを以下の（ア）～（エ）から１つ選び、記号で答えなさい。

（ア）　南高北低　　（イ）　東高西低　　（ウ）　南低北高　　（エ）　西高東低

問６　問５の天気図を表している図は以下の（ア）～（エ）のどれですか。１つ選び、記号で答えなさい。

（ア）
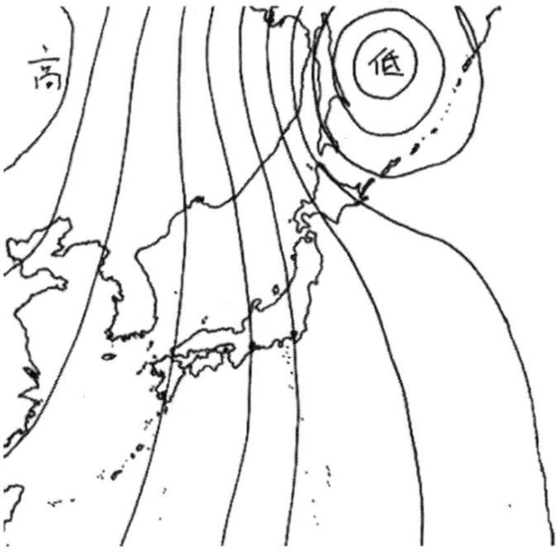

（イ）
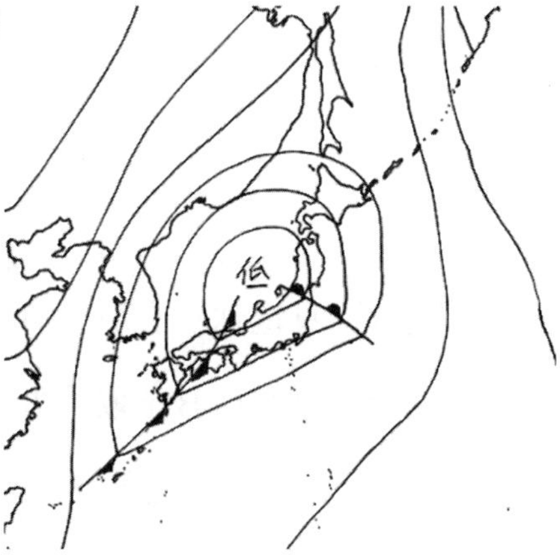

（ウ）
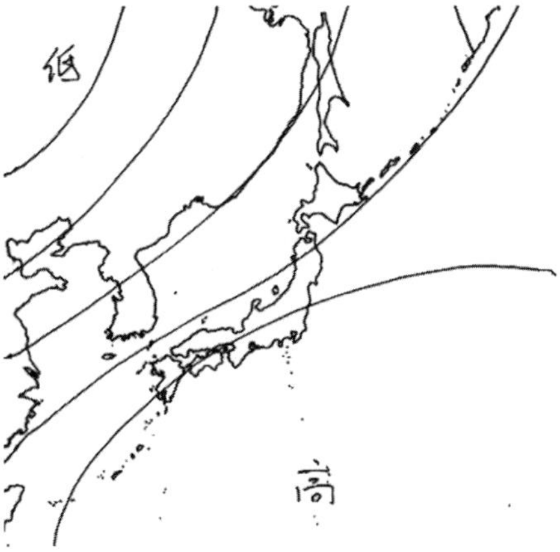

（エ）
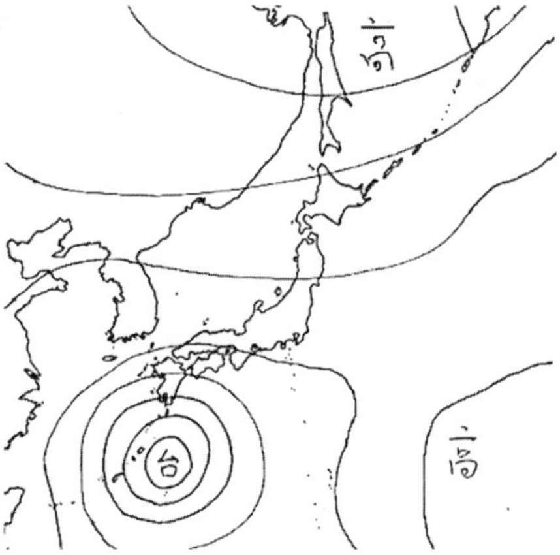

3 図１のように、豆電球Ａ、Ｂ、Ｃとかん電池を使った回路が箱の中に収められています。豆電球とかん電池は導線で結ばれており、箱の中のつながり方を、以下の（操作）で調べてみました。

使用された豆電球はすべて同じ種類のものを使っているものとします。以下の問いに答えなさい。

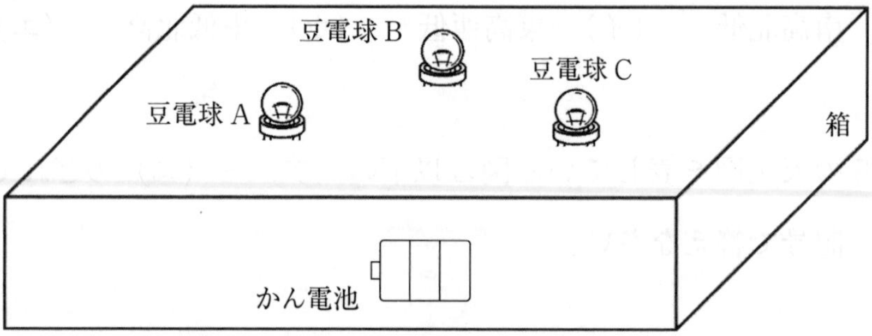

図１

（操作）

（操作１）豆電球Ｃを取り外すと、豆電球Ａ、Ｂは同じ明るさでついていた。
（操作２）豆電球Ｂを取り外すと、豆電球Ａ、Ｃは同じ明るさでついていた。
（操作３）豆電球Ａを取り外すと、豆電球Ｂ、Ｃはどちらも消えた。

電気用図記号

豆電球  導線

（例）

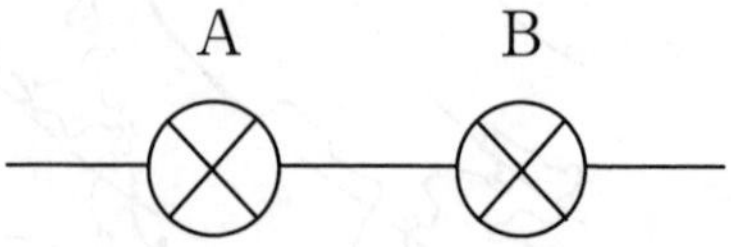

問１　（操作１）だけの結果から、箱の中の回路はどのようになっていると考えられますか。豆電球のつなぎ方の部分を、電気用図記号を用いて、（例）にならって、考えられる回路をすべてかきなさい。

問２　（操作２）だけの結果から、箱の中の回路はどのようになっていると考えられますか。豆電球のつなぎ方の部分を、上記の電気用図記号を用いて、（例）にならって、考えられる回路をすべてかきなさい。

問３　（操作１）（操作２）（操作３）の結果を合わせると箱の中のつながり方がわかります。導線どうしが交差しないようにして、実際の箱の中の様子を、丁寧《ていねい》に導線をかき加え完成させなさい。

問４　図１の回路を（回路１）とします。（回路１）で豆電球Ｂを取り外した回路を（回路２）とします。

（回路１）から（回路２）にしたとき、豆電球Ａの明るさはどのように変化しますか。以下の（ア）～（エ）から１つ選び、記号で答えなさい。

（ア）明るくなる　（イ）暗くなる　（ウ）変わらない　（エ）消えてしまう

問５　（回路１）と（回路２）のかん電池の持ちを比べた結果を、以下の（ア）～（ウ）から１つ選び、記号で答えなさい。

（ア）（回路１）のほうが長持ちした。

（イ）（回路２）のほうが長持ちした。

（ウ）（回路１）と（回路２）のかん電池の持ちは同じであった。

4 気体とその性質に関する以下の問いに答えなさい。

問１　亜鉛《あえん》をうすい塩酸に入れると、気体が発生しました。この気体の名前を答えなさい。

問２　問１で発生した気体の捕集《ほしゅう》方法にあてはまるものを次の（ア）～（ウ）から１つ選び、記号で答えなさい。

（ア）　上方置換《ちかん》　（イ）　下方置換　（ウ）　水上置換

問３　炭酸水をBTB溶《よう》液に加えるとBTB溶液は何色になりますか。次の（ア）～（ウ）からあてはまるものを１つ選び、記号で答えなさい。

（ア）　黄色　（イ）　緑色　（ウ）　青色

問４　炭酸水を加熱して発生した気体を集めて石灰水に通じると、石灰水にある変化が起きました。石灰水がどのように変化したか、書きなさい。

問５　空気中にもっとも多く存在する気体の名称《しょう》を答えなさい。

問６　気体である塩素は水に溶《と》けやすく、22.4Ｌで約71ｇの重さになります。塩素を発生させたときの捕集方法にあてはまるものを次の（ア）～（ウ）から１つ選び、記号で答えなさい。ただし、空気は１Ｌで約1.3ｇの重さになります。

（ア）　上方置換　（イ）　下方置換　（ウ）　水上置換

※6　糖蜜色《とうみつ》…砂糖製造の際に残る液の色。

問一　傍線《ぼうせん》①「急に無表情になり、おもちゃ屋を見つめた」とありますが、なぜですか。具体的に説明しなさい。

問二　Ⅰ〜Ⅵの会話文のうち、マチコのお父が話したものの記号を、すべて答えなさい。

問三　傍線②「桜大たちは立ちすくんでしまった」理由として適切なものを後から一つ選び、記号で答えなさい。

ア　桜大たちは、マチコが泣いている理由がはっきりとわからずに、どのように行動すればいいのかわからなかったから。

イ　マチコが泣くと手がつけられなくなるので、桜大たちは何をすれば泣かなくなるのか一生懸命《いっしょうけんめい》に考えていたから。

ウ　マチコの泣いている様子がとても悲しそうだったので、マチコに対してどうすればいいのか全くわからなかったから。

エ　死んだコロに会いたいとわがままばかり言っているマチコに対して腹が立つが、どうしていいかわからなかったから。

問四　空欄《くうらん》［1］〜［3］に入る言葉を後からそれぞれ一つ選び、記号で答えなさい。

ア　ポツリと　イ　くるりと　ウ　じっと　エ　きっと　オ　ゆっくりと　カ　ほっと　キ　ぐっと　ク　そっと

問五　傍線③「三々五々、村人が集まってくる」とありますが、村人が集まる様子として最も適切なものを後から一つ選び、記号で答えなさい。

ア　村人が一斉に時間に合わせて集まってくる様子。　イ　村人が一人一人ばらばらに集まってくる様子。

ウ　村人が家族単位でばらばらに集まってくる様子。　エ　村人が家族ごとに誘い合いながら集まってくる様子。

問六　傍線④「それ」がさしているものを後から一つ選び、記号で答えなさい。

ア　マチコ　イ　家族　ウ　ぬいぐるみ　エ　笑顔

問七　傍線⑤「『不思議』」とはどのようなものですか。本文中の言葉を使い、説明しなさい。

問八　波線（a）〜（e）のカタカナは漢字に、漢字はひらがなにそれぞれ直しなさい。

「そうやったんか……」

桜大は、すべてを悟《さと》った。母犬は、もういないのだ。滅多《めった》なことでは子犬を(d)ミステてはいかないから、きっと何にかがあって、どこかで死んでしまったのだろう。

桜大は、そこからそっと離れると、今度はマチコを探しに行った。マチコとお父がすぐに見つかり、二人をコロのもとへ案内する。

ぬいぐるみのコロと二匹の子犬を見たマチコのお父は、盛大《せいだい》に首を傾《かし》げた。

「誰かが、子犬のためにぬいぐるみを盗《と》っていったんかの？」

しかし、マチコは首を振った。

「コロやよ、お父ちゃん。コロが、ここへあたしを連れてきたんやよ。なぁ、オウちゃん、そう思わん？　この子たちを助けてって。コロが、ぬいぐるみのコロに乗り移って、ここへ連れてきたんや。きっとそうや」

桜大が頷くと、マチコは微笑《ほほえ》み返した。

マチコは、ぬいぐるみのコロを優しく撫《な》でてから、二匹の子犬を抱き上げた。子犬は弱っており、マチコの腕の中で小さく(e)震えた。

「まかして、コロ。この子らは、あたしが育てるから。安心して」

「マチコ……」

マチコのお父は、何がなんだかわからない。そのお父の方を振《ふ》り向《む》いて、マチコは言った。

「お父ちゃん、この子ら飼《か》ってええ？　ううん、飼うよ。もう、決めたから」

きっぱりとそう告げるマチコの表情は、見違えるように大人びていた。お父は、何も言えなかった。

「さあ、この子ら、安藤《あんどう》先生に診《み》てもらわな！　あ、お父ちゃん、コロを持ってきて」

それから、マチコは桜大の前に立った。

「オウちゃん、ありがとお。オウちゃんには、コロの心がわかったんやね」

不思議な犬の声が聞こえたことは知らないはずのマチコにそう言われ、桜大はどきりとした。マチコはそれ以上何も問わず、何も言わず、笑顔で歩いて行った。まるで、何もかも知っているかのように。

香月日輪著『桜大の不思議の森』より

注　※１　雑種…別の種の雌《めす》と雄《おす》の間に生まれた動植物。
※２　煙管《きせる》…きざみたばこをつめて吸う道具。
※３　入れ墨《ずみ》…皮膚《ひふ》に針で文字や模様などを掘《ほ》り、墨や朱《しゅ》などで色づけしたもの。
※４　灯籠流《とうろうなが》し…お盆の終わりの日に、竹や木の枠《わく》に紙をはって作った小さい灯籠に火をともし、川や海に流す。
※５　浄土《じょうど》…仏がいるという、清らかな世界。

「オウちゃん、ぬいぐるみのコロを知らん？」

マチコは、泣きそうな顔をしていた。

「え？　お前、抱いとったろうが？」

マチコは、頷《うなず》きながら答えた。

「ご先祖様に手を合わせる時に、離《はな》したんや。でも、ちゃんとあたしの横に置いたんやで。離したのも、一瞬《いっしゅん》やで。でも、なくなったんや」

その一瞬に、誰かが持ち去ったのだろうか？　確かに、今の河原は人が多い。でも、マチコに気づかれずに、そんなことができるのか？

「探して！　お願い。コロを探して……！」

マチコは涙をこらえながら、桜大のシャツのⓐ裾を握りしめた。

「わかった。探す」

桜大は、マチコの家族と手分けして、ぬいぐるみを探した。誰かが持っていないか、また、どこかへⓑコロがっていないか。しかし、夕《ゆう》闇《やみ》が刻々《こっこく》と増している。コロを見つけるのは、いかにも難しかった。桜大は、どうしていいかわからなかった。

目をこらしつつ、河原をウロウロしていた桜大だが、その耳に、「クゥン……」と、微《かす》かな声が聞こえた。桜大は、思わず立ち止まった。その声は、桜大の耳のすぐそばで聞こえたからだ。

桜大には、それが何を意味するのかがわかった。

これは、⑤「不思議」だ。いつも、黒沼の森で見聞きするものだ。

だから、精神を集中して、耳をそばだててみた。すると、また「クゥン」と聞こえた。

(犬の鳴き声や。でも、こんな小さな声が、こんな近くで聞こえるはずない。どこな？　ほんまは。どこから聞こえるんな？)

精神を集中したまま、桜大はⓒアタリを見回す。

河原にぼうぼうと茂《しげ》っている草むらに目を向けた時、今度ははっきりと、桜大の耳に「クゥン」と聞こえた。

(そこ……？)

桜大は、草むらの中へ分け入った。

「あっ……」

そこに、ぬいぐるみのコロがいた。

横向きに倒《たお》れたコロの身体にすがるようにして、二匹の子犬が眠《ねむ》っていた。子犬は、生後一カ月ぐらい。やや痩《や》せて、弱っているように見える。

「や、そんな。金払《はら》うで。いくらな?」

と、マチコのお父は言ったが、親爺は※2煙管《きせる》を吹かしながら首を振った。

「嬢《じょう》ちゃんなら、大事にしてくれるやろうからな」

マチコも、マチコのお父も、少し戸惑《とまど》った。

桜大が、一歩歩み出て、親爺からぬいぐるみを受け取った。それを、マチコに手渡す。

マチコは、ぬいぐるみを[1]見つめていたが、やがて胸に抱いた。コロよりは小さい。もちろん、重さもない。けれど、ふわふわの毛は気持ちよかった。マチコは頬《ほお》ずりした。愛《いと》しそうに。心から、愛しそうに。そして[2]「ありがとぉ」と、呟《つぶや》いた。その場にいた全員が、[3]した。

「親爺っさん、すまんの」

マチコのお父が、頭を下げる。桜大たちも、口々に褒《ほ》めた。

「おっちゃん、優しいなあ」

「なあ。顔に似合わんとなあ」

「顔に似合わんは、余計じゃ」

ハゲ頭に口髭《くちひげ》、煙管を持つ腕には※3入れ墨《ずみ》の親爺は、豪快《ごうかい》に笑った。

その翌日だった。

八月十五日は、※4灯籠流《とうろうなが》しが行われる。黒沼村で一番大きな川、大沼川《おおぬまかわ》で、亡き人々の名前を書いた灯籠を乗せた紙の船を流すのである。

人々は、お盆の三日間、実家へ帰ってきていた先祖《せんぞ》を再び※5浄土《じょうど》へと見送る。

灯籠流しは、太陽が傾き始めた頃《ころ》から始まる。空が青みを増し、太陽の光が※6糖蜜《とうみつ》色に変わると、大沼川の広い河原に、③三々五々、村人が集まってくる。お盆《ぼん》の間仏壇《ぶつだん》にあった供物《くもつ》や花も持ち寄られ、まとめて焼かれる。子どもたちは、この火で花火をする。「送り火」である。

太陽がいよいよ傾き、河原が薄闇《うすやみ》に包まれると、そこに灯籠の明かりが美しく浮かび上がる。人出も増してきた。

桜大と桃吾《とうご》も、親戚《しんせき》や家族と河原にやって来た。手には、屋台で買った花火を持っている。ここで花火をやってから、盆踊《ぼんおど》りに行くのだ。十五日は、まったく忙《いそが》しい。

マチコも、家族と来ていた。腕《うで》にしっかりと、貰《もら》ったぬいぐるみを抱いていた。笑顔だった。④それを見て、桜大も笑顔になった。

ところが、桜大らがご先祖様を見送った頃だった。

桜大は後ろから、マチコに声をかけられた。

マチコのお父が、桜大に声をかけた。
Ⅰ「何か買《こ》うたんか、桜大」
Ⅱ「おっちゃん、桜大な、貯金箱を買《こ》うたんや」
Ⅲ「骸骨の手が、お金を持って行くんやて！」
Ⅳ「十円専用の貯金箱にするんやて！」
Ⅴ「貯金するんか、桜大。えらいなぁ。十円玉専用なぁ」
Ⅵ「貯まるのに、百年ぐらいかかるわ！」
皆《みな》、笑った。
だが、桜大は、マチコが笑わず、おもちゃ屋の台の上を一心に見ているのが気になった。その視線の先には、茶色をした犬のぬいぐるみがあった。
(あ……)
マチコは、春の終わりに愛犬を亡《な》くしていたのだ。茶色い、やや小型の雑種※1。小学六年のマチコが抱《だ》っこできる大きさだった。コロといった。マチコが子犬から面倒《めんどう》を見続けた子だった。病死だった。
マチコの嘆《なげ》きは大変なもので、学校もたびたび休んだ。家族も友だちも、皆懸命《けんめい》になぐさめた。ようやく、元気になってきたところだった。
(コロのことを、思い出してしもうたんや)
桜大は、マチコの目が哀《かな》しげなので、心配になった。マチコのお父も、それに気づいた。
「マチコ……」
お父は声をかけ、マチコの手を握《にぎ》る。お父の手を、マチコは強く握り返した。
「お父ちゃん、言うたよな。マチコがそんなに悲しんでばっかりやったら、コロも心配で大変やぞって。その時は、お父ちゃんの言う通りや思た。コロを心配させたらあかんって。元気になろうって。そしたら、元気が出てきた……」
ぬいぐるみを見つめるマチコの目から、涙が溢《あふ》れてきた。
「でも、やっぱり寂《さび》しいよ、お父ちゃん。コロは、もうどこにもおらん。寂しいよ。コロに会いたいよ。会いたい……」
マチコは、ぽろぽろと涙をこぼし、静かに泣いた。その様子は、大声で泣かれるよりもいっそう悲しげで、②桜大たちは立ちすくんでしまった。
「嬢《じょう》ちゃん、これ、持ってくか？」
おもちゃ屋の親爺《おやじ》が、犬のぬいぐるみを差し出した。

問三　空欄《くうらん》[1]に入る言葉を後から一つ選び、記号で答えなさい。

ア　キョク　　イ　ツキ　　ウ　ルイ　　エ　タチバ

問四　傍線③「あらゆるトラブルを想定し、悪い事態にならないよう考えうるかぎりの手を打つ」とありますが、それに当てはまる自分自身の経験を、⑴出来事、⑵そこから想定できるトラブル、⑶悪い事態にならないような手立てと分けて答えなさい。

問五　空欄[2]、[3]に入る言葉を後からそれぞれ選び、記号で答えなさい。

ア　楽観　　イ　悲観

問六　波線（a）～（e）のカタカナは漢字に、漢字はひらがなにそれぞれ直しなさい。

三

次の文章をよく読んで、後の問いに答えなさい。

「おいちゃん、これ！」
桜大《おうだい》は、貯金箱を大事そうに抱《かか》えて言った。
「桜大、何やそれ？　骸骨《がいこつ》の手？」
「貯金箱？　貯金すんの？」
「十円専用の貯金箱にするんじゃ」
と、桜大が言うと、友だちは驚《おどろ》いた。
「そんなん、いつまでたっても貯《た》まらんで！」
桜大たちが、わいわい言っているおもちゃ屋の前へ、一つ下のマチコが、お父と一緒《いっしょ》にやって来た。マチコは、おもちゃ屋の前で立ち止まった。それまで笑顔だったのだが、①急に無表情になり、おもちゃ屋を見つめた。
「どうした、マチコ？」
マチコのお父が声をかけ、桜大らもマチコに気づいた。
「おう、マチコ」
「おう」

は、本当にそのとおりの結果になるのだろうか、と考えることさえ放棄《ほうき》して、大勢が信じ込んでいるように見受けられる。

僕《ぼく》が考える「[2]」とは、実はそういった「考えない」予測をしてしまうことである。考えないから、いわば無意識ともいえる。動物よりも人間が優れていると思われる点は、「こうしても、ああなるとはかぎらない」という発想であり、これは予測に対する「[3]」といえるだろう。結果の良い悪いではなく、予測や予定どおりにいかないことを考える、という意味になる。

（中略）

一般に、最も簡単な解決策を知っているのに、それを実行しない人が多い。何故《なぜ》なら、その方法は面倒《めんどう》くさくて回り道に見えてしまうからだ。この面倒くさくて回り道に見えさせるものの正体こそ、実は最大の障害である。それは人の心の中にある「幸運信仰《しんこう》」のような淡《あわ》い期待だ。いつの間にか、その信者になっている人が、とても大勢いることが、社会をざっと見渡しただけでわかる。

何故、自分は成功しないのか、と悩んでいる人、成功し、なにごとも上手くいっている他人が羨《うらや》ましくて、自分もそうなりたいと願っている人は、まずこの「幸運信仰」から離《はな》れるべきだろう。

幸運信仰とは、「[1]」を待つことである。いつか自分にも幸運が舞《ま》い込《こ》むと信じることだ。神様は、人々に対して公平に「運」を順番に回している、という「楽観」である。

その待っている間に、無駄《むだ》に時間が消費され、場合によっては金も人間も消費される。幸運のコストが馬鹿にならないほど高いことを知った方が健全だ、と思われる。

森博嗣『悲観する力』より

注　※1　駆使……機能や能力など、思いのままに自由自在に使うこと。　※2　披瀝《れき》……心の中の考えを包みかくさず打ち明けること。
※3　緻密……細かいところまで行きとどいていること。　※4　アドバンテージ……有利な立場や条件のこと。
※5　奮起……勇気や元気をふるい起こすこと。
※6　マインドコントロール……言葉、態度、行動によって他人から心を操られている状態のこと。

問一　傍線《ぼうせん》①「どうして、人間はこんなに繁栄できたのだろうか」とありますが、その理由を本文中から探し、十五字以内でぬき出しなさい。

問二　傍線②「人間とそれらの動物との違いはずいぶん大きい」とありますが、人間と動物の違いとは何でしょうか。本文中の言葉を使って五十字以内で答えなさい。

あるものの、いずれも「こうすれば、ああなる」という一対一の関係とし、過去の経験から未来への対応を単純に結びつけるにとどまっている点だ。

　人間が優れている部分は、以前に獲物《えもの》が獲《と》れた経験があっても、今回も同じように獲れるだろうか、もしかして獲れないのではないか、という心配をする思考にある。また、恐い目に遭っても、もしかして、そうではない場合もあるのではないか、条件を変えれば、違う結果が得られるかもしれない、という期待をすることもできる。この複雑性が、人間の※4アドバンテージだったのだ。

　条件と結果を結びつけることは(a)容易であるが、必ずしもいつもそうなるわけではない、という見方をすることは、より高等な思考力といえる。人間でも難しいかもしれない。できない人もいるのではないか。

　たとえば、ギャンブルをしているときに、当たりが続けば、「 1 」があるものと信じて、大きな勝負に出たくなる。逆に、外れが続けば、「 1 がない」という判断になり、なにをしても上手くいかない、と思い込む。これらは、なんの根拠《こんきょ》もない。根拠がないと頭ではわかっていても、「運」のようなものを信じてしまいがちだが、それは、動物の本能的な感覚が残っているせいではないか。

　一般に、良い結果を過剰《かじょう》に期待することを楽観といい、悪い結果を心配しすぎることを悲観という。この両者のどちらが良い状態か、といえば、多くの人が「楽観だろう」と答えるに違いない。

　「くよくよするな」「悪いことを考えるとろくなことはない」「勝利を信じて進め」というような言葉は、人を※5奮起《ふんき》させる。そもそも「応援《おうえん》」というものが、ほとんどこれである。「負けるかもしれない」と考えてはいけない、というのがスポーツの(b)テッソクのようでもある。なんの根拠もないように見えるのだが……。

　これらは、「精神論」とも呼ばれるもので、気の持ちようが大事であり、※6マインドコントロールを自分にかけて、集中してことに当たれ、という手法である。明らかに楽観的な方向へのコントロールといえる。

　けれども、この逆に、③あらゆるトラブルを想定し、悪い事態にならないよう考えうるかぎりの手を打つ、という姿勢が、成功には不可欠である。

　自動車を運転するときには、シートベルトを締《し》めることが(c)ギムづけられている。自動車が衝突《しょうとつ》した場合には、エアバッグが作動するように装備《そうび》されている。実際に、シートベルトやエアバッグのお世話になる人はそれほど多くはないはず。滅多《めった》にないことだし、また、あってはならない事態だが、それでも、万が一のケースを想定して、これらの安全装置を備え、多少の不自由や(d)余分の出費を我慢《がまん》することになっている。これらは、「悲観」によって生まれたものといえるだろう。

　自分にとって都合が良い結果か悪い結果か、という観点で、無意識に予測に「重み」をつけてしまうのが、人間の習性である。楽観的な人は、ついつい良い方の予測を重視するし、悲観的な人は、悪い結果に囚《とら》われがちになるだろう。

　そういった自分にとって良いか悪いかだけでなく、一般的に「こうすれば、ああなる」という一種の法則的なものもあるはずだ。多くは、経験から(e)導かれたもので、「教訓」であったり、「常識」であったり、あるいは社会的な「マナー」であったりする。これらに対して

二　次の文章をよく読んで、後の問いに答えなさい。

人類が地球上で支配的な立場に成り上がったのは、つい最近のことのようだ。少なくとも今では、ほかの動物よりは自由に行動ができる。動物園に行けばそれがわかるし、街を散歩すれば、出会うペットたちがリードにつながれているのを見て、たぶんわかるだろう。人間の子供は、リードにつながれていないのだから。

①どうして、人間はこんなに繁栄《はんえい》できたのだろうか。この問に、誰もがすぐにこう答えるはずである。「頭が良かったからだ」と。

この「頭が良い」とはどういう意味なのか。頭の機能は、考えることであり、つまり考える能力が高い、という意味になるが、いったい何を考えたから、人類繁栄の結果が訪れたのだろうか？

誰でも、ああでもない、こうでもないと、いろいろ考えるはずである。だが、考えていることは外部からは観察できないから、他者が何をどのように考えているのかはわからない。現代の科学技術を※1駆使《くし》しても、まったく知る方法はない。

ただ、人は考えたことをなんらかの行動に移すことが多いため、その行動をよく観察していれば、部分的にだけれど考えた内容が推測できる。そんなふうに、他人の考えを想像するのも、頭が考えているからできることだ。

もう少しダイレクトな方法もある。言葉で考えを伝える行為《こうい》がそれだ。言葉を発することも行動の一つである。人間どうしであれば、お互いが考えたことを※2披瀝《ひれき》し合い、いずれの考えが優れているか、といった議論もできる。では、優れている考えとは何だろう？

簡単に言えば、なんらかの予測をして、その予測どおりの現実が見つかったときに、予測が、すなわち考えたことが、優れたものと判断される。あるときは、「正しい」という表現も用いられる。

そういった優れた予測を行うことが、人類を生き延《の》びさせた。空も飛べず、速く走ることもできず、鋭《するど》い牙《きば》もなく、力も弱い人間が、自然の中で生き、ここまで繁栄することができたのは、「優れた予測」のおかげである。

動物の中には、ある程度の近未来を予測するものがいるだろう。ペットを飼っているとわかるが、「こうすれば、ああなる」という予測と結果を結びつける学習能力は、人間以外の動物でも持っている。ただ、②人間とそれらの動物との違《ちが》いはずいぶん大きい。人は、複雑な因果関係を考えることができるからだ。

複雑な因果関係であっても、各パートを単純化すれば、「こうすれば、ああなる」という一対一の関係である。しかし、人間はもう少し頭が良い。「こうしても、ああならない場合もある」と因果関係を否定できる能力がある。この一段階発達した思考によって、予測される未来の可能性は枝分かれする。より複雑で※3緻密《ちみつ》な予測能力を得たといえる。

動物たちは、「ここで待っていれば、食べものにありつける」という期待をする。そういう体験を過去にしたため、また同じことがあると想像するのだ。逆に、「これをすると恐《こわ》い目に遭《あ》う」ということも体験から学習するはずである。

過去の経験から、未来を予測することは動物の知性の主な機能だ。しかし、人間に及《およ》ばないのは、期待をしたり、恐《おそ》れたりすることはあります。辛さを忘れてしまう幸福とでも言えるでしょう。（幸の中の辛をときに忘れる。）
幸と辛とを分ける違《ちが》いは、一という文字ひとつの多い少ない、ですが、そのひとつが何であるかは、［１］でしょう。これは、こんな詩になりました。

③幸いの中の人知れぬ辛さ
そして時に
④辛さを忘れてもいる幸い
何が満たされて幸いになり
何が足らなくて辛いのか

吉野弘『詩の楽しみ―作詩教室―』より

注　※漠然……ぼんやりとして、はっきりしないさま。　※通念……一般に共通した考え方。
※一義性……一つの意味、またはそのものの根本のこと。　※四六時中……一日中ずっと。いつも。

問一　傍線《ぼうせん》①「詩を書きたくなるいろいろの場合」とありますが、作者がこの詩を書きたくなった「いろいろの場合」とはどのようなものですか。それを表している一文を本文中より探し、最初の五字をぬき出しなさい。

問二　傍線②「固定観念」とありますが、この詩に見られる「固定観念」とはどのようなものですか。二十五字以内で答えなさい。

問三　空欄《くうらん》［１］に入る言葉を後から一つ選び、記号で答えなさい。
ア　自分で考えることは難しい
イ　誰かと共に決めることができる
ウ　人によってちがっている
エ　人はちがっても同じことが多い

問四　傍線③「幸いの中の人知れぬ辛さ」、④「辛さを忘れてもいる幸い」とありますが、そのどちらかに当てはまる自分の経験を答えなさい。

二〇二二年度 工学院大学附属中学校

【国　語】〈第一回Ａ試験〉（五〇分）〈満点：一〇〇点〉

【はじめに】問題本文は、問題作成上、元の文を一部変えています。また、文中の※印がついていることばは、本文の後に意味の説明があります。なお、設問で文字数の指定がある場合は、句読点や記号も一つにつき一文字として数えますので注意してください。

一　次の文章をよく読んで、後の問いに答えなさい。

①詩を書きたくなるいろいろの場合のうち、とくに強く私の気持ちが動くのは、簡単に言うと、〝何かに気付いたとき〟です。〝何かに気付いたとき〟というのは、それまでの私の物の見方や感じ方に〝揺《ゆ》れ〟ないし〝ずれ〟が生じて新しいことに気付こうとしている状態、あるいは、それまで※漠然《ばくぜん》としてわからなかったことの意味に気付く状態ということができます。

それを私は〝②固定観念のズレ現象〟というふうに名付けています。固定観念は、言いかえますと、決まりきった物の見方・感じ方であり、決まりきったやり方です。それが、ほんの少しでもずれると、物事の新しい面が見えてきて、私に詩を書くよう促《うなが》すのです。

言葉を使っている私たちは、まず、言葉の使い方についての固定観念を持っており、次に、言葉とは直接の関係のないような領域でも、物の見方・感じ方についての固定観念を持っています。

（中略）

「幸」のなかに「辛」があることに或《あ》るとき気付いて興味をおぼえました。「辛」は、ツライ、カライなどと読みますが、いちおう、ツライと読むことにして、「幸」のなかにツラサのあることが面白かったのです。幸を幸福の意味合いにとった場合、幸福がその中に辛さを含《ふく》んでいるということは、幸福についての※通念に反するからです。幸福の※一義性が崩《くず》れると言ってもいいでしょう。

世間的には幸福なくらしをしていると思われている人が、人知れぬ辛さを隠《かく》し持っている場合があり、また、幸福が、幸福であることの説明しがたい辛さを隠し持っているという場合もあるでしょう。

しかし、そういう辛さを持っている人でも※四六時中《しろくじちゅう》、その辛さに打ちのめされているわけではなく、ケロリと忘れていることも

2022年度

工学院大学附属中学校　▶解説と解答

算　数　＜第１回Ａ試験＞（50分）＜満点：100点＞

解　答

1 ⑴ 225　⑵ 127.8　⑶ 2　⑷ 64　2 ⑴ 15通り　⑵ 36度　⑶ 13.76cm^2　⑷ 25年後　⑸ 2400円　⑹ 18点　3 ⑴ 毎時16.8km　⑵ １時間30分後　⑶ 27km　4 ⑴ 24cm　⑵ 90cm^2　⑶ 57.6cm^2　5 ⑴ ア 2　イ 3　ウ 3　エ 8　⑵ 27，28，29

解　説

1 四則計算，計算のくふう，逆算

⑴ （18－121÷11＋８）×15＝（18－11＋８）×15＝（７＋８）×15＝15×15＝225

⑵ $A\times B-A\times C=A\times(B-C)$となることを利用すると，12.78×14－1.278×40＝1.278×10×14－1.278×40＝1.278×140－1.278×40＝1.278×（140－40）＝1.278×100＝127.8

⑶ $\frac{5}{7}+\left(1-\frac{1}{6}\div1\frac{2}{3}\right)\times1\frac{3}{7}=\frac{5}{7}+\left(1-\frac{1}{6}\div\frac{5}{3}\right)\times\frac{10}{7}=\frac{5}{7}+\left(1-\frac{1}{6}\times\frac{3}{5}\right)\times\frac{10}{7}=\frac{5}{7}+\left(\frac{10}{10}-\frac{1}{10}\right)\times\frac{10}{7}$ $=\frac{5}{7}+\frac{9}{10}\times\frac{10}{7}=\frac{5}{7}+\frac{9}{7}=\frac{14}{7}=2$

⑷ 2022＋｛17－（□÷８＋９）｝＝2022より，17－（□÷８＋９）＝2022－2022＝０，□÷８＋９＝17－０＝17，□÷８＝17－９＝８　よって，□＝８×８＝64

2 場合の数，角度，面積，年れい算，売買損益，平均とのべ

⑴ 出た目の和が７になる組み合わせは，｛１，１，５｝，｛１，２，４｝，｛１，３，３｝，｛２，２，３｝の４通りある。｛１，１，５｝は（１，１，５），（１，５，１），（５，１，１）の３通りあり，同様に，｛１，３，３｝と｛２，２，３｝もそれぞれ３通りずつある。｛１，２，４｝は（１，２，４），（１，４，２），（２，１，４），（２，４，１），（４，１，２），（４，２，１）の６通りあるから，求める目の出方は全部で，３×３＋６＝15（通り）ある。

⑵ 下の図１で，三角形の１つの外角はとなり合わない２つの内角の和に等しいので，三角形CDEで，角BCEの大きさは，24＋48＝72（度）になる。よって，三角形ABCは，AB＝ACの二等辺三角形で，角ABCの大きさは角BCEの大きさと同じ72度だから，角xの大きさは，180－72×２＝36（度）とわかる。

図１

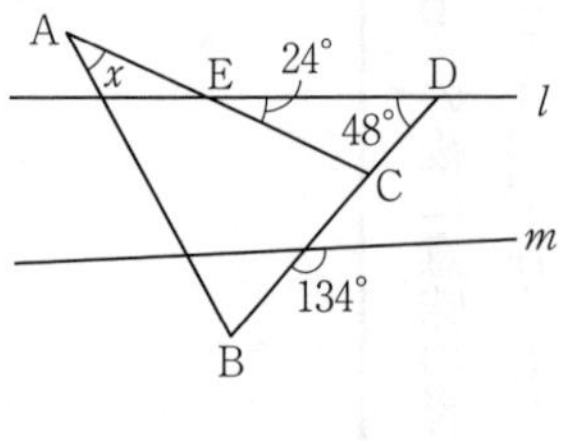

図２

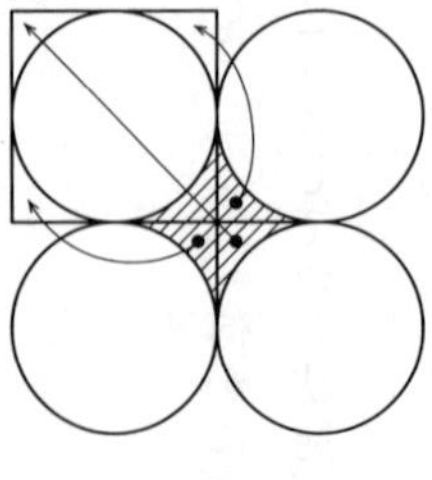

図３

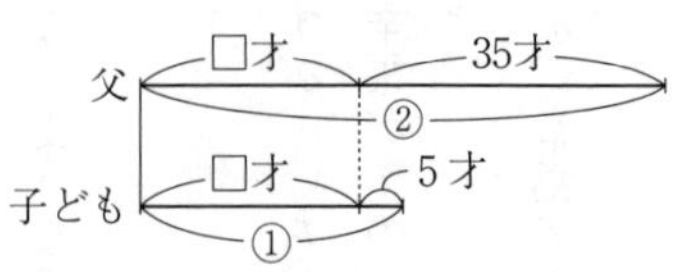

(3)　上の図２で，●印の部分を矢印の部分に移動すると，かげをつけた部分の面積は１辺の長さが，４×２＝８(cm)の正方形の面積から，半径４cmの円の面積を引くと求められる。よって，その面積は，８×８－４×４×3.14＝64－50.24＝13.76(cm^2)となる。

(4)　父の年れいが子どもの年れいの２倍になるのが□年後として図に表すと，上の図３のようになる。父と子どもの年れいの差は，35－５＝30(才)のままであり，これが，②－①＝①にあたるので，このようになるのは，30－５＝25(年後)とわかる。

(5)　定価は，500×(１＋0.2)＝600(円)だから，定価で売った20個の売り上げは，600×20＝12000(円)である。また，定価の10％引きの値段は，600×(１－0.1)＝540(円)なので，定価の10％引きで売った10個の売り上げは，540×10＝5400(円)になる。よって，売り上げの合計は，12000＋5400＝17400(円)で，仕入れ値の合計が，500×30＝15000(円)だから，利益は，17400－15000＝2400(円)となる。

(6)　(平均点)＝(合計点)÷(テストの回数)より，(合計点)＝(平均点)×(テストの回数)となるので，８回のテストの合計点は，6.5×８＝52(点)である。10回のテストの合計点は，７×10＝70(点)だから，９回目と10回目のテストの合計点は，70－52＝18(点)になる。

3　速さ，つるかめ算

(1)　30分は，30÷60＝$\frac{1}{2}$(時間)なので，２時間30分＝$2\frac{1}{2}$時間である。よって，Ａさんの走る速さは毎時，42÷$2\frac{1}{2}$＝16.8(km)となる。

(2)　45分は，45÷60＝$\frac{3}{4}$(時間)だから，２時間45分＝$2\frac{3}{4}$時間である。毎時12kmで$2\frac{3}{4}$時間走ると，走った道のりは，12×$2\frac{3}{4}$＝33(km)になり，実際よりも，42－33＝９(km)短くなる。そこで，毎時12kmで走るかわりに毎時18kmで走ると，１時間につき，18－12＝６(km)ずつ長くなる。よって，毎時18kmで走った時間，つまり，Ｘ地点を通過した時間はスタートしてから，９÷６＝$1\frac{1}{2}$(時間)，60×$\frac{1}{2}$＝30(分)より，１時間30分後とわかる。

(3)　(2)より，スタート地点からＸ地点までの道のりは，18×$1\frac{1}{2}$＝27(km)である。

4　平面図形―長さ，面積，相似

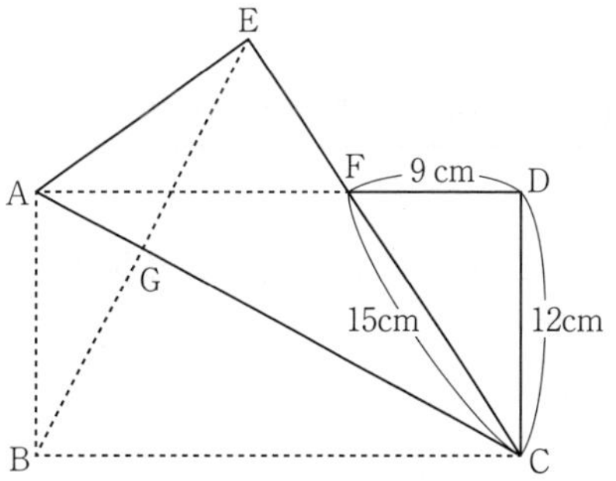

(1)　右の図で，AE＝CD，角EFA＝角DFC，角AEF＝角CDF＝90度より，角EAF＝角DCFだから，三角形AEFと三角形CDFは合同なので，EFの長さはDFの長さと同じ９cmである。また，折り返しているので，BCの長さはECの長さと等しく，９＋15＝24(cm)になる。

(2)　(1)より，AFの長さはCFの長さと同じ15cmだから，三角形ACFの面積は，15×12÷２＝90(cm^2)となる。

(3)　折り返しているので，角AGE＝角AGB＝角EGC(＝90度)で，角AECも90度だから，角GAE＝角GECとなり，三角形AGEと三角形EGCは相似とわかる。このとき相似比が，AE：EC＝12：24＝１：２なので，三角形AGEと三角形EGCの面積の比は，(１×１)：(２×２)＝１：４である。三角形AECの面積は，24×12÷２＝144(cm^2)だから，三角形AGEの面積は，144×$\frac{1}{1+4}$＝28.8(cm^2)と求められる。よって，三角形ABEの面積は，28.8

×２＝57.6(cm^2)である。

5 整数の性質

⑴ **ア**　４＝２×２より，４の倍数は必ず２回２で割り切れる。　**イ**　８＝２×２×２より，８の倍数は必ず３回２で割り切れる。　**ウ**　［５］＝１×２×３×４×５は，２が１回，４が２回それぞれ２で割り切れるので，全部で，１＋２＝３(回)割り切れる。　**エ**　［10］＝１×２×３×４×５×６×７×８×９×10は，２，６，10が１回ずつ，４は２回，８は３回それぞれ２で割り切れるから，全部で，１×３＋２＋３＝８(回)割り切れる。

⑵　３の倍数は必ず１回３で割り切れ，９＝３×３より，９の倍数は必ず２回３で割り切れ，27＝３×３×３より，27の倍数は必ず３回３で割り切れる。上の図のように，３の倍数と３で割り切れる回数を表すと，１＋１＋２＋１＋１＋２＋１＋１＋３＝13(回)より，１×２×３×…×27は３で13回割り切れ，１×２×３×…×30は３で14回割り切れる。よって，［N］を３で割り続けたとき，13回割り切れて，14回目は割り切れないようなNは，27，28，29とわかる。

３の倍数	3	6	9	12	15	18	21	24	27	30	…
３で割り切れる回数	1	1	2	1	1	2	1	1	3	1	…

社　会　＜第１回Ａ試験＞（30分）＜満点：50点＞

解　答

1 **問１**　①　気象　②　ハザードマップ　③　東日本　**問２**　イ　**問３**　ア　**問４**　イ／(例)　生産地は西日本が多く，暖かい気候である。　**問５**　⑴　ア　⑵　エ　⑶　イ

2 **問１**　①　ソーシャルディスタンス　②　プラスチック　**問２**　ア　**問３**　パリ　**問４**　(例)　スマートフォンなどの小型電化製品から希少金属を取り出し，リサイクルする取り組み。

3 **問１**　⑴　貝塚　⑵　ア　**問２**　⑴　清少納言　⑵　紫式部　**問３**　ウ　**問４**　イ　**問５**　ア　**問６**　**あ**　自由民権　**い**　伊藤博文　**う**　大日本帝国　**問７**　イ　**問８**　ウ

4 **問１**　(例)　いつ，どこで，誰が描いたものか調べたり，ほかの聖徳太子の史料と比較したりする。　**問２**　(例)　パンデミックの中，オリンピック・パラリンピックが開催できたことは，今後の大会を開催するうえで大きな参考となる。(スポーツの社会における意味や意義をより理解する機会となった。)

解　説

1 日本の地形や気候，自然災害などについての問題

問１　①　気象庁は気象，地震，火山，海洋などの自然現象の監視・予測を行っている国の機関で，国土交通省に属している。「キキクル」(危険度分布)は土砂災害や浸水《しんすい》，洪水の危険度を色分けして示した地図で，気象庁が提供している。　②　自然災害が発生したときに予測される被害の程度や，避難《ひなん》場所・避難経路を記した地図をハザードマップといい，防災などに役立てられている。
③　2011年３月11日，宮城県沖の海底を震源とするマグニチュード9.0の大地震が発生し,その揺《ゆ》れにともなう巨大津波が東日本の太平洋側を襲《おそ》った。地震と津波によって多くの犠牲《ぎせい》者が出たほか，東京電力福島第一原子力発電所では，放射性物質が外部に飛散するという重大な事故が発生した。これらの一連の災害を，東日本大震災という。

問２　本州中部にある中央高地には，飛騨《ひだ》山脈（北アルプス）・木曽山脈（中央アルプス）・赤石山脈（南アルプス）という3000ｍ級の山々が南北に連なっており，これらはまとめて「日本アルプス（日本の屋根）」とよばれる。越後《えちご》山脈は，新潟・群馬・福島の３県にまたがっている。

問３　川の運んできた土砂が河口付近に積もってできた平らな地形を，三角州という。低くて平らなことから水田などに利用されるほか，水が得やすいことなどから，都市が発達することも多い。

問４　みかんは温暖な気候を好む作物で，日本では太平洋や瀬戸内海の沿岸部，九州地方などの地域で生産量が多い。和歌山県は近畿地方南部，紀伊半島の南西部を占《し》めるイの位置にあり，みかんのほか，かきやうめなどの生産量も全国第１位となっている。統計資料は『日本国勢図会』2021／22年版による。なお，アは静岡県，ウは愛媛県，エは熊本県，オは長崎県。

問５　(1)　地形図には方位記号が示されていないので，地形図の上が北，南が下にあたる。郵便局（〶）は，熱海駅の北側ではなく南側にある。なお，針葉樹林は（Λ），広葉樹林は（Ｑ），温泉は（♨），トンネルは（⇒::::⇐）で表される。　　(2)　津波と建物を図案化したエのピクトグラム（絵記号）が，津波避難ビルを示している。アは避難場所，イは避難所，ウは津波避難場所を示すピクトグラム。
(3)　火山活動の災害が発生する時期を明確に予測することは難しく，災害地図に記したり，これを確認したりすることはできない。

2 現代の社会についての問題

問１　①　新型コロナウイルス感染症《しょう》への対応として，人と一定の距離を空けるというソーシャルディスタンス（社会的距離）が奨励《しょうれい》された。　　②　近年，プラスチックによる海洋汚染が大きな課題となっている。特に，波や紫外線《しがいせん》の力で細かい粒《つぶ》となったマイクロプラスチックは，魚介《ぎょかい》類だけでなく，これらを通して人体にも入るおそれがあると指摘《してき》されている。また，東京2020オリンピック・パラリンピックでは，使用済みプラスチック容器などをリサイクルして表彰台をつくる「みんなの表彰台プロジェクト」という取り組みが行われた。

問２　ギリシャの国旗には，キリスト教を表す十字と，海と空を表す青と白の縞《しま》がデザインされている。なお，イはイギリス，白地に青の十字（スカンジナビアクロス）のウはフィンランド，エはオーストラリアの国旗。

問３　2024年夏季オリンピックは，フランスの首都パリで開催される予定である。

問４　携帯《けいたい》電話やスマートフォン，パソコンなどの精密機器や小型電化製品には，レアメタルとよばれる希少金属をふくめ，多くの金属が使用されている。これらが多く廃棄《はいき》される都市を，金属を採掘《さいくつ》する鉱山に見立てて「都市鉱山」とよび，ここから取り出した金属を積極的に資源として再利用する動きが進んでいる。

3 各時代の歴史的なことがらについての問題

問１　(1)　貝塚は縄文時代の人々のごみ捨て場と考えられている場所で，貝類が層をなして見つかるほか，魚やけものの骨，土器・石器の破片，骨角器などが発掘され，当時の人々の生活を知る手がかりになる。　　(2)　吉野ヶ里遺跡は佐賀県神埼《かんざき》市と吉野ヶ里町にまたがる弥生時代最大級の環《かん》濠《ごう》集落跡で，敵の侵入《しんにゅう》を防ぐため周囲に濠《ほり》や柵《さく》をめぐらし，中には物見やぐらなどが備えられていた。なお，三内丸山遺跡は青森県にある縄文時代の遺跡，登呂《とろ》遺跡は静岡県にある弥生時代の遺跡，板付《いたづけ》遺跡は福岡県にある縄文時代晩期〜弥生時代後期の遺跡。

問２　(1)　清少納言は，一条天皇のきさきの定子に仕えた平安時代の宮廷女官で，四季の移り変わりや宮廷生活のようすなどを随筆《ずいひつ》『枕草子《まくらのそうし》』に著した。　⑵　紫式部は，一条天皇のきさきの彰子(藤原道長の娘)に仕えた平安時代の宮廷女官で，当時の貴族社会のようすを長編小説『源氏物語』でいきいきと表現した。

問３　12世紀末，源頼朝は鎌倉(神奈川県)で武家政権の基盤づくりをすすめ，1185年には平氏を滅《ほろ》ぼしたのち，全国に守護，荘園・公領ごとに地頭を置くことを朝廷から認められた。1192年には征《せい》夷《い》大将軍に任じられ，これによって名実ともに鎌倉幕府が成立した。なお，平清盛は平安時代末に初めて太政大臣となった武士。北条時宗は鎌倉幕府の第８代執権《しっけん》，北条政子は源頼朝の妻。

問４　「富嶽《ふがく》三十六景」は江戸時代後半に栄えた化政文化を代表する浮世絵師・葛飾北斎《かつしかほくさい》の代表作で，各地から望んださまざまな富士山の姿が46枚の作品に描かれている。なお，『吾輩《わがはい》は猫である』は夏目漱石《そうせき》の作品で，松尾芭蕉《ばしょう》の代表作には『奥の細道』がある。『人間失格』は太宰治《だざいおさむ》の作品，『解体新書』は杉田玄白《げんぱく》や前野良沢《りょうたく》が翻訳した医学解剖《かいぼう》書で，歌川広重の作品としては「東海道五十三次」がよく知られる。

問５　「あ」は江戸時代初めから後期(1641～1858年)まで，「い」は飛鳥時代(607・608年)，「う」は戦国時代(1543年)，「え」は江戸時代末(1853年)のできごとなので，古い順に，「い」→「う」→「あ」→「え」となる。なお，鉄砲は種子島(鹿児島県)に漂着《ひょうちゃく》した中国船に乗っていたポルトガル人によって，日本にもたらされた。

問６　**あ**　明治時代初め，板垣退助らが藩閥《はんばつ》政治を批判し，国会を開いて国民を政治に参加させることなどを要求する民撰議院設立建白書を政府に提出すると，これをきっかけとして自由民権運動が各地でさかんになった。　**い**　伊藤博文は，憲法調査のためにヨーロッパに渡り，帰国後，君主権の強いプロイセン(ドイツ)の憲法を参考にして憲法を作成した。また，1885年に内閣制度を創設してみずから初代内閣総理大臣となった。　**う**　伊藤博文を中心に作成された憲法草案は，1889年，天皇が国民に授ける形で大日本帝国憲法として発布された。

問７　第二次世界大戦は，昭和時代前半にあたる1945年８月に終結した。アは明治時代，イは平成時代(1989年)，ウは大正時代(1918年)，エは明治時代(第一国立銀行の設立は1873年)のできごとなので，イが正しい。

問８　ア　「安倍晋三《しんぞう》」ではなく「岸田文雄」が正しい。菅義偉《すがよしひで》は2020年，安倍晋三の後任として内閣総理大臣になった。　イ　東京スカイツリーは，2012年に東京都墨田《すみだ》区押上《おしあげ》に開業した。
ウ　2021年１月，ジョー・バイデンがアメリカの第46代大統領に就任した。よって，正しい。
エ　イギリスがEU(ヨーロッパ連合)を離脱《りだつ》したのは，2020年１月末のことである。

4 「歴史」という言葉を題材とした問題

問１　史料に描かれている歴史上の人物について，その絵がある人物であること(またはないこと)を調べる方法としては，いつ，どこで，誰が描いたものなのかを調べるほか，絵の由来について調べること，絵の人物について研究している専門家に尋《たず》ねること，絵の人物についてほかの史料と比《ひ》較《かく》することなどが考えられる。

問２　東京2020オリンピック・パラリンピックは，新型コロナウイルス感染症の世界的な大流行(パンデミック)という，過去に例をみない状況のもとで開催されており，困難の中で開催できたことは，今後のオリンピック・パラリンピックに代表される国際的なスポーツ大会を開催していくうえで大きな参考になると考えられる。また，開催そのものを危ぶむ声もあった中で行われたことにより，スポーツがはたす役割や意義などについて多くの人が考えるきっかけになったともいえる。

理 科　＜第１回A試験＞（30分）＜満点：50点＞

解 答

1 **問１** (ウ)　**問２** (エ)　**問３** (ウ), (オ)　**問４** (ア)　**問５** (ウ)　**2** **問１** (ウ)
問２ (エ)　**問３** (イ)　**問４** (ア)　**問５** (エ)　**問６** (ア)
3 **問１** 解説の図①を参照のこと。　**問２** 解説の図②を参照のこと。　**問３** 右の図　**問４** (イ)　**問５** (イ)

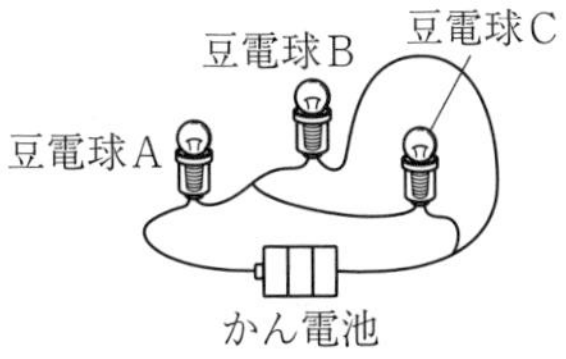

4 **問１** 水素　**問２** (ウ)　**問３** (ア)　**問４** （例） 白くにごった。　**問５** ちっ素　**問６** (イ)

解 説

1 **生態系についての問題**

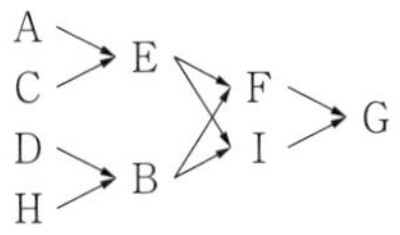

問１　A，CからEへ矢印が２本，D，HからBへ矢印が２本，F，IからGへ矢印が２本出る。さらに，B，EからF，Iへそれぞれ２本ずつ矢印が出るので，A～Iの関係は右の図のように合計10本の矢印で表せる。

問２　生物の食うものと食われるものの関係を食物連鎖《れんさ》という。この関係で，光合成をする植物の仲間は食われるだけで，ほかの生物を食うことはない。よって，植物は，A，C，D，Hとなる。

問３　A，C，D，Hが植物であれば，これらを食うB，Eは草食動物である。バッタはおもにイネ科の植物の葉などを食べ，アゲハチョウは花のみつをすうので，草食動物にあてはまる。

問４　微《び》生物(きん類やさいきん類)の力を使ってつくられる食品を発こう食品という。ワイン，納《なっ》豆《とう》，チーズは微生物の力を使ってつくられる。なお，豆腐《とうふ》，こんにゃく，ソーセージ，プリン，油あげはふつう微生物の力を使わずにつくられている。

問５　2021年に世界自然遺産に登録された「奄美《あまみ》大島，徳之島《とくのしま》，沖縄《おきなわ》島北部及《およ》び西表《いりおもて》島」は，ここでしか見られない固有種や世界的に数が減少している希少種が生息していて，生物多様性の保全においてとても重要な地域である。かつてアメリカ軍が保有していた訓練場の広大なあと地を含《ふく》むこの地域には，イリオモテヤマネコやアマミノクロウサギ，飛べない鳥であるヤンバルクイナなどがすんでいる。ヒグマは日本では北海道にだけすんでいるクマなので，(ウ)は誤りである。

2 **天気についての問題**

問１　くもりは(ウ)のような天気記号で表される。なお，空全体を10としたときにしめる雲の割合を雲量といい，雨などが降っていない場合，雲量が０～１で快晴，２～８で晴れ，９～10でくもりと判断する。

問２　日本の天気図では，風の強さを表す風力は，０から12までの13段階にわかれる。このうち風力０は，けむりがまっすぐにのぼる状態をいう。また，風力12は，風速が毎秒32.7m以上に相当する。

問３　(ア)　よく晴れた日の最低気温は日の出ごろに観測されることが多いが，天候によって必ずしもそうなるとは限らない。　(イ)　寒冷前線付近には積乱雲が発生していることが多く，通過するときに短時間に激しい雨が降り，その後は気温が急に下がる。　(ウ)　発達した熱帯低気圧である台風では，中心に向かって風がふきこむため，通過する間に風向きが大きく変化する。　(エ)　よく晴れた日の最高気温はふつう午後１時～３時の間に観測されるが，天気によっては異なる時間になる。

問４　梅雨前線は北からの冷たい空気と，南からのあたたかい空気が同じ勢力でぶつかり合ってできる前線で，ほとんど動かない停滞《ていたい》前線である。この前線のようすは，天気記号では(ア)のように，三角形のマークを南側に，半円形のマークを北側につけた線で表す。

問５，**問６**　日本の典型的な冬の気圧配置では，西の大陸側に高気圧が，東の海上に低気圧が発達しているので，これを西高東低という。このため，日本付近の等圧線は南北に走るようになる。

3　電気回路についての問題

問１　操作１だけの結果より，豆電球Ｃは豆電球Ａや豆電球Ｂ，またはその２つと並列であることがわかる。よって，下の図①の回路が考えられる。

図①
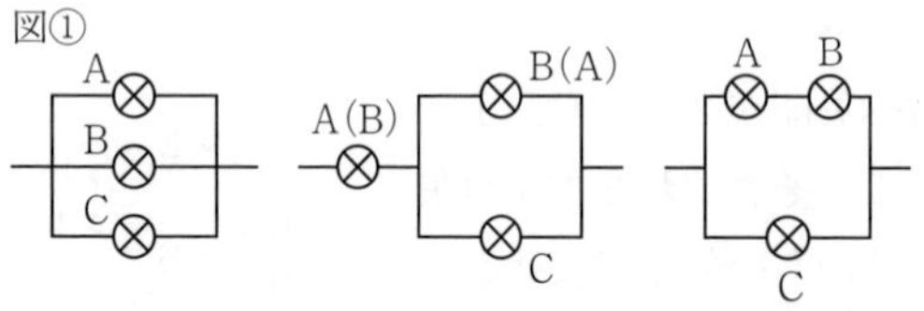

図②
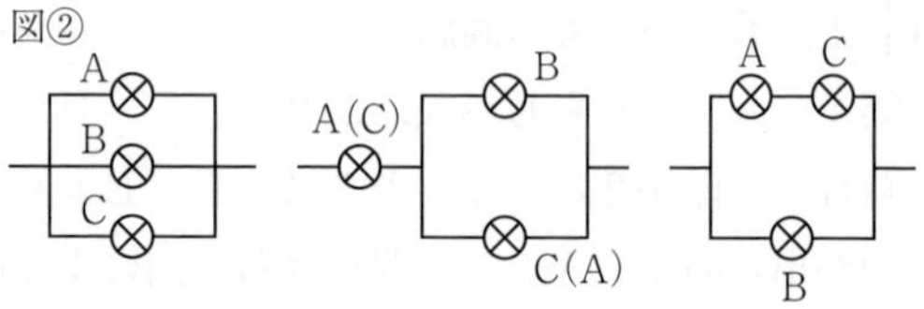

問２　操作２だけの結果から，豆電球Ｂは豆電球Ａや豆電球Ｃ，またはその２つと並列であることがわかるため，上の図②のような回路が考えられる。

問３　問１と問２の回路図のうち，操作３の結果のようになるのは，豆電球Ｂと豆電球Ｃが並列で，これに豆電球Ａが直列につながった回路である。

問４　回路２では，豆電球Ａと豆電球Ｃの直列回路になる。回路１の豆電球Ｂと豆電球Ｃが並列につながっていた部分が豆電球Ｃだけになると，電流が流れにくくなり，回路全体に流れる電流が少なくなるため，豆電球Ａは暗くなる。

問５　回路全体に流れる電流が少ない回路２のほうが，回路１よりもかん電池が長持ちする。

4　気体の性質についての問題

問１　亜鉛《あえん》やアルミニウム，鉄などの金属にうすい塩酸を入れると，水素が発生する。

問２　水素は水にほとんど溶《と》けないので，水上置換《ちかん》で捕集《ほしゅう》する。水上置換は，集まった気体の体積がわかること，純すいな気体を集めることができることといった利点がある。

問３　炭酸水は二酸化炭素が水に溶けてできた水溶《よう》液で酸性を示すため，BTB溶液を加えると黄色に変化する。

問４　炭酸水を加熱すると，溶けきれなくなった二酸化炭素が出てくる。この二酸化炭素を石灰《せっかい》水に通すと，水に溶けにくい炭酸カルシウムができるので，石灰水が白くにごる。

問５　空気中にもっとも多くふくまれているのはちっ素で，全体のおよそ78％をしめる。なお，次に多い酸素は約21％である。

問６　塩素は水に溶けやすいため，水上置換は適さない。また，塩素は１Ｌの重さが，71÷22.4＝3.16…(ｇ)と空気より重いので，下方置換を用いる。

国語 ＜第１回Ａ試験＞（50分）＜満点：100点＞

解答

一 問１ 「幸」のな　問２ （例） 幸せのなかに辛さがあるはずがないということ。　問３ ウ　問４ （例） SNSでは明るい内容を発信していたが，実は悲しいできごとがあることを一生懸命隠していた。

二 問１ 「優れた予測」のおかげ　問２ （例） 人間は因果関係を否定できる能力があるが，動物は過去の経験から未来を予測するにとどまっていること。　問３ イ　問４ (1) （例） 料理　(2) （例） 調味料の入れ間違い，分量ミス。　(3) （例） 種類がわかるように印をつける，はかりを使用する。　問５ ２ ア　３ イ　問６ (a) ようい　(b), (c) 下記を参照のこと。　(d) よぶん　(e) みちび(かれた)

三 問１ （例） 犬のぬいぐるみを見つけて，死んだ愛犬を思い出したから。　問２ Ⅰ，Ⅴ　問３ ウ　問４ １ ウ　２ ア　３ カ　問５ ウ　問６ エ　問７ （例） 聞こえるはずのないものが，精神を集中させると聞こえて，困っている人を導いてくれるもの。　問８ (a) すそ　(b)～(d) 下記を参照のこと。　(e) ふる(えた)

●漢字の書き取り

二 問６ (b) 鉄則　(c) 義務　三 問８ (b) 転(がって)　(c) 辺(り)　(d) 見捨(てて)

解説

一 **出典は吉野弘《よしの ひろし》の『詩の楽しみ―作詩教室』による。**詩を書きたくなるのは，何かに気付いたときであることを紹介《しょうかい》し，自分の詩を材料にして，何に気付いて，それをどのように詩にしたのかを語っている。

問１ 傍線《ぼうせん》①に続いて作者は「とくに強く私の気持ちが動くのは，簡単に言うと，“何かに気付いたとき”」だと述べている。作者は，「『幸』のなかに『辛』があることに或《あ》るとき気付いて」この詩を書いたのだとわかる。

問２ 作者が詩を書くきっかけとなったのは，「『幸』のなかに『辛』がある」と気付いたことであり，そこに「固定観念のズレ」があったのだとわかる。それまで作者は，幸せと辛《つら》さは無関係であり，幸せのなかに辛さがあるはずがない，と決めつけていたと考えられる。

問３ 「幸と辛とを分ける違《ちが》いは，一という文字ひとつの多い少ない」だが，「そのひとつが何であるか」は，人によって異なるといえる。

問４ 傍線③の例としては，ほかの人から幸せそうに見えても実は辛いことがあるという経験を，傍線④の例としては，辛く苦しいときでもそれを忘れられるようなひとときの経験を考えて，わかりやすくまとめるとよい。

二 **出典は森博嗣《もりひろし》の『悲観する力』による。**人類が繁栄《はんえい》できたのは，複雑な因果関係を考える能力があったからであることを説明し，悪い結果をさけるためには，むやみに楽観的な態度を取らず，悲観的に考えることが大切だ，と主張している。

問１ 傍線①に続く五段落で人間が「頭が良い」とされる理由が説明されている。さらに，「なんらかの予測をして，その予測どおりの現実が見つかったときに，予測が，すなわち考えたことが，優《すぐ》れたものと判断される」として，六段落後では「そういった優れた予測を行うことが，人類を生き延《の》びさせた」，人類が「ここまで繁栄することができたのは，『優れた予測』のおかげ」だとまとめられている。

問２　傍線②に続く三段落からまとめる。「予測と結果を結びつける」能力は人間以外の動物でも持っているが，人間は複雑な因果関係を考えることができるので，「『こうしても，ああならない場合もある』と因果関係を否定できる能力がある」。これに対して動物は，「過去の経験から未来への対応を単純に結びつけるにとどまっている」点で人間に及《およ》ばないと説明されている。

問３　「ギャンブルをしているときに，当たりが続けば」，今の自分は幸運なのだと信じて，「大きな勝負に出たくなる」。一方，「外れが続けば」，今の自分は不運なのだと判断して，「なにをしても上手くいかない，と思い込《こ》む」。よって，幸運をあらわす「ツキ」が合う。

問４　たとえば，料理をするとき，スポーツの試合，初めての場所に行くときなど，身近な出来事について想定されるトラブルをあげ，悪い事態にならないような手立てを具体的に考える。

問５　**２**　「一般《いっぱん》的に『こうすれば，ああなる』という一種の法則的なもの」に対しては，「本当にそのとおりの結果になるのだろうか，と考えることさえ放棄《ほうき》して，大勢が信じ込んでいるように見受け」られる。「そういった『考えない』予測をしてしまう」ために，「良い結果を過剰《かじょう》に期待すること」を筆者は「楽観」と考えている。　**３**　「『こうしても，ああなるとはかぎらない』という発想」は，「予測や予定どおりにいかないことを考える」ことであり，予測がはずれることを心配する「悲観」である。

問６　(a)　簡単であること。たやすいこと。　(b)　きびしい規則。変えられない法則。　(c)　人間や団体が，法律的に，または道徳的に当然しなければならないこと。　(d)　適切な量や程度を超《こ》えていること。　(e)　音読みは「ドウ」で，「指導」などの熟語がある。

三　**出典は香月日輪《こうづきひのわ》の『桜大《おうた》の不思議の森』による。**灯籠流《とうろうなが》しの日に，マチコがなくしてしまったぬいぐるみを探しているうちに，桜大は，不思議な声に導かれて，ぬいぐるみと二匹《ひき》の子犬を見つける。

問１　皆《みな》の会話の後で，桜大がマチコのようすを気にかけている部分に注目する。おもちゃ屋の店先に置かれていた犬のぬいぐるみを見つけて，マチコは，最近死んでしまった愛犬のコロを思い出していたのだとわかる。

問２　Ⅰの，桜大に「何か買《こ》うたんか」とたずねたのはマチコのお父である。それに対して，桜大の友だちが，口々に，桜大が貯金箱を買ったことを教えた(Ⅱ～Ⅳ)。桜大が貯金をすると聞いて，桜大をほめたⅤはマチコのお父の言葉で，それを友だちの一人が冷やかしたので，皆が笑ったのである(Ⅵ)。

問３　コロが死んだときの「マチコの嘆《なげ》きは大変なもの」で，「家族も友だちも，皆懸命《けんめい》になぐさめた」結果，マチコは「ようやく，元気になってきたところだった」。そのマチコが，犬のぬいぐるみを見て，とても悲しそうに泣き出したので，桜大たちはどうすることもできずに，ただその場に立ちすくんだのだと考えられる。

問４　**１**　マチコがぬいぐるみを見つめていたようすなので「じっと」が合う。　**２**　マチコがぬいぐるみに頬《ほお》ずりして，おもちゃ屋の親爺《おやじ》にひとことお礼を呟《つぶや》いた場面なので「ポツリと」が合う。　**３**　マチコが泣きやんで，元気を取りもどしたようだったため，「その場にいた全員」

が安心した場面なので「ほっと」がよい。

問５　「三々五々」は，あちらに三人，こちらに五人というふうに，少人数がばらばらに行く，または存在しているさま。家族単位とは限らないが，この中ではウが近い。

問６　「桜大も笑顔《えがお》になった」と続いている。「ぬいぐるみを抱《だ》いて」いるマチコの「笑顔」を見たことで，自然と「桜大も笑顔になった」のである。

問７　犬の鳴き声が，「耳のすぐそばで聞こえた」ので，桜大には，それが「不思議」であることがわかったとある。この後，桜大が精神を集中して犬の鳴き声を聞き，草むらに分け入ると，ぬいぐるみのコロと二匹の子犬を見つける。コロに導かれるようにして二匹の子犬はマチコに飼われるようになるという結末である。傍線⑤の直後に「いつも，黒沼《くろぬま》の森で見聞きするものだ」とあることから，桜大はこうした聞こえるはずのない声に「精神を集中して，耳をそばだて」，困っている人を助ける経験をしているのだということが読み取れる。

問８　(a)　衣服の下のふち。　(b)　音読みは「テン」で，「転落」などの熟語がある。　(c)　音読みは「ヘン」で，「周辺」などの熟語がある。　(d)　「見捨てる」は，面倒《めんどう》を見たり，関係を保ったりするのをやめること。　(e)　音読みは「シン」で，「地震」などの熟語がある。

Dr.福井の
入試に勝つ！ 脳とからだのウルトラ科学

歩いて勉強した方がいい？

　みんなは座って勉強しているよね。だけど，暗記するときには歩きながら覚えるといいんだ。なぜかというと，歩いているときのほうが座っているときに比べて，心臓が速く動いて（脈はくが上がって）脳への血のめぐりがよくなるし，歩いている感覚が背骨の中を通って脳をつつくので，頭が働きやすくなるからだ（ちなみに，運動による記憶力アップについては，京都大学の久保田名誉教授の研究が有名）。

　具体的なやり方は，以下のとおり。まず，机の上にテキストを広げ，1ページぐらいをざっと読む。そして，部屋の中をゆっくり歩き回りながら，さっき読んだ内容を思い出す。重要な語句は，声に出して言ってみよう。その後，机にもどってテキストをもう一度読み直し，大切な部分を覚え忘れてないかをチェック。もし忘れている部分があったら，また部屋の中を歩き回りながら覚え直す。こうしてひと通り覚えることができたら，次のページへ進む。あとはそのくり返しだ。

　さらに，この“歩き回り勉強法”にひとくふう加えてみよう。それは，なかなか覚えられないことがら（地名・人名・漢字など）をメモ用紙に書いてかべに貼っておくこと。ドンドン貼っていくと，やがて部屋中がメモでいっぱいになるハズ。これらはキミの弱点集というわけだが，これを歩き回りながら覚えていくようにしてみよう！　このくふうは，ふだんのときにも自然と目に入ってくるので，知らず知らずのうちに覚えることができてしまうという利点もある。

　歴史の略年表や算数の公式などを大きな紙に書いて貼っておくのも有効だ。

Dr.福井（福井《ふくい》一成《かずしげ》）…医学博士。開成中・高から東大・文Ⅱに入学後，再受験して翌年東大・理Ⅲに合格。同大医学部卒。さまざまな勉強法や脳科学に関する著書多数。

2022年度　工学院大学附属中学校

〔電　話〕　042(628)4914
〔所在地〕　〒192－8622　東京都八王子市中野町2647－2
〔交　通〕　JR線「八王子駅」，京王線「京王八王子駅」よりバス

【算　数】〈第１回Ｂ試験〉（50分）〈満点：100点〉

【注意事項】円周率は3.14とします。

1　次の □ にあてはまる数を求めなさい。

(1)　$(169 \div 13 - 6 \times 2) + 12 - (51 \div 17 - 2) = \square$

(2)　$15.9 \times 64 + 0.159 \times 5300 - 159 \times 1.7 = \square$

(3)　$\frac{2}{15} + \frac{3}{8} \div \left(\frac{2}{3} \times 6 - 1\frac{5}{12} \div \frac{2}{3}\right) = \square$

(4)　$144 \div \{230 - (18 + \square \times 8)\} = 12$

2　次の問いに答えなさい。

(1)　13で割ると5あまり、17で割ると9あまる最も小さい整数は何ですか。

(2)　右の図のように、長方形ABCDを折り曲げたとき、角 x の大きさは何度ですか。

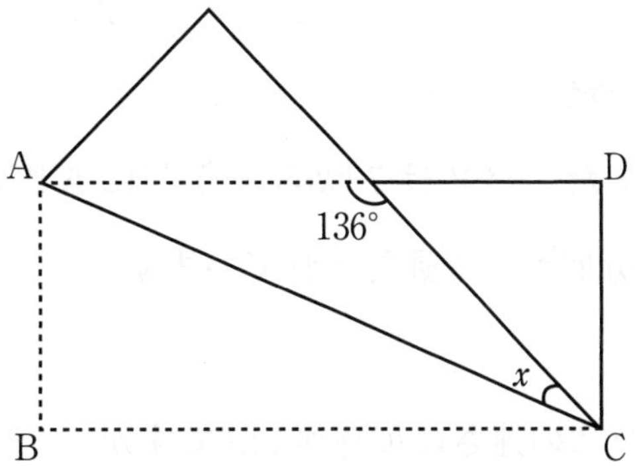

(3)　右の図のように、１辺６cm の正方形と円がぴったり重なっています。このとき、かげをつけた部分の面積は何 cm^2 ですか。

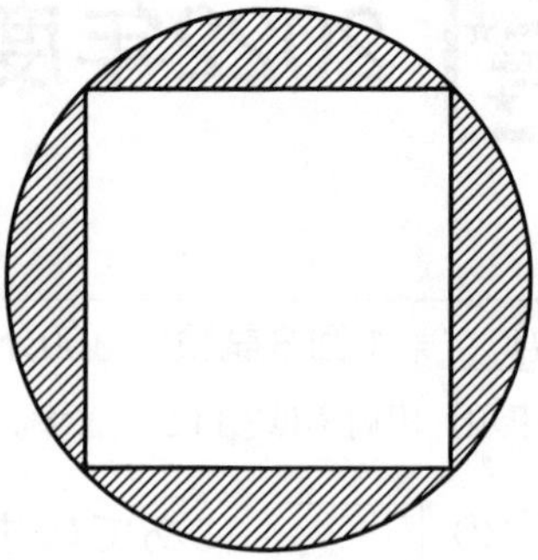

(4)　１本 50 円のえんぴつがあります。このえんぴつは 20 本以上買うと代金が合計金額の２割引きになります。このえんぴつを何本か買って 2000 円を支払ったところ、おつりは 280 円でした。買ったえんぴつの本数は何本ですか。

(5)　９％の食塩水に水を何ｇか加えて混ぜたところ、６％の食塩水が 450 g できました。はじめにあった９％の食塩水は何ｇですか。

(6)　ある本を１日目に 34 ページ読み、２日目に残りの $\frac{4}{9}$ を読んだところ、70 ページ残りました。この本は全部で何ページですか。

3　Ａ町とＢ町の間をバスが運行しています。Ａ町からＢ町までの道のりは９km で、バスはこの区間を 27 分かけて走ります。ただし、バスの走る速さは一定とします。

　また、バスは７時ちょうどにＡ町、Ｂ町どちらからも出発し、以降は 20 分間かくで運行されています。

(1)　バスの速さは毎時何 km ですか。

太郎さんは８時にＡ町を出発するバスに乗ってＢ町に向かいました。

(2) 太郎さんの乗ったバスがＢ町からＡ町に向かうバスとすれちがうのは何回ですか。

(3) 太郎さんの乗ったバスが、最後にＢ町からＡ町に向かうバスとすれちがうのは何時何分何秒ですか。

4 右の図のように、１辺６cmの立方体ABCDEFGHがあります。辺AB、BCのまん中の点をそれぞれI、Jとします。このとき、次の問いに答えなさい。

ただし、角すいの体積は、

$$(\text{底面積}) \times (\text{高さ}) \times \frac{1}{3}$$

で求められます。

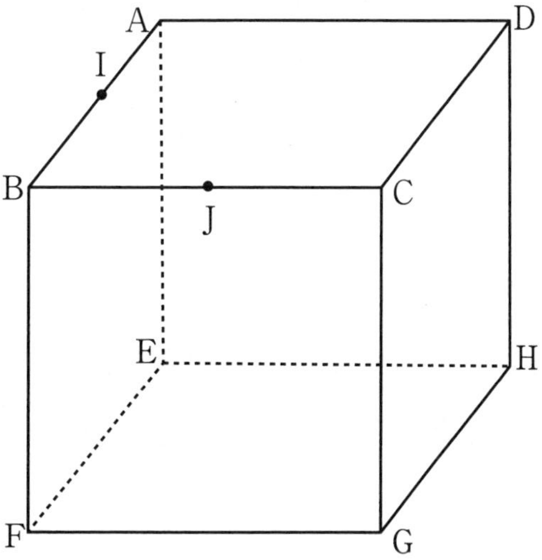

(1) ３点F、I、Jを通る平面で切ったときにできる立体のうち、点Bをふくむ立体の体積は何cm^3ですか。

(2) ４点E、G、I、Jを通る平面で切ったときにできる切り口の図形を、次の①～④の中から１つ選び、番号で答えなさい。

① 台形　　② 平行四辺形　　③ ひし形　　④ 長方形

(3) 4点E、G、I、Jを通る平面で切ったときにできる立体のうち、点Bをふくむ立体の体積は何cm^3ですか。

5 あるコーヒーショップでは、仕入れ値が1個1200円のマグカップを90個仕入れ、定価を仕入れ値の180％にして売りました。

このとき、次の問いに答えなさい。ただし、消費税はかからないものとします。

(1) マグカップの定価は何円ですか。

(2) 利益を得るためには、マグカップを何個以上売ればいいですか。

(3) マグカップを定価で何個か売りましたが、売れ行きが良くなかったためとちゅうから定価の3割引きで売りました。そして、90個すべて売り切ることができ、その利益は53352円になりました。定価で売ったマグカップは何個ですか。

ただし、式や言葉、図などを用いて、答えまでの経過を表現しなさい。

問一　傍線《ぼうせん》①「だって、あたし、べつに好きでここに閉じこもってるわけじゃない」とありますが、なっちゃんが「閉じこもってる」のはなぜですか。本文中から「～から。」に続くように十五字以内でぬき出しなさい。

問二　傍線②「いつの間にか指に力がこもって、～強く凹《へこ》ませていた」とありますが、このときのなっちゃんの様子として、最も適切なものを後から一つ選び、記号で答えなさい。

ア　本当はサエが居なくなって寂《さび》しいが、そう思いたくないという気持ちをごまかそうとしている。

イ　長谷部《はせべ》先生が、自分のことを見捨てて教室に戻《もど》ってしまったサエの話をするため悲しんでいる。

ウ　サエがいなくなったこと、空腹、卵の殻《から》がうまく剥《む》けないことが重なり、苛立《いらだ》ちを覚えている。

エ　サエが教室に戻ってしまったのは、自分のせいだったということを思い出して、後悔《こうかい》している。

問三　傍線③「言葉が震えた」とありますが、なぜですか。三十五字以内で答えなさい。

問四　傍線④「それ」とは何ですか。三字以内で答えなさい。

問五　傍線⑤「なっちゃんは気付いていないかもしれないけれど、～大きくなっているんだよ」とありますが、なっちゃんのどのような部分が大きくなったのですか。二十五字以内で説明しなさい。

問六　空欄《くうらん》[1]に入る言葉を後から一つ選び、記号で答えなさい。

ア　さよなら

イ　ごめんね

ウ　さびしいよ

エ　ありがとう

問七　波線（a）～（f）について、カタカナは漢字に、漢字はひらがなに直しなさい。

なって、収まらなくなっちゃうんだ。身体は勝手に大きくなるの。ぐーんと大きくなったら、なっちゃんは大きくなったぶん、外で生きていかないといけないんだよ」

先生の言葉を聞きながら、あたしは想像していた。小さな居心地の良い空間を、自然と突き破ってしまうほどに、でかくなっていく自分の身体を。部屋を突き破って、家を破壊《はかい》して、街よりも大きくなっていく、怪獣みたいな自分の姿を。

「あたし、大きくなんないよ。絶対、途中《とちゅう》で死んじゃうよ」

「それでも、今は生きているじゃないの。⑤なっちゃんは気付いていないかもしれないけれど、今もじゅうぶん、大きくなっているんだよ」

視界に、先生の手が入り込む。アルミに包まれた銀色の卵が差し出されていた。ぐちゃぐちゃになってしまった卵を置いて、代わりにそれを受け取る。顔を上げると、先生はもう立ち上がっていた。

「なっちゃんにとって、教室がまだ怖《こわ》いところなら、無理をして戻らなくてもいいんだ。でも、サエちゃんにはきちんと謝りにいかなきゃ。なっちゃんは、だから泣いているんでしょう？」

泣いてる？　あたし、泣いてる。

銀の卵を両手で包んで、唇《くちびる》を噛みしめる。どうだろう。謝りたいから、泣いているのだろうか。わからない。もしかしたら、一人になりたくなくて、だから泣いているのかもしれない。そんな自分勝手な理由で涙《なみだ》を零《こぼ》しているだけなのかもしれない。自分のことなのに、わからないことがたくさんある。ほんとうに、わからない。わからないよ。けれど、自分のことを教えてくれる人は、きっとどこにもいないんだ。

しばらく先生を見上げて、胸の中を漂《ただよ》う、一つだけ確かな気持ちを見つけた。

サエに会いたい。

[1]って、言いたいよ。

頷くと、先生は微笑《ほほえ》んで、背中を見せた。

それから、クリーム色の仕切り壁を動かして、あたしが進むべき場所を教えてくれる。

急に、狭かった世界が開けた気がした。

相沢沙呼「ねぇ、卵の殻が付いている」より

注　※１　パーティション……仕切り。　※２　ＵＮＯ……カードゲームの一つ。　※３　Ｗｉｉ……ゲーム機の一つ。

※４　ローテク……ハイテクの逆、ローテクノロジーの略。　※５　喧噪《けんそう》……人声や物音でさわがしいこと。

エに訪れるラッキーは、全部、自分のことみたいに嬉しい。嬉しいんだよ。あの子が幸せそうに鼻歌を歌ってると、あたしまで、今日はいいことあるんじゃないかなって、そう思えるんだ。それなのに。

　それなのに、どうしてあんなふうに言ってしまったんだろう。頑張《がんば》ってねって。負けないでねって。たまには、ここに顔を出してねって。どうして言えなかったんだろう。なんて、なんて、自分勝手なんだろう。「嬉しい、よ。それなのに、ぜんぜん嬉しくない。嬉しくないんだ」

　あたしの喉《のど》は、風邪のときみたいに熱く震えて、だから、言葉がうまく出てこなかった。頬《ほお》を手の甲《こう》の感触《かんしょく》が通り過ぎていく。ニットベストの肩で、④溢《あふ》れるそれを拭《ぬぐ》った。

「なっちゃんは、教室には戻りたくない？」

「戻りたくない。あんなとこ、戻りたくない」繰《く》り返し、かぶりを振った。「どうして、サエは平気なの。どうして、今になって教室に戻っちゃったの」

　そうね、と長谷部先生は頷《うなず》いた。

「きっと、あなたたちが過ごすには、ここはもう狭すぎるんだ」

　先生の手が伸《の》びる。スチール机に置いたままの、もう一つの卵を取り上げた。

「どんな生き物だって、生きていれば大きくなるんだよ。どんどん大きくなって、部屋にも、家にも、学校にも閉じこもっていられなくなるんだ」

　なにそれ、と思った。家や学校より大きくなるなんて、ゴジラじゃん。あたしは、半分だけ。そう、半分だけ笑う。

「あたしは、教室なんて戻らないよ。高校にだって行かない。就職だってしないもん。ずっと部屋に閉じこもってる。それでいいんだ。それでいいんだもん」

　そう、だから進路希望なんて考えない。このまま保健室にこもって、家に閉じこもって、肩を小さくして、息をひそめながら生きていく。死んじゃったってかまわない。かまわないから。だから、学校になんて、教室になんて、行きたくない。それでいいんだ。

　だだをこねるような言葉を、先生は最後まで黙《だま》って聞いていてくれた。

「でもね」と、先生は言う。「やっぱり、なっちゃんは大きくなっちゃうんだよ。部屋に閉じこもっているつもりでも、身体がどんどん大きくなって、そこに収まらなくなっちゃうんだよ」

　意味わかんない。意味わかんないよ。

「あたし、怪獣《かいじゅう》じゃない」

　先生の言葉、すべてⓕヒテイしたくて、かぶりを振った。

「うん。でもね、人間って、大きくなるの。身体じゃなくて、生きていく場所とか、人との関わりだとか、そういうのがすっごく大きくサエは、どうなんだろう。もう、教室に戻《もど》って、なじめちゃったわけ？　泣き言を言いに、保健室に来たりしないの？　今日はどうしてるとか、メールくれないわけ？

「昨日の課題、ちゃんと終わらせた？」

長谷部先生が戻ってきて、パーティションの中に入ってきた。

閉じたノートに視線をⓒウツす。昨日の課題だから、本当は昨日までに終わらせないといけないものだった。けれど、一人でする勉強はひどくみじめで。卵の殻は、今日もうまく剥けなくて、表面に爪痕《つめあと》が残ってしまう。

長谷部先生は向かいの椅子《いす》を引いて、そこに腰掛《こしか》けた。それから、「サエちゃんがいないと、寂《さび》しいねぇ」と言う。

空腹に、お腹が鳴った。

あたしは卵に張り付く殻を取りⓓノゾきながら、かぶりを振《ふ》る。寂しいねえ。長谷部先生の声は、耳に入り込んで、あたしを身体の中から揺《ゆ》さぶった。寂しいねぇ。サエちゃんがいないと。②いつの間にか指に力がこもって、柔《やわ》らかな卵殻《らんかく》を強く凹《へこ》ませていた。罅《ひび》が入り、その全身に波紋《はもん》のような痕を残していく。寂しくない。あたしは誰にも聞こえないようにつぶやく。寂しくない。寂しくなんかない。

先生は聞く。

「サエちゃんが教室に戻れるようになって、嬉《うれ》しくないの？」

手元で半ばひしゃげてしまった不細工な卵を見下ろす。は？　って思った。意味、わかんない。教室に戻るって、嬉しいことなの？　だって、あそこ、あたしを笑う人たちしかいない。あたしのことばかにして、掃除《そうじ》を押《お》しつけて、陰口《かげぐち》を叩いて、くすくす笑って。

わかってるよ。あれって、べつに、いじめっていうほどひどい仕打ちじゃないし、みんなだって意識してやってることじゃない。ただ、教室の隅《すみ》っこにいる大人しいあたしのことなんて、なんとも思っていないだけで。

なにかひどいことをされたわけじゃない。ⓔメイカクな理由があって傷ついたわけじゃない。ただ、ばかにされてるような気がするだけ。だから、どうして教室に行かないのって聞かれると、答えられなくなる。教えて欲しくなる。わからない。わからないんだ。自分にもどうしてなのか。どうして、脚《あし》が震《ふる》えるのか、身体がすくんでしまうのか、ほんとうに、わからない。サエはどうだったんだろう。サエにとって、教室ってどんな場所だったんだろう。

「サエは……」これはあたしの姿みたい。みすぼらしく、ぐちゃぐちゃになった卵を見下ろしながら、あたしは聞いた。「教室に、戻りたかったの？」

「そうね」先生は答えた。難しい問題に考え込むように時間を掛けて。「戻りたかったから、ここを出て行ったんじゃないのかな」

教室に戻ることができて、サエは嬉しい？

「もし、そうだったら」③言葉が震えた。先生は聞いた。嬉しくないのって。そんなの決まってる。だって、サエが望んだことなんでしょ。先生、あたしね、サ

三　次の文章は、一緒《いっしょ》に保健室登校をして仲良くしていたサエが、進路希望調査用紙を二人分持ってきたことをきっかけに、ナツ（なっちゃん）がサエに対して「サエなんて、どっか行っちゃえばいい」と言い放った三日後の話である。よく読んで、あとの問いに答えなさい。

サエが保健室登校を卒業してから、三日がⓐ経つ。

あたしはここへ通い始めた頃《ころ》の退屈《たいくつ》さを噛《か》みしめていた。出された課題に対して文句を言い合う相手も、わからない問題に対して知恵《ちえ》を借りるべき相手もいない。狭《せま》く区切られた※1パーティションの中で、たった一人、そこに存在していることをひた隠《かく》しにするように、肩《かた》を小さくして生きている。なじんだ景色のはずなのに、急に知らない場所に閉じ込《こ》められてしまったみたいに。

ときどき知らない生徒が保健室にやって来て、長谷部《はせべ》先生と会話をしているとき、あたしはスチール机に突《つ》っ伏《ぶ》して、ひたすらに瞼《まぶた》を閉ざす。ここには誰《だれ》もいませんよ。誰もいないんです。だから、どうかこちらの方に誰も来ませんように。長谷部先生も、あたしなんかに手伝いを頼《たの》みませんように。クリーム色の仕切り壁《かべ》の向こう。理由もなく教室に行けなくて、一年近くも保健室登校を続けている可哀《かわい》想《そう》な生徒がいるなんてこと、誰にも知られたくはなかった。だから長谷部先生が、なっちゃん、ノート取っておいてと呼びかけるたびに、屈辱《くつじょく》に奥歯《おくば》がきしんだ。パーティションから姿を現して、訪問した生徒のクラスと出席番号、名前や怪我《けが》の症状《しょうじょう》などをノートに書き込む仕事だった。先生が生徒の面倒《めんどう》を見ている間、彼《かれ》、あるいは彼女《かのじょ》は、奥《おく》から突然《とつぜん》現れたあたしを奇異の眼で観察し、ああ、保健室登校なのか可哀想に、なんていうふうにⓑ納得した表情を浮《う》かべる。

どうしてこんなみじめな思いをしなきゃいけないの。見ないで。聞かないで。気付かないで。①だって、あたし、べつに好きでここに閉じこもってるわけじゃない。違《ちが》うの。ほんとうに、違うんだよ。でも、それならどうして、テレビや漫画《まんが》があって、好きなだけ遊んでいられる自分の部屋から、学校の保健室までわざわざ通うんだろう。ずっと前に、長谷部先生にそう聞かれたことがある。そのときは、だって、サエと遊べるんだもんって答えて、二人してトランプのスピードで勝負をしていた。その答えに嘘《うそ》はないんだ。でも、その前はどうだったろう。サエが保健室に通うようになるまでの、ここで一人きりで過ごしていたときは？　先生を交えて、お昼休みに※2ＵＮＯで遊んだときのことを思い出した。ここでやる遊びって、部屋にある※3パソコンやＷｉｉと比べると、すっごく※4ローテク。ださくて、くだらなくて、小学生みたいで。それなのに――。

気がついたら、ゆで卵の殻《から》を剥《む》いていた。いつの間にかお昼で、そして、いつの間にか一人だった。長谷部先生の気配がない。今日も、職員室まで給食を取りに行く気になれなくて、あたしは脆《もろ》くひび割れた卵の殻に指を食い込ませていた。今朝はパン一枚だったから、すっごくお腹がすいたけれど、でも、いいんだ。時計を見ると、お昼休みの真っ最中。こんな時間に、廊下《ろうか》は歩けない。眩《まぶ》しい陽射しに怯《おび》える吸血鬼《きゅうけつき》みたいに、あたしにはお昼休みの※5喧噪《けんそう》が合わないんだ。無邪気《むじゃき》にあがる楽しそうな声や、廊下を駆《か》け抜《ぬ》ける上履《うわば》きの音は、あたしの身体を容赦《ようしゃ》なく焼いてしまうから。

問三　傍線②「日本の伝統芸能というものは、～ないのである」とありますが、日本の伝統芸能のありかたとしてあてはまらないものを後から一つ選び、記号で答えなさい。

ア　一緒《いっしょ》に行ったお年寄りから、出演している役者の噂《うわさ》話を楽しむ。

イ　家族と一緒に行って、劇場で売っている美味しいものを食べる。

ウ　友人と一緒におしゃれをして行って、作品の出来について話す。

エ　同じ役者を好きな人と一緒に行って、役者にプレゼントを渡《わた》す。

問四　空欄（あ）～（う）に入る言葉を後からそれぞれ一つ選び、記号で答えなさい。

ア　でも　　イ　さて　　ウ　そして　　エ　だから　　オ　なぜなら

問五　傍線③「人気役者や人気力士に～売られている場合も多い」とありますが、なぜですか。三十五字以内で答えなさい。

問六　空欄［２］に入る言葉を、本文中から六字でぬき出しなさい。

問七　空欄［３］に入る言葉を後から一つ選び、記号で答えなさい。

ア　感動　　イ　経験　　ウ　伝統　　エ　信用　　オ　幸福

問八　波線（a）～（d）について、カタカナは漢字に、漢字はひらがなに直しなさい。

旅行も芝居見物と同じように、※10物見遊山《ものみゆさん》の一つなので、楽しんだら、必ずその「お福分け」をしなくてはならない。だから、日本人は、土産物の購入《こうにゅう》量については、私の見るところ世界一なのだ。ただし、交換《こうかん》し合うお土産は、少額のものに限られる。それはなぜかといえば、より多くの人に「お福分け」しようとするからである。いや、しなくてはならないからである。「お蔭《かげ》さまで、今日は、ええ芝居見せてもらいました」「お蔭さまでええ旅させてもらいました」と言いつつ、「つまらんもんですが」と言って、ほんとうにつまらんもんを渡《わた》すのが、「おつきあい」というものなのである。なぜ、「つまらんもんですが」と言うかというと、それは、よいものだと言うと自慢《じまん》することになるからだ。そうやって、人的ネットワークを作ってゆくのである。ホモ・サピエンスは、食糧《しょくりょう》も交換するが、[3]も交換し合うのである。ことに、日本人は、芸術の楽しみも独り占《じ》めしないのである。それは、与えればまた貰えるということを知っているからだ。

私からいわせれば、「芸術こそ人間の※11崇高《すうこう》なる最高の※12営為《えいい》である」というような芸術至上主義などというものは、一人よがりの思い上がりにしか思えない。愚《おろ》かなエリート主義だ。なぜならば、芸術といっても、人と人、人と※13地場との関係性によって成り立つものだからである。さらに、人は、芸術を通して、人と人とを繋《つな》いでゆく生きものだからだ。

上野誠『教会と千歳飴』より

注
※1 様式化……物事を単純な決まった形にすること。　※2 京劇……中国の古典劇。
※3 謡《うた》い……能のセリフにあたる部分。　※4 大見得《おおみえ》を切る……歌舞伎《かぶき》役者が最も目立つ場面でポーズをとること。
※5 あたり狂言《きょうげん》……評判がよく客がたくさん入る芝居《しばい》狂言。　※6 遊郭《ゆうかく》……江戸《えど》時代、多くの遊女を集めた一定の区域。
※7 舞台が跳《は》ねる……終演。その日の芝居が終わること。　※8 ハレ……お祭りをはじめ、日常とは異なる非日常のこと。
※9 民俗《みんぞく》学……民間伝承を調べ、当時の人々の暮らしを探る学問。　※10 物見遊山《ものみゆさん》……気晴らしに見物や遊びにいくこと。
※11 崇高《すうこう》……けだかく尊いこと。　※12 営為《えいい》……人間の日々の仕事や生活。　※13 地場……その地域や地方。

問一　空欄《くうらん》[1]に入る言葉を、本文中から三字でぬき出しなさい。

問二　傍線《ぼうせん》①「まずその雰囲気《ふんいき》を楽しんだらどうだ」とありますが、雰囲気を楽しむことと同じ意味で使われる言葉を本文中から五字でぬき出しなさい。

（　あ　）、日本の伝統芸能は、観劇歴の長いお年寄りに連れていってもらうのが、一番なのである。そうすると、知らなくてよいことまで教えてくれる。歌舞伎に行って、

九代目さんは、さんざん女遊びに明け暮れていたけど、最近は上達して少しは見られるようになったね。（　い　）、まだ五億の借金あるらしいけど。

などという会話を聞いて楽しんでほしい。これ以上は、あまり書けないが、噂《うわさ》話を楽しむのも、日本の歌舞伎鑑賞《かんしょう》の正しく好ましい姿である。

じつはね、あの役者さんとこの役者さん、兄弟ということになっているけど、ほんとのところはね……。

などという話を聞けば、もう眠《ねむ》たくなることはないだろう。私は、日本の全歌舞伎役者に言いたい。歌舞伎が愛されるためには、全歌舞伎役者が「悪所」の芸術であることを自覚して、連日ワイドショーで騒《さわ》がれるような行動を取ってほしい。法律に触《ふ》れない範囲《はんい》で。

能も、狂言も、歌舞伎も、文楽も、お勉強になったら、おしまいだと思う。私とて、日本の伝統芸能の将来の観客のために、※7舞台が跳《は》ねたら、学生たちに苦しい家計のなかからおしるこぐらいはご馳走《ちそう》している。（　う　）、おしるこを啜《すす》りながら、学生たちと危ない話に(c)興じている。歌舞伎界の未来のために――。

芝居でもよいし、相撲《すもう》でもよいのだが、劇場でお弁当が売られていることもあるし、③人気役者や人気力士にあやかったお饅頭《まんじゅう》や煎餅《せんべい》が売られている場合も多い。これは劇場というものが、お祭りの空間と同じで、※8ハレの空間だからだ。かつては結婚《けっこん》式にも、お葬式《そうしき》にも、お土産すなわち引き出物が付いていた。結婚式には紅白のお饅頭、葬式には葬式饅頭というものが参会者に配られていた。

これには意味があって、式に参加しなかった人びとも、引き出物の食べ物を食べることによって、間接的に結婚式やお葬式に参加したことになるからである。つまり、祝福や供養の輪が広がるのだ。これは、※9民俗《みんぞく》学者のみならず、多くの日本文化研究者も注意していたところであった。

こう考えれば、芝居の土産も、わかりやすい。芝居や相撲の場合、家族や友人と芝居を見て楽しい時間を過ごすことができました。だから、その幸福感を他の人にも分け与えたいのです、という発想なのである。つまり、感動の「お裾《すそ》分け」「お福分け」なのである。祖母の家庭(d)サイエンの収穫《しゅうかく》物の、ご近所さんへのお届け物と同じように、貰《もら》った側は、自分が観劇に行けば、自分もまた劇場で土産物を買って、お返しするので、ここで感動の「お福分け」の［２］のようなものが出来上がってゆくのである。私の見るところ、この伝統をよく残しているのは、歌舞伎と相撲だと思う。

二　次の文章をよく読んで、後の問いに答えなさい。

日本の芸道というものは、型の習得からはじまるものであり、型を守らなければ、芸道ではない。だから、型と格闘《かくとう》しているといえるだろう。歌舞伎《かぶき》は、世界の演劇のなかでも、これほど※1様式化が進んでいるものはない。それは発声から、しぐさ、音楽に至る(a)まで、すべてに型があり、型通りにやらないと歌舞伎にならないからである。しかし、歌舞伎ほど型破りの芸術もない。ど派手(b)な衣装を見よ。ところが、である。型を破っても、それがすべて新しい型となってゆくのだ。そしてまた、破られてゆくことになる。歌舞伎に似た演劇に、中国の※2京劇があるが、型を守るという点では、京劇の方がよく守っている、と思う。日本の歌舞伎は、［１］できても、それもまた型になってしまうのだ。

私は、学生たちとよく歌舞伎にも行くが、学生たちは、授業の一環《いっかん》だから事前にストーリーを調べてくるし、イヤホーンガイドを聴《き》き入りながら観劇する学生も多い。さすがにこれには注意を与《あた》えるが、観劇中にメモを作る学生もいる。私は、こう注意を促《うなが》す。

君たち、勉強もよいが、劇場に来たら、①まずその雰囲気《ふんいき》を楽しんだらどうだ。今、自分がここにいて、役者がいて、という場の感覚を大切にしなさい。勉強するというより、その雰囲気に浸《ひた》る感覚を大切にしなさい。

と。私は日本演劇においては、ストーリーなんていうものは、どうでもよいものだと思っている。つまり、観るというより、その空間に浸るものであると思う。能の※3謡《うた》いの緊張《きんちょう》感、歌舞伎で人気役者が出てきた時の客の反応、観客にすてきな着物を着ている人はいないか、などなど。雰囲気を楽しんでほしい。歌舞伎役者が、※4大見得《おおみえ》を切る時は、客との呼吸を大切にしているので、その間のカッコよさなども、学生たちには感じてほしい。そうして遊んでいれば、少しずつ好きになって、ストーリーを知ろうと思うようになるものなのである。

第一、日本の伝統芸能は、一回の観劇ですべてのストーリーがわかるようになんか設計されてはいない。簡単にいうと、何度も見ることを前提として、舞台《ぶたい》作りが行なわれているのである。だから、年がら年中※5あたり狂言《きょうげん》ばかりをやるのが、日本の伝統芸能なのだ。正月ならアレ、夏ならコレ、と年中行事で毎年やっていると思えばよいのである。一昨年見た時には、まったく飲み込《こ》めなかったが、今年、同じものを見て、ようやくわかったぞ。それでよいのである。

もう一つ、注意しなくてはならないことがある。②日本の伝統芸能というものは、一人で見に行くものではないのである。好きな人同士が、語り合って見に行くもので、ストーリーは、何度も見に行っている人から教えてもらうものなのである。そのために、長い長い休憩《きゅうけい》時間が設定されていて、お弁当を食べたり、おしるこを食べたりするものなのである。おしゃれをしていって、美味しいものを食べ、友達とおしゃべりするために、芝居《しばい》なんてあるものなのだ。※6遊郭《ゆうかく》や歓楽街《かんらくがい》を含《ふく》めて芝居小屋のあるところは、江戸《えど》時代においては「悪所《あくしょ》」といわれていたが、悪所だから魅力《みりょく》があるんだな、くらいに考えておけばよいのである。

まだ風は冷たいけれど
春の服を着て
出かけてみよう

②蛇口《じゃぐち》は胸の中にある
ひねれば
きっと
③昨日とは違《ちが》う水が出る

問一　空欄《くうらん》［１］にあてはまる言葉を本文中からぬき出し、漢字一字で答えなさい。

問二　傍線《ぼうせん》①「それ」とありますが、何のことですか。本文中から二字でぬき出しなさい。

問三　傍線②「蛇口《じゃぐち》は胸の中にある」とありますが、ここで用いられている表現技法を後から一つ選び、記号で答えなさい。

ア　直喩《ちょくゆ》法　　イ　隠喩《いんゆ》法　　ウ　擬人《ぎじん》法　　エ　体言止め

問四　傍線③「昨日とは違《ちが》う水が出る」とありますが、ここから読み取れる心情として最も適切なものを後から一つ選び、記号で答えなさい。

ア　興奮　　イ　喜び　　ウ　期待　　エ　おどろき

問五　空欄（　あ　）に入るこの詩の作品名として、最も適切なものを後から一つ選び、記号で答えなさい。

ア　水もれる
イ　水ぬるむ
ウ　水きよく
エ　水あふれる

二〇二二年度
工学院大学附属中学校

【国　語】〈第一回B試験〉（五〇分）〈満点：一〇〇点〉

【はじめに】問題本文は、問題作成上、元の文を一部変えています。また、文中の※印がついていることばは、本文の後に意味の説明があります。なお、問いに文字数の指定がある場合は、句読点や記号も一つにつき一文字として数えますので注意してください。

一　次の文章をよく読んで、後の問いに答えなさい。

（　あ　）

高階杞一

［1］がきて
凍《こお》っていた顔もとけてきた
チューリップのように並んだ笑顔
世界には
まだまだいっぱい素晴らしいことがある
と
①それは
教えてくれているようで

よかったね
生きていて

2022年度

工学院大学附属中学校　▶解説と解答

算　数　＜第1回B試験＞（50分）＜満点：100点＞

解　答

1　(1)　12　(2)　1590　(3)　$\frac{1}{3}$　(4)　25　2　(1)　213　(2)　22度　(3)　20.52 cm^2　(4)　43本　(5)　300 g　(6)　160ページ　3　(1)　毎時20km　(2)　3回　(3)　8時23分30秒　4　(1)　9 cm^3　(2)　①　(3)　63cm^3　5　(1)　2160円　(2)　51個以上　(3)　39個

解　説

1　四則計算，計算のくふう，逆算

(1)　(169÷13－6×2)＋12－(51÷17－2)＝(13－12)＋12－(3－2)＝1＋12－1＝13－1＝12

(2)　$A\times B+A\times C-A\times D=A\times(B+C-D)$となることを利用すると，15.9×64＋0.159×5300－159×1.7＝0.159×100×64＋0.159×5300－0.159×1000×1.7＝0.159×6400＋0.159×5300－0.159×1700＝0.159×(6400＋5300－1700)＝0.159×(11700－1700)＝0.159×10000＝1590

(3)　$\frac{2}{15}+\frac{3}{8}\div\left(\frac{2}{3}\times 6-1\frac{5}{12}\div\frac{2}{3}\right)=\frac{2}{15}+\frac{3}{8}\div\left(4-\frac{17}{12}\times\frac{3}{2}\right)=\frac{2}{15}+\frac{3}{8}\div\left(\frac{32}{8}-\frac{17}{8}\right)=\frac{2}{15}+\frac{3}{8}\div\frac{15}{8}=\frac{2}{15}+\frac{3}{8}\times\frac{8}{15}=\frac{2}{15}+\frac{3}{15}=\frac{5}{15}=\frac{1}{3}$

(4)　144÷{230－(18＋□×8)}＝12より，230－(18＋□×8)＝144÷12＝12，18＋□×8＝230－12＝218，□×8＝218－18＝200　よって，□＝200÷8＝25

2　整数の性質，角度，面積，売買損益，濃度《のうど》，相当算

(1)　13－5＝8より，13で割ると5あまる数は，13の倍数より8小さい数である。同様に，17－9＝8より，17で割ると9あまる数は，17の倍数より8小さい数である。よって，この両方に共通する数は，13と17の公倍数より8小さい数になる。さらに，13と17の最小公倍数は，13×17＝221だから，求める整数は221の倍数より8小さい数とわかる。したがって，最も小さい整数は，221－8＝213である。

(2)　右の図1で，角CGDの大きさは，180－136＝44(度)である。また，平行線の錯《さっ》角《かく》は等しいから，角BCGの大きさは角CGDの大きさと等しく44度になる。折り返しているから，角ACGと角ACBの大きさは等しいので，角xの大きさは，44÷2＝22(度)となる。

図1

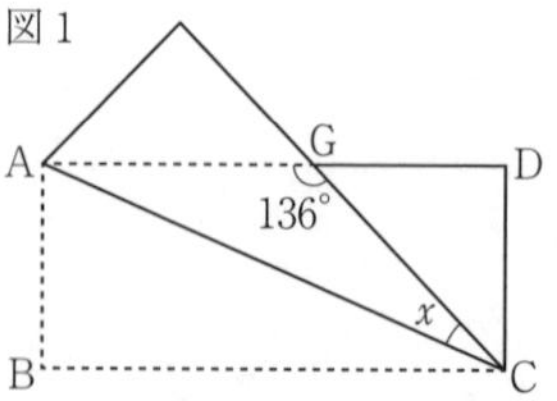

図2

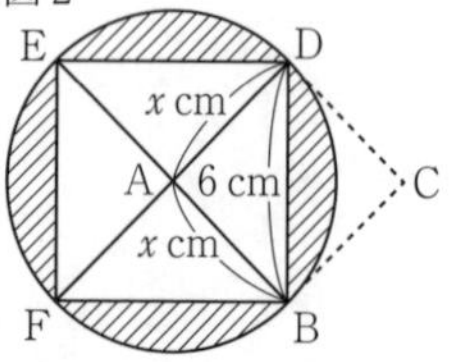

(3)　右上の図2で，この円の面積は，$x\times x\times 3.14$で求められる。また，1辺x cm，対角線の長さが6 cmの正方形ABCDの面積より，$x\times x=6\times 6\div 2=18(cm^2)$だから，この円の面積は，$x\times$

x ×3.14＝18×3.14＝56.52(cm^2)である。よって，正方形BDEFの面積は，６×６＝36(cm^2)なので，かげをつけた部分の面積は，56.52－36＝20.52(cm^2)と求められる。

(4)　買ったえんぴつの代金は，2000－280＝1720(円)で，これはえんぴつを19本買ったときの代金，50×19＝950(円)より高いので，20本以上買ったといえる。よって，えんぴつ１本の２割引きの値段は，50×(１－0.2)＝40(円)だから，買ったえんぴつの本数は，1720÷40＝43(本)とわかる。

(5)　(食塩の重さ)＝(食塩水の重さ)×(濃度)より，６％の食塩水450ｇにふくまれる食塩の重さは，450×0.06＝27(ｇ)である。食塩水に水を加えても食塩の重さは変わらないので，９％の食塩水にも27ｇの食塩がふくまれている。よって，９％の食塩水の重さは，27÷0.09＝300(ｇ)と求められる。

(6)　右の図３で，70ページは１日目に読んだ残りの，$1-\frac{4}{9}=\frac{5}{9}$にあたるから，１日目に読んだ残りのページ数は，$70\div\frac{5}{9}$＝126(ページ)となる。よって，この本のページ数は全部で，126＋34＝160(ページ)と求められる。

図３

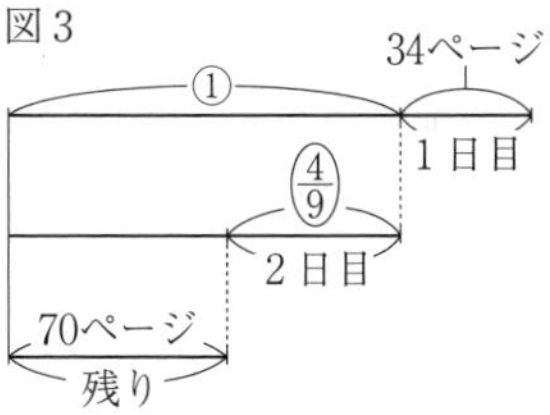

3　速さ，旅人算

(1)　バスは９kmを27分，つまり，$27\div60=\frac{9}{20}$(時間)で進むので，このバスの速さは毎時，$9\div\frac{9}{20}$＝20(km)である。

(2)　バスの運行のようすは，右の図のようになる。太郎さんの乗ったバスは，Ｂ町からＡ町に向かうバスと●印のところですれちがっているので，その回数は３回とわかる。

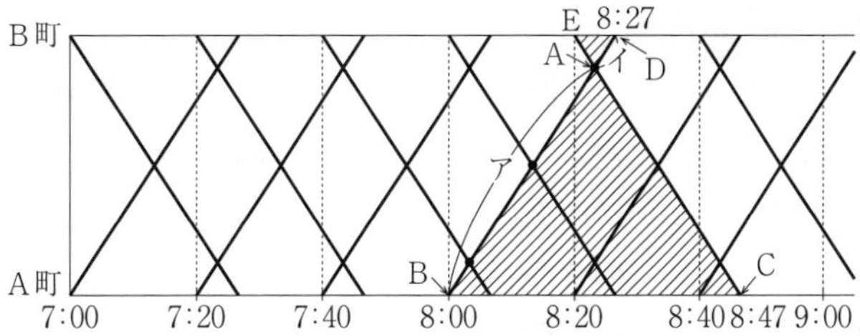

(3)　かげをつけた２つの三角形ABCと三角形ADEは相似であり，相似比は，BC：DE＝47：(27－20)＝47：７だから，アとイの長さの比も47：７となる。アとイを合わせた部分の時間が27分なので，アの部分の時間は，$27\times\frac{47}{47+7}$＝$23\frac{1}{2}$(分)，つまり，$60\times\frac{1}{2}$＝30(秒)より，最後にすれちがうのは，８時23分30秒である。

4　立体図形―分割，体積，構成

(1)　右の図１において，BI＝BJで，その長さが，６÷２＝３(cm)である。できる立体は，底面が直角二等辺三角形BIJで高さがBFの三角すいF－BIJになる。よって，この立体の体積は，$(3\times3\div2)\times6\times\frac{1}{3}$＝９(cm^3)となる。

(2)　できる立体は，右の図２のようになる。よって，IJとEGが平行で，IEとJGは平行ではないから，できる切り口の図形は①の台形とわかる。

図１

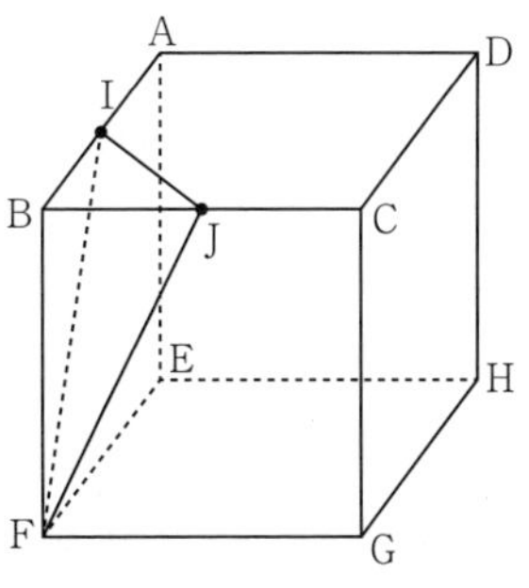

図２

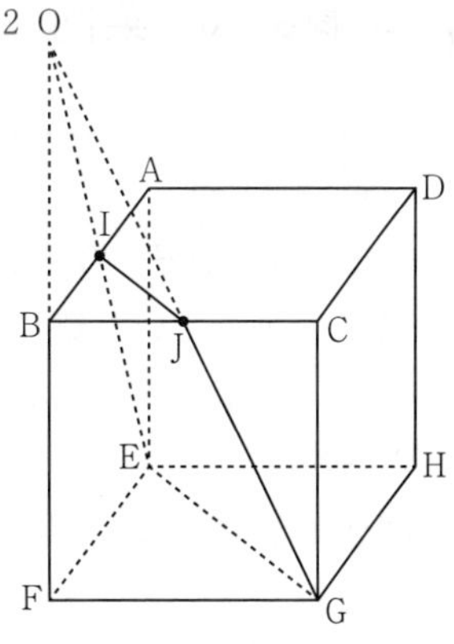

(3)　図２で，三角すいO－BIJと三角すいO－FEGは相似で，相似比は，OB：OF＝BI：FE＝３：

6＝1：2より，OB：BF＝1：（2－1）＝1：1なので，OBの長さは6cmで，OFの長さは，6×2＝12(cm)である。よって，三角すいO－BIJと図1の三角すいF－BJIは合同で，三角すいO－FEGの体積は，（6×6÷2）×12×$\frac{1}{3}$＝72(cm^3)だから，この立体の体積は，72－9＝63(cm^3)と求められる。

5 売買損益，つるかめ算

(1) マグカップの定価は仕入れ値の180%，つまり，1.8倍なので，1200×1.8＝2160(円)である。

(2) 仕入れ値の合計は，1200×90＝108000(円)になる。108000÷2160＝50より，利益を得るためには，50＋1＝51(個)以上売ればよい。

(3) 定価で売ると1個あたりの利益は，2160－1200＝960(円)だから，定価で90個売ったとすると，利益の合計は，960×90＝86400(円)となり，実際よりも，86400－53352＝33048(円)多くなる。定価の3割引き後の値段は，2160×(1－0.3)＝1512(円)なので，その利益は1個あたり，1512－1200＝312(円)となり，1個あたりの利益の差は，960－312＝648(円)だから，3割引きで売った個数は，33048÷648＝51(個)とわかる。よって，定価で売った個数は，90－51＝39(個)となる。

国　語　＜第１回Ｂ試験＞（50分）＜満点：100点＞

解　答

一 **問1** 春　**問2** 笑顔　**問3** イ　**問4** ウ　**問5** イ　**二** **問1** 型破り　**問2** 空間に浸る　**問3** エ　**問4** **あ** エ　**い** ア　**う** ウ　**問5** (例) 家族や友人と楽しい時間を過ごせたという幸福をおすそ分けしてもらうため。　**問6** ネットワーク　**問7** オ　**問8** (a) いた(る)　(b) はで　(c) きょう(じている)　(d) 下記を参照のこと。　**三** **問1** ばかにされてるような気がする(から。)　**問2** ア　**問3** (例) サエに対して，自分勝手なことを言ってしまったことに気づいたから。　**問4** なみだ　**問5** (例) サエを大切に思うという人としての関わりの部分。　**問6** イ　**問7** (a) た(つ)　(b) なっとく　(c)～(f) 下記を参照のこと。

●漢字の書き取り

二 **問8** (d) 菜園　**三** **問7** (c) 移(す)　(d) 除(き)　(e) 明確(な)　(f) 否定

解　説

一 **出典は高階杞一《たかしなきいち》の詩による。**素晴《すば》らしいこの世界で生きる喜びについて描《えが》かれている。

問1 「凍《こお》っていた顔もとけてきた」とあるので，寒い冬が終わり暖かい季節になったのだとわかる。「春の服を着て／出かけてみよう」と言っているので「春」がきたことをうたっていると考えられる。

問2 「世界には／まだまだいっぱい素晴らしいことがある」ことを「教えてくれているよう」なのは，「チューリップのように並んだ笑顔《えがお》」である。

問3 「蛇口《じゃぐち》」は，心の中の思いが表に出るきっかけとなるものをたとえている。「ように」「みたいな」などの言葉をつかわずに，比喩《ひゆ》を用いる表現技法を「隠喩《いんゆ》法」という。

問４　「水」は，心の中からあふれてくる感情をたとえた表現である。「昨日とは違《ちが》う水が出る」という表現からは，春になれば，それまでとは違う気分になるはずだ，という期待を読み取ることができる。

問５　「水ぬるむ」は，春の季語。“春になって，水が温かく感じられるようになる”という意味。春がきて，これから素晴らしいことがあるかもしれないと期待をあらわすこの詩の題としてふさわしいと考えられる。

二　**出典は上野《うえの》誠《まこと》の『教会と千歳飴《ちとせあめ》―日本文化，知恵《ちえ》の創造力』による。**日本の伝統芸能の味わい方を紹介《しょうかい》し，観劇をした後に，土産《みやげ》物を配ることの意味を考察している。

問１　歌舞伎《かぶき》は，「様式化が進んで」おり，「型通りにやらないと歌舞伎にならない」ものである。しかし，「型を破っても，それがすべて新しい型となってゆく」ので「型破りの芸術」だと説明されている。日本の歌舞伎は，「型破り」をすることができても，「それもまた型になってしまう」ものということができる。

問２　傍線《ぼうせん》①の段落で，「雰囲気《ふんいき》に浸《ひた》る感覚を大切にしなさい」と学生に注意しているように，筆者は「日本演劇においては，ストーリーなんていうものは，どうでもよいものだと思って」おり，日本演劇とは，「その空間に浸るものであると思う」と述べている。劇場の雰囲気を楽しむということは，「空間に浸る」ということである。

問３　傍線②に続く部分で，「日本の伝統芸能」は，「好きな人同士が，語り合って見に行くもの」だとして，劇場で食事をしたり，おしゃれをして出かけたり，年長者に役者の噂《うわさ》話を教えてもらったり，という楽しみ方が書かれている。ただし，エの「役者にプレゼントを渡《わた》す」ことについてはふれられていない。

問４　**あ**　「日本の伝統芸能」の「ストーリーは，何度も見に行っている人から教えてもらうもの」だとして，「観劇歴の長いお年寄りに連れていってもらうのが，一番」だと続いているので，前のことがらを理由として後にその結果をつなげるときに用いる「だから」が合う。　**い**　前では「九代目さん」は「最近は上達して少しは見られるようになった」とよい内容を述べ，後では「まだ五億の借金あるらしい」と悪い内容が続くので，前のことがらに対し，後のことがらが対立する関係にあることを表す「でも」が合う。　**う**　舞台《ぶたい》が跳《は》ねたら，学生たちに「おしるこぐらいはご馳走《ちそう》して」，「おしるこを啜《すす》りながら，学生たちと危ない話に興じている」という文脈なので，前のことがらを受けて，それに続いて次のことが起こる意味を表す「そして」が合う。

問５　結婚《けっこん》式やお葬式《そうしき》の引き出物を食べることによって，祝福《しゅくふく》や供養《くよう》の輪が広がるのと同様に，芝居《しばい》や相撲《すもう》を見て「楽しい時間を過ごす」と，「その幸福感を他の人にも分け与《あた》えたい」と思うことが説明されている。その気持ちに応えるために，劇場などでは，「人気役者や人気力士にあやかったお饅頭《まんじゅう》や煎餅《せんべい》が売られている場合」が多いと考えられる。

問６　芝居を見に行った人が，お土産をくれるので，「貰《もら》った側は，自分が観劇に行けば，自分もまた劇場で土産物を買って，お返しする」ので，「感動の『お福分け』」がつながっていくことになる。空欄《くうらん》２の二段落後ではそうしたつながりを「人的ネットワーク」とよんでいる。

問７　日本人は，芝居や相撲を見て，楽しい時間を過ごしたとき，土産物を配って，「その幸福感を他の人にも分け与え」ようとする。土産物を貰った側は，自分が観劇に行ったときに，土産を買ってきて，お返しをする。つまり，こうした「お福分け」のやりとりは，「幸福」も交換《こうかん》し合っているといえる。

問８ (a)　音読みは「シ」で，「至福」などの熟語がある。　(b)　服装やふるまいが，華《はな》やかで人目を引くこと。　(c)　楽しむこと。　(d)　野菜畑。

三　出典は相沢《あいざわ》沙呼《さこ》の『雨の降る日は学校に行かない』所収の「ねぇ，卵の殻《から》が付いている」による。 サエが保健室に来なくなって，孤独《こどく》を感じていた「あたし(なっちゃん)」は，長谷部《はせべ》先生と話をするうちに，自分の身勝手さに気づき，サエに謝《あやま》りたいと思うようになる。

問１　なっちゃんが教室に行かない理由は，波線(e)の前後に書かれている。教室で，「なにかひどいことをされたわけ」ではなく，「明確な理由があって傷ついたわけ」でもなかった。「ただ，ばかにされてるような気がする」ので，教室へ行けなくなり，保健室に閉じこもるようになったのである。

問２　なっちゃんは，長谷部先生が言うように，サエがいなくて寂《さび》しいと感じていたが，「寂しくない。寂しくなんかない」と自分に言い聞かせて，そう思いこもうとした。強がる気持ちが指に伝わって，卵を強くにぎっていたのだと考えられる。

問３　サエは，教室に「戻《もど》りたかったから」保健室を出ていったのではないかと長谷部先生に言われて，なっちゃんは初めて，サエにとって教室に戻ることは嬉《うれ》しいことなのだと気がついた。サエにとって嬉しいことなら「自分のことみたいに嬉しい」し，サエのために喜んであげるべきだった。それなのに，サエに「どっか行っちゃえばいい」と自分勝手なことを言ってしまったと気づき，その言動を反省してなっちゃんの言葉は震《ふる》えたのである。

問４　少し後で，長谷部先生に指てきされて，なっちゃんは自分が泣いていることに気がついた。つまり，なっちゃんは傍線④の時点ですでに泣いており，溢《あふ》れる「なみだ」を手の甲《こう》や「ニットベストの肩」で拭《ぬぐ》ったのだとわかる。

問５　傍線⑤の一つ前の長谷部先生の言葉に注目する。「閉じこもっていられなくなる」理由として，「生きていく場所とか，人との関わりだとか」が「大きくなって，収まらなくなっちゃう」からだと話している。なっちゃんは，「サエに訪《おとず》れるラッキーは，全部，自分のことみたいに嬉しい」と思うほど，サエのことを大切に思っていた。そのような「人との関わり」の部分で，「じゅうぶん，大きくなって」いたのである。

問６　長谷部先生に，「サエちゃんにはきちんと謝りにいかなきゃ」と言われて，なっちゃんは心からサエに会って謝りたい，と思ったので「ごめんね」が入る。

問７ (a)　音読みは「ケイ」「キョウ」で，「経過」「経典」などの熟語がある。　(b)　よくわかること。　(c)　音読みは「イ」で，「移動」などの熟語がある。　(d)　音読みは「ジョ」「ジ」で，「除去」「掃除《そうじ》」などの熟語がある。　(e)　はっきりしていて，確かなこと。　(f)　そうではないと打ち消すこと。

2022年度　工学院大学附属中学校

〔電　話〕　042(628)4914
〔所在地〕　〒192－8622　東京都八王子市中野町2647－2
〔交　通〕　JR線「八王子駅」，京王線「京王八王子駅」よりバス

＊**【適性検査Ⅰ】**は国語ですので，最後に掲載してあります。

【適性検査Ⅱ】　〈適性検査型ＭＴ①試験〉　（50分）　〈満点：100点〉

１　**太郎**《たろう》さん、**花子**さん、**先生**が、お楽しみ会について話をしています。

先　生：Ａ組23名とＢ組22名の合計45名を、３つのグループに分けてお楽しみ会をしましょう。どうやってグループ分けをするか、良いアイデアはないですか。

花　子：出席番号を３で割った余りでグループ分けしたらどうでしょう。
余りが１の人はグループ１、余りが２の人はグループ２、余りがない人はグループ３というように。

太　郎：もし出席番号が２番だったら、３で割った余りはどうなるのかな。

花　子：2÷3は商が０で、余りが２と考えるとよいと思います。

太　郎：１番の人はグループ１、２番の人はグループ２、３番の人はグループ３、そして、４番の人はグループ１ということになりますね。
Ｂ組も同じように決めればいいかな。

花　子：そうすると、グループの人数が同じにならないから、Ｂ組の出席番号１番は、Ａ組の次と考え、23＋1＝24番ということにしよう。
24÷3は商が８で余りが０だから、グループ３になります。

〔問題１〕　Ｂ組の出席番号22番の児童のグループを求めなさい。また、それを求める過程を説明しなさい。

先　生：次に、この余りについてもう少し考えてみたいと思います。
ところで皆さん、パスカルの三角形は知っていますか。下の図のように、１段目には１を１つ、２段目には１を２つ、３段目以降は両端《りょうたん》に１を置き、間の数は上段の２つの数を足し合わせて数字を並べていき、こうして作られた数の並びをパスカルの三角形といいます。

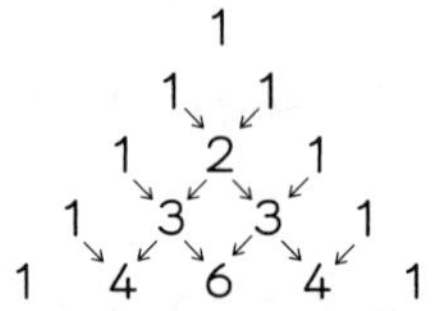

先　生：この数字に注目して、３の倍数には「0」のカード、３で割って１余る数には「1」のカード、３で割って２余る数には「2」のカードを置いてみましょう。

太　郎：15段目までカードを置いてみると、**図１**のようになりました。

図１

１段目	1
２段目	1 1
３段目	1 2 1
４段目	1 0 0 1
５段目	1 1 0 1 1
６段目	1 2 1 1 2 1
７段目	1 0 0 2 0 0 1
８段目	1 1 0 2 2 0 1 1
９段目	1 2 1 2 1 2 1 2 1
10段目	1 0 0 0 0 0 0 0 0 1
11段目	1 1 0 0 0 0 0 0 0 1 1
12段目	1 2 1 0 0 0 0 0 0 1 2 1
13段目	1 0 0 1 0 0 0 0 0 1 0 0 1
14段目	1 1 0 1 1 0 0 0 0 1 1 0 1 1
15段目	1 2 1 1 2 1 0 0 0 1 2 1 1 2 1
16段目	
17段目	
18段目	

〔問題２〕　**図１**の16段目から18段目までを完成させなさい。

太　郎：**図１**には

0　0
 0

という０の集まりがくり返し表れていますね。

先　生：では、この３つの０の並びを「０が３つの三角形」と呼ぶことにしましょう。ただし、その周りを１と２の数字だけで囲まれているものに限ることにします。

太　郎：15段目までには**図２**のように「０が３つの三角形」は５個ありますね。

図２

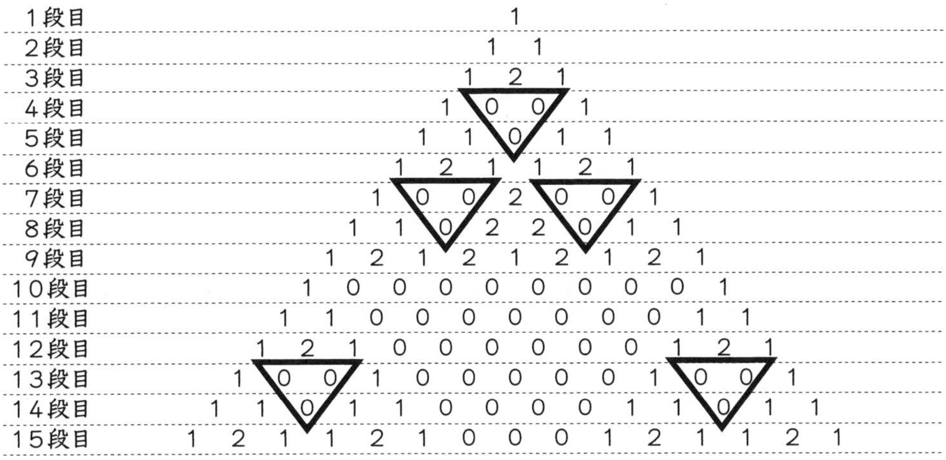

花　子：「０が３つの三角形」に注目して見てみると、きれいな模様になっています。これをデザインして、卒業記念のステンドグラスにしてみたいです。

太　郎：何か規則はあるのでしょうか。

先　生：卒業記念のステンドグラスにするには、90段まで数える必要がありますね。

〔問題３〕　カードを90段目まで置いたときの、「０が３つの三角形」は全部でいくつあるかを次のように考えました。**(あ)** から **(え)** にあてはまる数を答えなさい。また、□にあてはまる式を答えなさい。

> １段目から９段目までに「０が３つの三角形」は **(あ)** 個あり、10段目から18段目までに「０が３つの三角形」は **(い)** 個あります。同様に考えると、19段目から27段目までに「０が３つの三角形」は **(う)** 個あります。
>
> 以上のことから、90段目までの「０が３つの三角形」の数は、
>
> | 式 |
> |---|
>
> と計算できるので、「０が３つの三角形」は全部で **(え)** 個あります。

2　**太郎**《たろう》さんと**花子**さんが、「情報」をテーマにした調べ学習の授業で、話し合いをしています。

先　生：情報を伝達する手段には、会話から電話、ラジオ、テレビ、インターネットなどさまざまなものがあり、その時代ごとに社会に大きな影響《えいきょう》を与えてきました。

花　子：最近、一緒《いっしょ》に住んでいる祖父が、スマートフォンを使っている姿をよくみかけます。

太　郎：最近の新聞記事で、このような記事をみつけました。

図1　シニアのオンラインで増えた行動

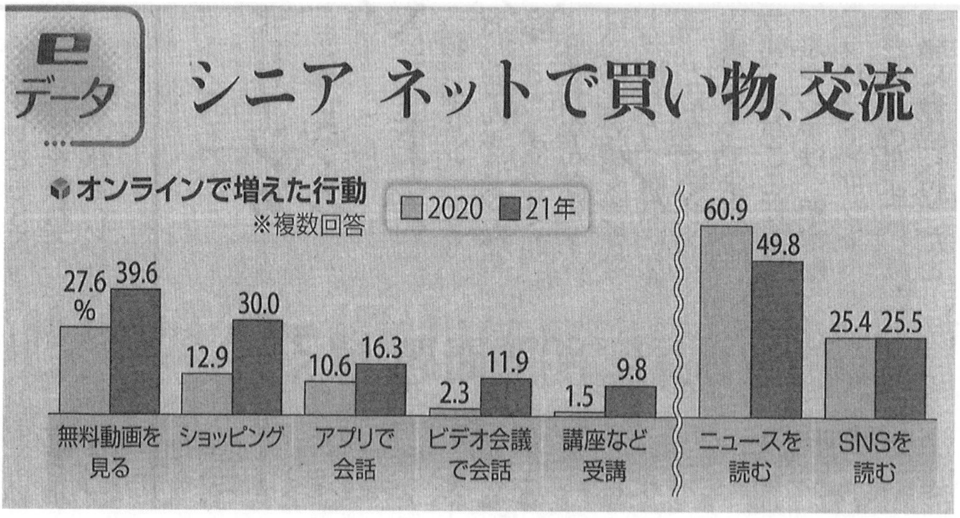

（読売新聞 2021 年 6 月 20 日朝刊より）

太　郎：この記事によると、60 歳《さい》以上のシニア層でスマートフォンやパソコンの使い方が多様化してきたことが分かります。

花　子：「ニュース」や「SNS」を読む割合は横ばいか減少しているのに、「ショッピング」は昨年の 2.3 倍、「ビデオ会議」は 5.2 倍になっていますね。

先　生：シニアの方にとっても、インターネットで会議やショッピングは一般的なことになってきました。情報通信機器の保有状況《じょうきょう》をまとめた資料（**図2**）を見てください。日本でもスマートフォンを保有している世帯の割合が令和２年で 86.8% となり、パソコンや固定電話を保有している割合を上回っています。

図２　主な情報通信機器の保有状況（世帯）

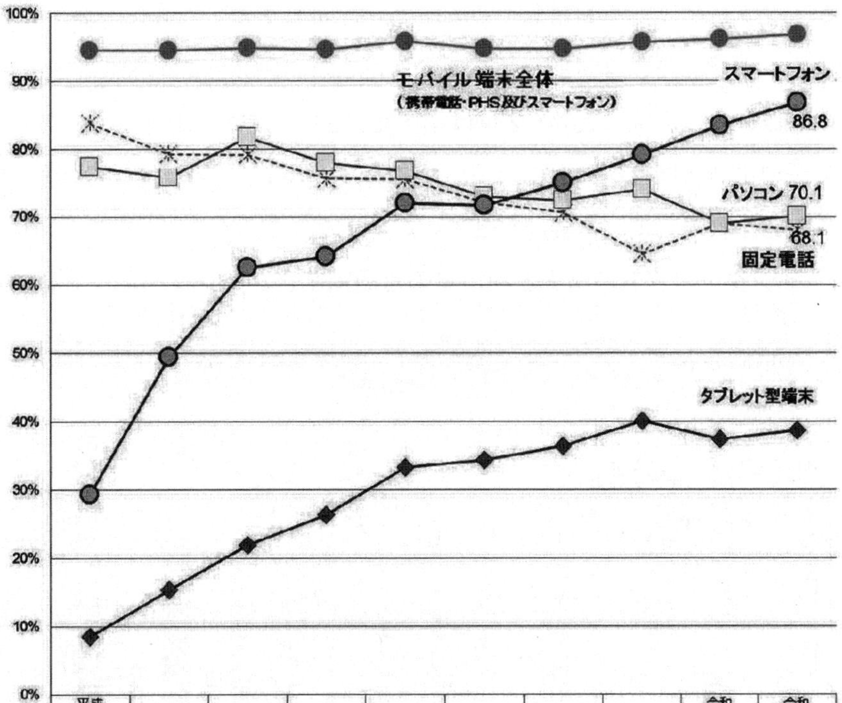

	平成23年(n=16,530)	24年(n=20,418)	25年(n=15,599)	26年(n=16,529)	27年(n=14,765)	28年(n=17,040)	29年(n=16,117)	30年(n=16,255)	令和元年(n=15,410)	令和2年(n=17,345)
固定電話	83.8	79.3	79.1	75.7	75.6	72.2	70.6	64.5	69.0	68.1
パソコン	77.4	75.8	81.7	78.0	76.8	73.0	72.5	74.0	69.1	70.1
スマートフォン	29.3	49.5	62.6	64.2	72.0	71.8	75.1	79.2	83.4	86.8
モバイル端末全体	94.5	94.5	94.8	94.6	95.8	94.7	94.8	95.7	96.1	96.8
タブレット型端末	8.5	15.3	21.9	26.3	33.3	34.4	36.4	40.1	37.4	38.7

※n はサンプル数を表します。　（複数回答）
※当該《とうがい》比率は、各年の世帯全体における各情報通信機器の保有割合を示す。

（総務省令和２年通信利用動向調査の結果より）

〔問題１〕 **図２**の「主な情報通信機器の保有状況（世帯）」をみると、平成23年から令和２年の10年間でスマートフォンの普《ふ》及《きゅう》率《りつ》が上《じょう》昇《しょう》していることが明らかです。平成28年以降はスマートフォンがパソコンや固定電話を上回っています。**図１**の「シニアの利用状況」を関連させて、平成28年以降のスマートフォン保有率上昇の理由を考えて説明しなさい。

太郎さんと花子さんは、情報に関する日本の状況が少し分かるようになると、次は世界のことを知りたくなりました。

花　子：先生、**表１**を見ると、インターネットの歴史はそれほど古いものではないのですね。
太　郎：約30年前の1990年にインターネットサービスが商業用に使われ始めたようです。
先　生：インターネットはもともとアメリカ合衆国で軍事用として開発されたものです。

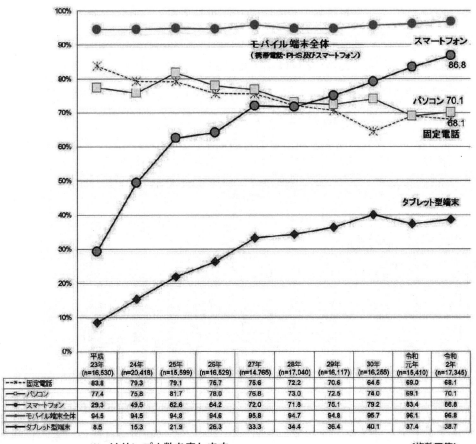

花　子：そうなんですか。**表1**を見ると、既《すで》に2016年で世界の人口の約半数近くの34億人がインターネットを利用していることが分かります。さらに、**表1**中の「インターネット利用者の言語別割合」をみてください。円グラフからインターネット利用者の言語割合の1位は英語、2位は中国語、3位はスペイン語となっているよ。

太　郎：英語や中国語は世界で人口の多い国で利用されているからだと分かりますが、スペイン語を利用している国はなぜ多いのかな？

表1　インターネットの歴史と利用者の言語別割合とインターネット利用者総数

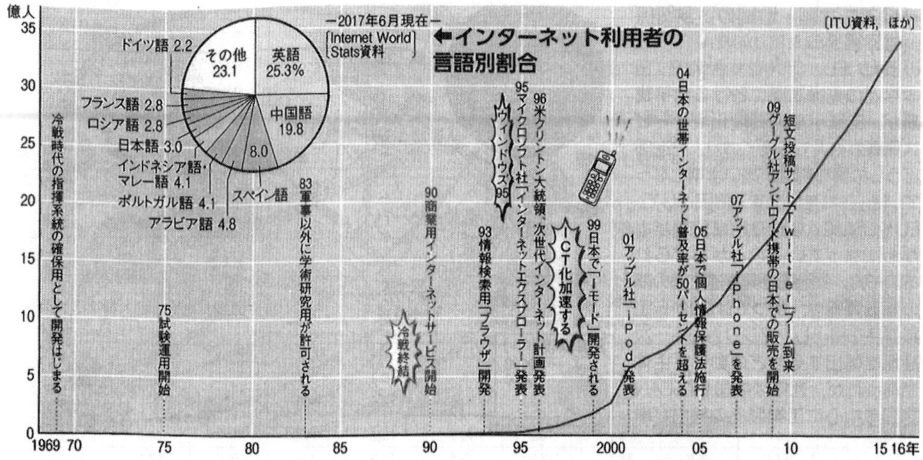

（Internet World Statsより）

〔問題2〕　**表1**をもとにすると、インターネットのスペイン語利用者は約（　**あ**　）億人となりますか。インターネット利用者の言語割合は2017年度のデータですが、インターネット利用者総数は2016年度時点のデータで計算しなさい。小数点第1位を四捨五入して、整数で答えなさい。

花　子：これだけ世界中の多くの人々がパソコンやスマートフォンなど電子機器を利用すると、何か問題や課題が起きませんか。

先　生：これらの電子機器の製造にはニッケル・チタン・リチウムなどレアメタルという地球上にあまり存在しない金属が多く使われていますが、日本にはほとんど存在しない資源で、多くを輸入に頼《たよ》っています。その結果、世界でも資源の利用に競争があり入手しにくくなっているのが現状です。

図３　捨てられたスマートフォンや携帯電話

太　郎：**図３**のように使われなくなったスマートフォンや携帯電話が捨てられている場合が多くあるようです。このままでよいのでしょうか。

先　生：実はこのように破棄《はき》された電子機器は、日本でも都市部に多く存在するため、「都市鉱山《こうざん》」とよばれています。

太　郎：このように破棄されたり、引き出しにしまってある電子機器を、回収してリサイクルできないものでしょうか。循環《じゅんかん》利用できるのに、なぜリサイクルが進まないのですか。

〔問題３〕　先生や太郎さんの会話からも、電子機器のリサイクルが進んでいないことが分かります。リサイクルが進んでいない理由を踏《ふ》まえて、電子機器を回収してリサイクルが進むように、解決方法をあなたの考えで書きなさい。

先　生：ところで、インターネットが普及したおかげで最近は「テレワーク」も増えました。

花　子：いつも会社に通勤して働く父が、最近は家のパソコンで会議や仕事をしている姿をよく見かけますね。

太　郎：私の父はほとんど会社に出かけて仕事をしているようです。母親も仕事に出かけています。

先　生：会議などはどのような業種でもテレワークが可能だと思いますが、**図４**を見ると、テレワークを導入しやすい企業《きぎょう》と導入しにくい企業があり、業種によってだいぶ違うようです。

図４　産業別テレワークの導入状況

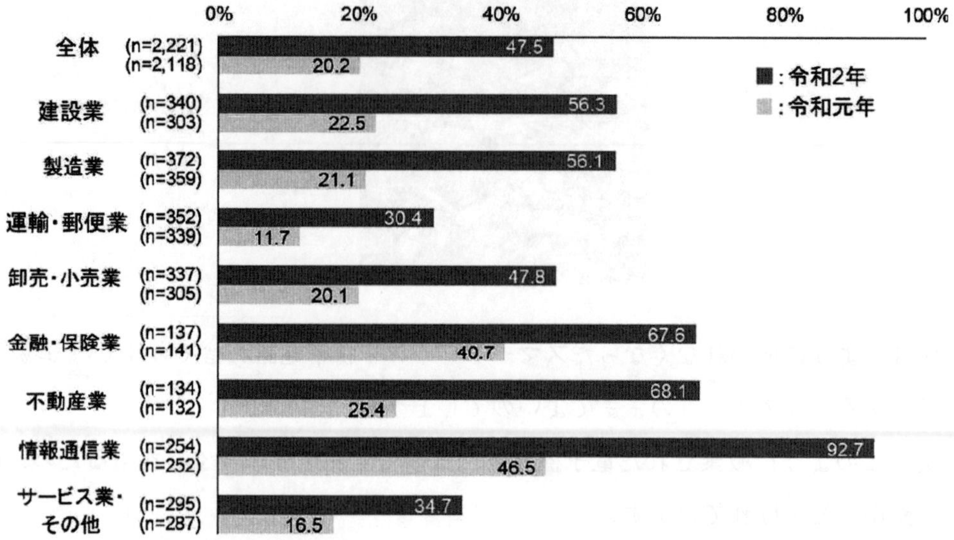

※nはサンプル数を表します。　　（総務省令和２年通信利用動向調査の結果より）

〔問題４〕 **図４**より、テレワークを導入しにくい業種を１つ選び、理由を説明しなさい。

3　**太郎**《たろう》さんと**花子**さんは、「地球の大きさ」について**先生**と話をしています。

太　郎：先日ニュースで、国際宇宙ステーションからみた地球の映像をみたよ。地球って本当に大きいよね。

花　子：本で調べたら、地球一周の長さは約40,000〔km〕もあるみたいよ。

太　郎：すごい長さだね。でも、どうやって測ったのかな？

先　生：地球の大きさを最初に測ったのは、紀元前３世紀で、ギリシャのエラトステネスという人だといわれているよ。

太　郎：えっ！　そんな昔にどうやって測ったんですか？

先　生：当時、ギリシャ人は太陽と月の動きから地球が丸いことを知っていたんだ。そこで、地球から遠く離《はな》れた太陽からの光は、地球に向かってほぼ平行に進んでくるという性質を利用して、**図１**のように、同じ日の同じ時刻に、地面に垂直に棒を立てると、影のでき方のちがいから地球一周の長さを求めたんだ。

<図1>

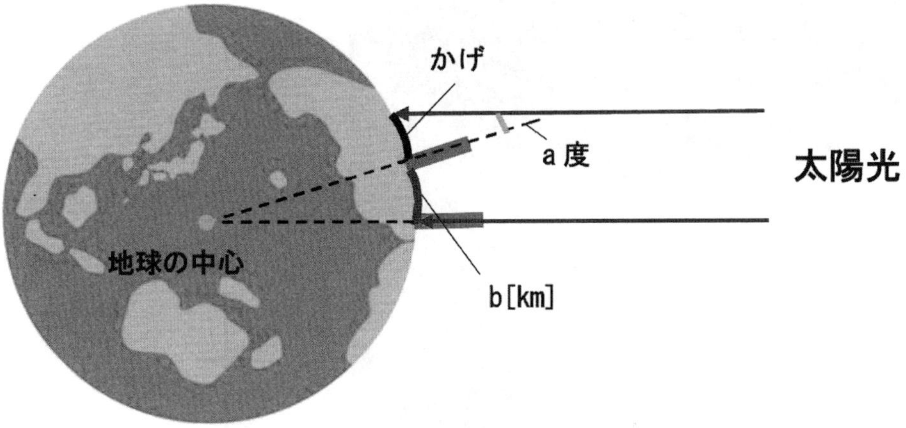

花　子：太陽光と棒の間の角度を**a**度、２点間の距離《きょり》（弧《こ》の長さ）を**b**〔km〕とすると、地球一周の長さは（　①　）〔km〕と表せますね。

先　生：エラトステネスが実際に測定したのは、夏至《げし》の日に、エジプトのシエネという町で、深い井戸の底に太陽がうつることを知り、ちょうどそのとき、そこから北にあるアレクサンドリアという町で、太陽光と地上に垂直に立てた棒の間の角度が7.2度になったことから計算したそうだよ。町の間の距離は約925〔km〕だから、計算すると地球一周の長さは（　②　）〔km〕になるね。

太　郎：40,000〔km〕にかなり近いですね。いまは、どんな方法で地球の大きさを測定しているのですか？

先　生：現在は、人工衛星を利用して、地球の中心から人工衛星までの距離と、地上から人工衛星までの距離の差から地球の半径を出して、地球の大きさを測定しているよ。

〔問題1〕

（1）　**a**、**b**を用いて、①にあてはまる式を答えなさい。

（2）　②にあてはまる数値を答えなさい。

（3）　次のページの地図（**図2**）は、エラトステネスが地球の大きさを測定した当時のシエネ（現在のアスワン）とアレクサンドリアの町の位置を示しています。この地図をみて、測定値の誤差として考えられることを説明しなさい。

（ヒント：当時ナイル川は南からまっすぐに北へ流れ、地中海にそそぐと考えられていました。）

＜図２＞

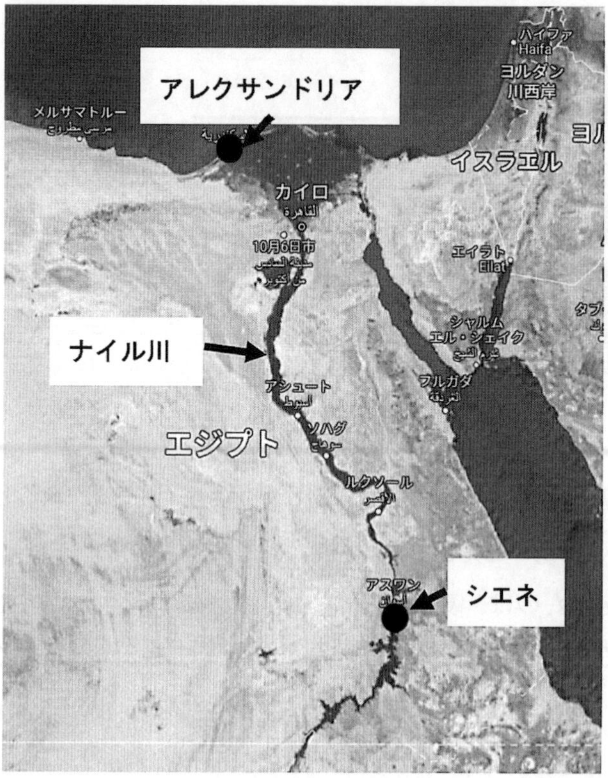

（Google マップより）

太郎さんと花子さんは、先生と一緒に、パソコンのGPS機能を用いて、地球の大きさの測定をしました。

先　生：**図３**は学校付近の航空写真です。２つの地点**A**、**B**それぞれの緯度《いど》と経度をパソコンのGPS機能で調べると**表１**のようになりました。

＜図３＞

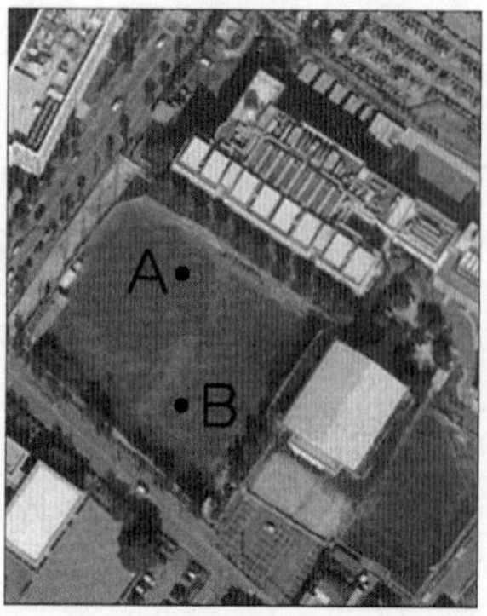

（Google マップより）

＜表1＞

	緯度	経度
A地点	北緯35° 40′ 57″	東経139° 19′ 10″
B地点	北緯35° 40′ 55″	東経139° 19′ 10″

先　生：角度の表し方は1°（度）＝60′（分）、1′（分）＝60″（秒）です。

太　郎：この場合、経度は同じですが、緯度は2″の差がありますね。

2″＝1/（　③　）°と表すことができます。

先　生：これで、地球の中心とAを結ぶ線、Bを結ぶ線の間の角度が求められたね。

次に、自分の歩《ほ》幅《はば》を測定しましょう。20〔m〕の直線距離を何歩で歩いたか。3回記録して平均を出しましょう。

花　子：表2のような結果になりました。

＜表2＞

	1回目	2回目	3回目	平均
花子が20〔m〕進む歩数	25歩	26歩	24歩	（　④　）歩

先　生：平均の歩数を使って、花子さんの歩幅は（　⑤　）〔m〕であることがわかったね。

では、花子さん、AB間を何歩で移動できるか実際に歩いてみてください。

花　子：80歩だったので、AB間の距離は（　⑥　）〔m〕です。

先　生：AB間の距離と、緯度の差より地球一周の長さはいくらになると思いますか。

花　子：（　⑦　）〔km〕になると思います。

先　生：そうだね。誤差はあるけれど、近い値は導き出せたね。ここまで、地球を完全な球体と考えて地球の大きさを考えてきたけれど、正確には地球の形は、赤道周りの長さの方が北極と南極を通る極の周りの長さよりも長く、上下に押《お》しつぶされた形をしているんだよ。

〔問題2〕

（1）　③、④、⑤、⑥にあてはまる数値を答えなさい。

（2）　⑦を求めるために必要な式や考え方を示して、⑦にあてはまる数値を答えなさい。

（3）　地球の赤道周りの長さの方が、北極と南極を通る極の周りの長さよりも長くなっている理由として考えられることを説明しなさい。

（ヒント：地球は自転しています。）

〈問題二〉 ②コミュ力が異常なまでに評価されるとありますが、これに関連して、**文章二**では何のどのようなコミュ力が評価されていると述べられていますか。**文章二**中の言葉を用いて六十字以内で説明しなさい。

なお、や。や」などもそれぞれ字数に数え、一ますめから書き始めること。

〈問題三〉 **文章一**と**文章二**に取り上げられているもの以外で、コミュニケーションの形態を一つあげて、自分の経験から具体例を書き、それが相手にどう評価されたのかについて、次の**〈手順〉**と**〈きまり〉**にしたがって、三百字以上四百字以内で書きなさい。

〈手順〉 一　コミュニケーションの形態について自分の経験をもとに具体例をあげる。

二　一で書いた具体例が相手にどのように評価されたのかを書く。

三　一で書いた具体例が二で書いた評価につながるのはなぜかを書く。

〈きまり〉 〇題名は書きません。

〇最初の行から書き始めます。

〇各段落《かくだんらく》の最初の字は一字下げて書きます。

〇行をかえるのは、段落をかえるときだけとします。

〇、や。や」などもそれぞれ字数に数えます。これらの記号が行の先頭に来るときには、前の行の最後の字と同じますめに書きます。

〇。と」が続く場合には、同じますめに書いてもかまいません。この場合、。」で一字と数えます。

〇段落をかえたときの残りのますめは、字数として数えます。

〇最後の段落の残りのますめは、字数として数えません。

を、自分の歌にアレンジして組み込む。相手の使ったキーワードを用いて話す、という技が和歌のやりとりでは基本技として*駆使《くし》されている。思いを込めて使った言葉を相手がしっかり受け取り、使って返してくれる。そのことで心がつながり合う。ただそのままの形で返すわけではない。意味を少しずらして別の文脈に発展させて使う。そうすることによって二人の間に文脈の糸がつながる。

　和歌はすでに愛し合っている恋人同士の関係でやりとりされるばかりではない。まだ顔を見たことのない女性に思いを懸《か》け、熱烈《ねつれつ》なラブコールの和歌を贈る。人の噂《うわさ》だけでいきなり恋してしまうというのも現在の感覚からするといかがなものかとは思うが、当時にあっては顔を見るということ自体が既《すで》に深い関係を許したということになるのであるから、無理のないことであった。

　男性は女性に上手な歌を贈る。女性はそれを見て、男性の心の誠実さをはかり、教養の程度を見抜《みぬ》く。和歌は長い伝統を持っており、そこで使われる歌の技術に教養があらわれる。教養は身分と直結し、男性の魅《み》力《りょく》そのものとなる。男性の側も、返された歌を見て、どういう*心根の女性なのか、育てられ方はどうであったのかを推し量る。たった三十一文字のやりとりを通じて、相手の人格や魅力《みりょく》を*目一杯《めいっぱい》想像するのである。この「想像する」ということ自体が当時の恋愛の*醍醐味《だいごみ》であった。「一体どんな魅力的な人なのだろう」とお互いに想像をふくらませ、夢を見る。この夢見る時間こそ、恋愛《れんあい》ならではの*華《はな》というものだ。和歌のやりとりは、恋愛の王道である想像力（妄想《もうそう》力）を鍛《きた》えるトレーニングメニューでもあった。

（齋藤《さいとう》 孝《たかし》『コミュニケーション力』より）

〈注〉あしひきの（和歌）―大津皇子《おおつのみこ》が石川郎女《いしかわのいらつめ》に贈った恋の歌。「山であなたを待っていると立ち濡《ぬ》れてしまいましたよ、山のしずくで」の意。

大津皇子―天武天皇《てんむてんのう》の皇子《みこ》。

吾《あ》を待つと（和歌）―石川郎女から大津皇子への返事の歌。「わたくしを待っていてあなたが濡れた山のしずくになれたらいいのに」の意。

石川郎女―大和《やまと》・奈良《なら》時代の女流歌人《かじん》。

託《たく》す―物や気持ちなどを他へ任せる。

駆使《くし》―思い通りに使いこなす。

心根―本当の心。

目一杯《めいっぱい》―できる限り。

醍醐味《だいごみ》―本当の楽しさ。

華《はな》―物事の中心。

〈問題一〉①じつはとても困ったこととありますが、それはなぜですか。**文章一**の言葉を用いて六十字以内で説明しなさい。

なお、や。や」などもそれぞれ字数に数え、一ますめから書き始めること。

さえいればそこそこ幸せになれる生き物なのです。これは希望でもあります。いまはかつてないほどコミュニケーションインフラに恵《めぐ》まれた時代ですから、コミュ力の高い人のほうがハッピーなのは必然でしょう。このコミュニケーションインフラを使いこなせることは、仕事にもつながってゆきます。そうした背景があって、②コミュ力が異常なまでに評価される状況《じょうきょう》になっているわけです。

（斎藤環《さいとうたまき》「つながることと認められること」による）

〈注〉風潮《ふうちょう》——時代の流れによって変わる世の中のありさま。

インフラ——日々の生活を支える基礎《きそ》。

ＳＮＳ——ソーシャルネットワーキングサービスの略。登録された利用者同士が交流できるウェブサイトの会員制サービスのこと。ｍｉｘｉ、ＬＩＮＥ、Ｔｗｉｔｔｅｒ、ＦａｃｅｂｏｏｋはそれぞれＳＮＳのウェブサイト名。

レイヤー——階層。

流動化——移り変わる。

恩恵《おんけい》に与《あずか》る——めぐみを受ける。

ワーキングプア——「働く貧困者」と言われ、働いているにも関わらず、十分な所得を得られず貧困状態にある働き手。

ニート——学校にも通わず、働きもせず、働くための訓練も受けていない人たち。

乏《とぼ》しい——不足している。

文章二

コミュニケーションの日本的な形態として、和歌のやりとりがある。五・七・五・七・七の型の中に、あふれる感情を込める。すべてを言い切るわけではない。言葉の象徴《しょうちょう》性をフル活用する。受け取った相手も、言葉の意味するところを深く読み込む。その読み取りの力が、そのまま恋愛《れんあい》力にもなっていた。

恋《こい》する相手に歌を贈《おく》る。その歌の意味を理解した受け手が、また歌を返す。この和歌のやりとりによる感情の響《ひび》き合いは、日本が世界に誇《ほこ》るべきコミュニケーションの型であった。

『万葉集《まんようしゅう》』の有名な歌のやりとりを見てみよう。

*あしひきの山のしづくに妹《いも》待つとわれ立ち濡《ぬ》れぬ山のしづくに　（*大津皇子《おおつのみこ》）

*吾《あ》を待つと君が濡《ぬ》れけむあしひきの山のしづくに成《な》らましものを　（*石川郎女《いしかわのいらつめ》）

ここではっきりしているのは、思いを言葉に「*託《たく》す」というやり方だ。言葉に込められたエネルギーを読み手は感じ取る。相手の歌の中の言葉

二〇二二年度 工学院大学附属中学校

【適性検査Ⅰ】〈適性検査型ＭＴ①試験〉（五〇分）〈満点：一〇〇点〉

次の**文章一**と**文章二**を読み、あとの問題に答えなさい。

（＊印のついている言葉には本文のあとに〈注〉があります。）

文章一

「コミュ力」という言葉をみなさんも聞きますね。コミュニケーション能力、コミュニケーションスキルのことです。近年日本ではこの言葉が略されて「コミュ力」と言われるようになり、企業《きぎょう》が学生を採用するときも学歴と同程度に「コミュ力」を評価するという＊風潮《ふうちょう》があります。これ、①じつはとても困ったことだと思います。

「コミュ力」にはバリエーションがあって、「コミュ障」「非コミュ」などの派生語があります。この「コミュ力」はその人がどのように他者から評価されるかという問題に深く関わっています。思春期や青年期は人とつながっていたい時期と言われますが、現代は私がみなさんと同じ年齢《ねんれい》くらいの頃《ころ》よりも、つながることへの価値がはるかに高くなっている。なぜこれほどまでに「コミュニケーション」が尊重されすぎる社会になったのでしょうか。

大きな転換期《てんかんき》は一九九五年、インターネット元年です。同時期に携帯《けいたい》電話が普及《ふきゅう》しはじめ、家庭用パソコン・インターネット・携帯電話というコミュニケーションの＊インフラが整備されはじめる。これ以降、思春期・青年期のコミュニケーションのありようが劇的に変化しました。

二〇〇〇年代に入ると、メールや電話だけでなく＊ＳＮＳと呼ばれるｍｉｘｉやＬＩＮＥ、Ｔｗｉｔｔｅｒ、Ｆａｃｅｂｏｏｋなど多様なサービスが始まり、さまざまな＊レイヤーで若者がつながりあえる社会になり、コミュニケーションが＊流動化しました。

するとコミュニケーションの格差が生じます。コミュニケーションが流動化すると平等にその＊恩恵《おんけい》に与《あずか》ることができると思いがちですが、じつは逆なんです。コミュニケーションが苦手でＳＮＳから遠ざかったり、メールもしない人もいれば、いっぽうで四六時中《しろくじちゅう》人とつながっていないと安心できない人もいる。後者はつながってさえいればそこそこハッピーな人なのかもしれません。

社会学者の古市憲寿《ふるいちのりとし》さんが『絶望の国の幸福な若者たち』という本のなかで面白い指摘《してき》をしています。彼は「いまの若者は過去四〇年間でもっとも幸福な若者である」と書いています。いまの若い人たちは就職難で、＊ワーキングプアや＊ニートなど弱い立場に置かれているために、非常につらい思いをしているとわれわれ大人は考えていたのですが、統計的には最も「幸せ」だというのです。

これは興味深い現象です。その理由のひとつが先ほどのコミュニケーションのインフラだと私は思います。人間は、美味《おい》しいものを食べたり、読書や映画や音楽などの趣味《しゅみ》が＊乏《とぼ》しくても、とりあえず人とつながって

2022年度 工学院大学附属中学校 ▶解　答

※　編集上の都合により，適性検査型MT①試験の解説は省略させていただきました。

適性検査Ⅰ ＜適性検査型MT①試験＞（50分）＜満点：100点＞

解　答

問題１　（例）　コミュニケーションのインフラが整備され流動化すると，コミュニケーションの格差が生じ，他者からの評価にも深く関わるから。　**問題２**　（例）　男女の和歌のやりとりというコミュニケーションから，相手の人格や魅力を目一杯想像してお互いが評価されるというコミュ力。　**問題３**　下記の作文例を参照のこと。

問題３（例）

文章一ではSNSでの、文章二では和歌のやりとりでのコミュニケーションが話題になっているが、私には手紙でのやりとりが大切なコミュニケーションの形態の一つになっている。相手は主に遠方に住む祖父母だ。

　近年はコロナウイルスまんえんのため、年末年始や夏休みに祖父母の家を訪ねることもなくなっていたので、折にふれて書く手紙のほかに年賀状や暑中見まいのはがきも出したが、とても喜んでくれているようだ。

　オンラインで顔を見ながら会話もできる時代だが、祖父母はパソコンやスマートフォンに苦手意識があるらしく、自宅にはいまだインターネット環境が整備されていない。手紙でのコミュニケーションなら不慣れなものを使わずにすむうえ、手書きの文字から成長ぶりやぬくもりが感じられてうれしく、いつもくり返し読んでいると言ってくれる。祖父母のことを考えながら手紙を書く、豊かでおだやかな時間が私はとても好きだ。

適性検査Ⅱ ＜適性検査型MT①試験＞（50分）＜満点：100点＞

解　答

1　**問題１**　グループ３／**求める過程**…（例）　A組の人数23人に出席番号22を足すと，23＋22＝45になる。これを３で割ると，45÷３＝15となり，余りは０だから，グループ３となる。　**問題２**　下の表を参照のこと。　**問題３**　(あ)　３個　(い)　６個　(う)　９個　(え)　165個／**式**…（例）　３＋６＋９＋12＋15＋18＋21＋24＋27＋30

16段目		1	0	0	2	0	0	1	0	0	1	0	0	2	0	0	1	
17段目	1	1	0	2	2	0	1	1	0	1	1	0	2	2	0	1	1	
18段目	1	2	1	2	1	2	1	2	1	1	2	1	2	1	2	1	2	1

2 **問題１** （例） インターネットの利用方法が，SNSの利用をしたり，ニュースを見たりすることから，ショッピングやビデオ会議など使い方が広範囲になってきた。このことが保有率の上昇につながったと考えられる。 **問題２** （約）３（億人） **問題３** （例） 製品をリサイクルした後，分解して必要な金属のみを取り出すことに多大な技術と資金を必要とするから，企業の負担が減るように，製品の料金に最初からリサイクル費用を上乗せして販売すると良いと思う。 **問題４** （例） 運輸・郵便業／車などを使って各家庭に直接配達することが主な業務なので，テレワークでは対応できない業務が多いから。

3 **問題１** (1) $\frac{360\times b}{a}$ (2) 46250 (3) （例） アレクサンドリアとシエネは南北に一直線上に位置していないので，２地点間の距離を大きく見積もってしまっているため。 **問題２** (1) ③ 1800 ④ 25 ⑤ 0.8 ⑥ 64 (2) 41472km／**式や考え方**…（例） $360\times 64\div \frac{1}{1800}\div 1000=360\times 64\times \frac{1800}{1}\div 1000=41472$(km) (3) （例） 地球は自転しているので，自転軸から最も距離が長い赤道上に大きな遠心力がかかるため，赤道方向に引き伸ばされたような形になっているから。

Memo

Memo

Memo

2025年度用

中学スーパー過去問

■編集人　声の教育社・編集部
■発行所　株式会社　声の教育社

〒162-0814　東京都新宿区新小川町8-15
☎03-5261-5061(代)　FAX03-5261-5062
https://www.koenokyoikusha.co.jp

※本書の内容についての一切の責任は当社にあります。内容・解説・解答・その他は当社ホームページよりお問い合わせ下さい。

カコを追いかけ
ミライをつかめ
「今の説明、もう一回」を何度でも
web過去問
ストリーミング配信による入試問題の解説動画
もっと古いカコモンないの？
カコ過去問
「さらにカコの」過去問をHPに掲載（DL）
声の教育社
詳しくはこちらから

ストリーミング配信による入試問題の解説動画

2025年度用web過去問　ラインナップ

■ **男子・女子・共学(全動画) 見放題**
36,080円(税込)

■ **男子・共学 見放題**
29,480円(税込)

■ **女子・共学 見放題**
28,490円(税込)

● 中学受験「声教web過去問(過去問プラス・過去問ライブ)」(算数・社会・理科・国語)

3〜5年間 **24校**

過去問プラス

麻布中学校	桜蔭中学校	開成中学校	慶應義塾中等部	渋谷教育学園渋谷中学校
女子学院中学校	筑波大学附属駒場中学校	豊島岡女子学園中学校	広尾学園中学校	三田国際学園中学校
早稲田中学校	浅野中学校	慶應義塾普通部	聖光学院中学校	市川中学校
渋谷教育学園幕張中学校	栄東中学校			

過去問ライブ

栄光学園中学校	サレジオ学院中学校	中央大学附属横浜中学校	桐蔭学園中等教育学校	東京都市大学付属中学校
フェリス女学院中学校	法政大学第二中学校			

● 中学受験「オンライン過去問塾」(算数・社会・理科)

3〜5年間 **50校以上**

東京	青山学院中等部	東京	国学院大学久我山中学校	東京	明治大学付属明治中学校	千葉	芝浦工業大学柏中学校	埼玉	栄東中学校
	麻布中学校		渋谷教育学園渋谷中学校		早稲田中学校		渋谷教育学園幕張中学校		淑徳与野中学校
	跡見学園中学校		城北中学校		都立中高一貫校 共同作成問題		昭和学院秀英中学校		西武学園文理中学校
	江戸川女子中学校		女子学院中学校		都立大泉高校附属中学校		専修大学松戸中学校		獨協埼玉中学校
	桜蔭中学校		巣鴨中学校		都立白鷗高校附属中学校		東邦大学付属東邦中学校		立教新座中学校
	鷗友学園女子中学校		桐朋中学校		都立両国高校附属中学校		千葉日本大学第一中学校	茨城	江戸川学園取手中学校
	大妻中学校		豊島岡女子学園中学校	神奈川	神奈川大学附属中学校		東海大学付属浦安中等部		土浦日本大学中等教育学校
	海城中学校		日本大学第三中学校		桐光学園中学校		麗澤中学校		茗渓学園中学校
	開成中学校		雙葉中学校		県立相模原・平塚中等教育学校		県立千葉・東葛飾中学校		
	開智日本橋中学校		本郷中学校		市立南高校附属中学校		市立稲毛国際中等教育学校		
	吉祥女子中学校		三輪田学園中学校	千葉	市川中学校	埼玉	浦和明の星女子中学校		
	共立女子中学校		武蔵中学校		国府台女子学院中学部		開智中学校		

web過去問 Q&A

過去問が動画化！
声の教育社の編集者や中高受験のプロ講師など、
過去問を知りつくしたスタッフが動画で解説します。

Q **どこで購入できますか？**
A 声の教育社のHPでお買い求めいただけます。

Q **受講にあたり、テキストは必要ですか？**
A 基本的には過去問題集がお手元にあることを前提としたコンテンツとなっております。

Q **全問解説ですか？**
A 「オンライン過去問塾」シリーズは基本的に全問解説ですが、国語の解説はございません。「声教web過去問」シリーズは合格のカギとなる問題をピックアップして解説するもので、全問解説ではございません。なお、「声教web過去問」と「オンライン過去問塾」のいずれでも取り上げられている学校がありますが、授業は別の講師によるもので、同一のコンテンツではございません。

Q **動画はいつまで視聴できますか？**
A ご購入年度２月末までご視聴いただけます。
複数年視聴するためには年度が変わるたびに購入が必要となります。

よくある解答用紙のご質問

01
実物のサイズにできない

　拡大率にしたがってコピーすると，「解答欄」が実物大になります。配点などを含むため，用紙は実物よりも大きくなることがあります。

02
A3用紙に収まらない

　拡大率164％以上の解答用紙は実物のサイズ（「出題傾向＆対策」をご覧ください）が大きいために，Ａ３に収まらない場合があります。

03
拡大率が書かれていない

　複数ページにわたる解答用紙は，いずれかのページに拡大率を記載しています。どこにも表記がない場合は，正確な拡大率が不明です。

04
１ページに２つある

　１ページに２つ解答用紙が掲載されている場合は，正確な拡大率が不明です。ほかの試験回の同じ教科をご参考になさってください。

工学院大学附属中学校

【別冊】入試問題解答用紙編

禁無断転載

解答用紙は本体からていねいに抜きとり、別冊としてご使用ください。

※　実際の解答欄の大きさで練習するには、指定の倍率で拡大コピーしてください。なお、ページの上下に小社作成の見出しや配点を記載しているため、コピー後の用紙サイズが実物の解答用紙と異なる場合があります。

●入試結果表

— は非公表

年度	回	項目	国語	算数	社会	理科	2科合計	4科合計	2科合格	4科合格
2024	第１回A	配点(満点)	100	100	50	50	200	300	最高点	最高点
		合格者平均点	—	—	—	—	—	—	145	208
		受験者平均点	53.1	42.7	29.8	32.5	95.8	158.1	最低点	最低点
		キミの得点							109	158
	第１回B	配点(満点)	100	100			200		最高点	
		合格者平均点	—	—			—		159	
		受験者平均点	53.1	55.5			108.6		最低点	
		キミの得点							109	
	回	項目	適性Ⅰ	適性Ⅱ			適性合計		適性合格	
	適性検査型ＭＴ①	配点(満点)	100	100			200		最高点	
		合格者平均点	—	—			—		158	
		受験者平均点	63.0	52.5			115.5		最低点	
		キミの得点							110	
年度	回	項目	国語	算数	社会	理科	2科合計	4科合計	2科合格	4科合格
2023	第１回A	配点(満点)	100	100	50	50	200	300	最高点	最高点
		合格者平均点	—	—	—	—	—	—	163	227
		受験者平均点	49.1	57.7	29.3	25.3	106.8	161.4	最低点	最低点
		キミの得点							120	169
	第１回B	配点(満点)	100	100			200		最高点	
		合格者平均点	—	—			—		183	
		受験者平均点	44.9	57.8			102.7		最低点	
		キミの得点							112	
	回	項目	適性Ⅰ	適性Ⅱ			適性合計		適性合格	
	適性検査型ＭＴ①	配点(満点)	100	100			200		最高点	
		合格者平均点	—	—			—		—	
		受験者平均点	—	—			—		最低点	
		キミの得点							—	
年度	回	項目	国語	算数	社会	理科	2科合計	4科合計	2科合格	4科合格
2022	第１回A	配点(満点)	100	100	50	50	200	300	最高点	最高点
		合格者平均点	—	—	—	—	—	—	172	222
		受験者平均点	54.9	53.9	33.2	24.6	108.8	166.6	最低点	最低点
		キミの得点							115	155
	第１回B	配点(満点)	100	100			200		最高点	
		合格者平均点	—	—			—		176	
		受験者平均点	51.8	55.1			106.9		最低点	
		キミの得点							110	

〔参考〕：適性検査型ＭＴ①の合格者最低点、合格者平均点、受験者平均点は非公表です。

※　表中のデータは学校公表のものです。ただし、２科合計・４科合計は各教科の平均点を合計したものなので、目安としてご覧ください。

声の教育社

２０２４年度　　工学院大学附属中学校　第１回Ａ

算数解答用紙

番号		氏名	

評点	／100

1

(1)	(2)	(3)	(4)	(5)

2

(1)	(2)	(3)
通り	cm^2	cm^2
(4)	(5)	(6)
点	円	曜日

3

(1)	(2)	(3)
毎時　km	時間　分	km

4

(1)	(2)	(3)
cm^2	個	cm^3

5

(1)	(2)		(3)
g	g 以上	g 以下	g

（注）この解答用紙は実物を縮小してあります。Ｂ５→Ｂ４（141%）に拡大コピーすると、ほぼ実物大の解答欄になります。

〔算　数〕100点（推定配点）

1～5　各５点×20＜5の(2)は完答＞

２０２４年度　工学院大学附属中学校　第１回Ａ

社会解答用紙

番号		氏名		評点	／50

1

問１　あ　い　う

問２

問３　(1)　(2)

問４　(1)　(2)　(3)　(4)　(5)

問５

問６

2

問１　問２　問３

問４　問５　問６

問７　問８

問９　→　→　→　→

3

問１

問２　シンボルマークやイラスト　説明

（注）この解答用紙は実物を縮小してあります。Ｂ５→Ａ３(163%)に拡大コピーすると、ほぼ実物大の解答欄になります。

〔社　会〕50点(推定配点)

1　問１～問４　各２点×11　問５　１点　問６　２点　2　問１～問３　各１点×３　問４　２点　問５　１点　問６～問９　各２点×４<問９は完答>　3　問１　３点　問２　シンボルマークやイラスト…３点，説明…５点

２０２４年度　工学院大学附属中学校　第１回Ａ

理科解答用紙

番号		氏名	

評点	／50

1

問 1	問 2	問 3
問 4	問 5	問 6

2

問 1	問 2	問 3
問 4	問 5	問 6

3

問 1	問 2	問 3
問 4	問 5 (X)	問 5 (Z)

4

問 1 A	問 1 B	問 1 C
問 1 D	問 1 E	問 2

（注）この解答用紙は実物を縮小してあります。Ｂ５→Ｂ４(141%)に拡大コピーすると、ほぼ実物大の解答欄になります。

〔理　科〕50点(推定配点)

1　各２点×６　2　問１　３点　問２～問６　各２点×５　3　問１～問４　各２点×４<問２は完答>　問５　(X)　２点　(Z)　３点　4　各２点×６

２０２４年度　工学院大学附属中学校　第一回A

国語解答用紙　No. 1

番号　　氏名　　評点　／100

一

問一

問二

問三

問四

問五

二

問一

問二

問三　クオリアを知るためだからといって

から。

問四　2　3　4　5

問五

問六

から。

2024年度　工学院大学附属中学校　第一回A

国語解答用紙　No. 2

二　問七

問八　(a)　(b)　(c)
(d)　(e)

三　問一　問二

問三　2　3　4　5　6

問四

問五　A

B

問六　問七

問八　(a)　(b)　えた　(c)
(d)　(e)

（注）この解答用紙は実物を縮小してあります。B5→B4（141%）に拡大コピーすると、ほぼ実物大の解答欄になります。

〔国　語〕100点(推定配点)

一　問1　4点　問2　7点　問3～問5　各4点×3　二　問1～問3　各4点×3　問4　各2点×4　問5～問7　各4点×3　問8　(a)～(c)　各2点×3　(d)　1点　(e)　2点　三　問1，問2　各3点×2　問3　各1点×5　問4～問6　各4点×4　問7　3点　問8　(a)，(b)　各1点×2　(c)　2点　(d)，(e)　各1点×2

２０２４年度　工学院大学附属中学校　第１回Ｂ

算数解答用紙

番号		氏名		評点	／100

1

(1)	(2)	(3)	(4)	(5)

2

(1)	(2)	(3)
個	cm^2	度
(4)	(5)	(6)
枚	日	%

3

(1)	(2)	(3)
分	時　分	毎時　km

4

(1)	(2)	(3)
cm	：	cm

5

(1)	(2)	(3)
		個

〔算　数〕100点(推定配点)

1～5　各５点×20

（注）この解答用紙は実物を縮小してあります。Ｂ５→Ｂ４（141％）に拡大コピーすると、ほぼ実物大の解答欄になります。

２０２４年度　工学院大学附属中学校　第一回B

国語解答用紙　No. 1

番号
氏名
評点　／100

一

問一

問二

問三　ということ。

問四

二

問一

問二

問三

問四　こと。

問五

問六

問七
・方法
・経験

２０２４年度　工学院大学附属中学校　第一回B

国語解答用紙　No.２

二

問八　ア　イ　ウ　エ

問九　(a)　(b)　(c)

(d)　いられる　(e)

三

問一

問二

問三

問四

問五　→　→　→　→

問六

問七

問八

問九　(a)　って　(b)　(c)

(d)　(e)　らげて

(注) この解答用紙は実物を縮小してあります。B５→B４(141%)に拡大コピーすると、ほぼ実物大の解答欄になります。

〔国　語〕100点(推定配点)

一　問１　５点　問２　３点　問３　４点　問４　３点　二　問１，問２　各４点×2　問３　３点　問４　４点　問５　３点　問６　７点　問７　６点　問８　各２点×4　問９　(a)　１点　(b)，(c)　各２点×2　(d)　１点　(e)　２点　三　問１　３点　問２　４点　問３　５点　問４～問６　各４点×3<問５は完答>　問７　３点　問８　４点　問９　(a)～(c)　各１点×3　(d)，(e)　各２点×2

２０２４年度　工学院大学附属中学校　適性検査型ＭＴ①

適性検査Ⅱ解答用紙　No.１

番号		氏名		評点	／100

1

〔問題１〕

①	(あ)	(式)
②	(い)	(式)

〔問題２〕

〔問題３〕

(う)	(え)

求める過程

適性検査Ⅱ解答用紙　No.２

2

〔問題１〕

(あ)

ショッピング

〔問題２〕

あなたの考え

〔問題３〕

不足する理由

あなたの考え

適性検査Ⅱ解答用紙　No.３

3　〔問題１〕

(1)	①
(2)	m
(3)	②　　③
(4)	④ 理由

〔問題２〕

(1)	
(2)	図3

図3

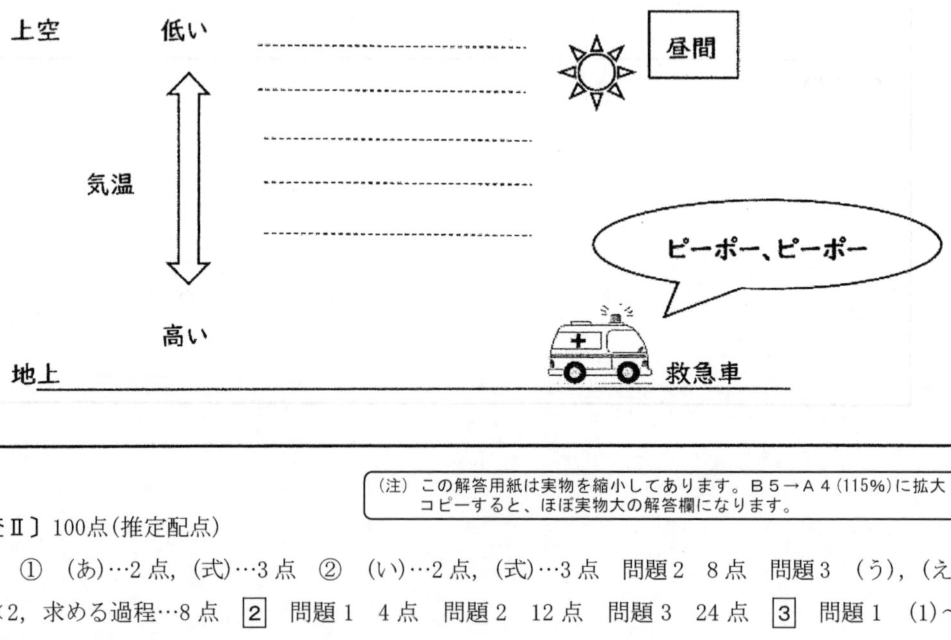

（注）この解答用紙は実物を縮小してあります。Ｂ５→Ａ４(115%)に拡大コピーすると、ほぼ実物大の解答欄になります。

〔適性検査Ⅱ〕100点(推定配点)

1　問題１　①　(あ)…２点，(式)…３点　②　(い)…２点，(式)…３点　問題２　８点　問題３　(う)，(え)…各２点×2，求める過程…８点　2　問題１　４点　問題２　12点　問題３　24点　3　問題１　(1)～(3)　各３点×4　(4)　９点　問題２　(1)　３点　(2)　６点

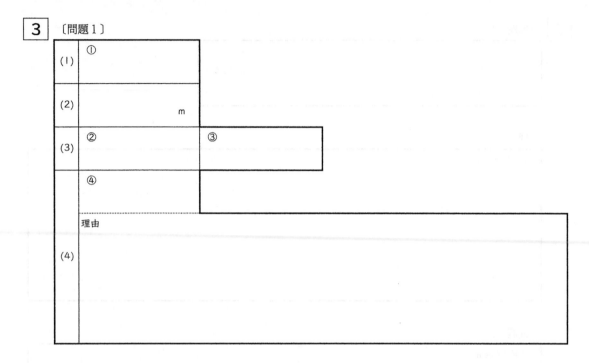

適性検査Ｉ解答用紙

番号		氏名		評点	/100

〔問題１〕

100

〔問題２〕

50

〔問題３〕

100

200

300

400

（注）この解答用紙は実物を縮小してあります。169％拡大コピーをすると、ほぼ実物大の解答欄になります。

〔適性検査Ｉ〕100点(推定配点)

問題１　25点　問題２　15点　問題３　60点

２０２３年度　工学院大学附属中学校　第１回Ａ

算数解答用紙　No.１

番号		氏名	

評点	／100

1

(1)	(2)	(3)	(4)

2

(1)	(2)	(3)	(4)
	度	cm^2	才

(5)	(6)
%	人

3

(1)	(2)	(3)
毎秒　　m	秒	秒

4

(1)	(2)	(3)

算数解答用紙　No.２

5

(1)	(2)
枚	枚

(3)
＜考え方＞ 答え（　　　　　枚）

（注）この解答用紙は実物を縮小してあります。Ｂ５→Ｂ４（141%）に拡大コピーすると、ほぼ実物大の解答欄になります。

〔算　数〕100点(推定配点)

1　各５点×４　2～4　各６点×12　5　(1)，(2)　各２点×２　(3)　４点

2023年度　工学院大学附属中学校　第1回A

社会解答用紙

番号		氏名		評点	／50

1

問1	(1)
	(2)　地球は24時間かけて1周するから、1時間では360°÷24＝15°進む。 日本は、

問2		問3		問4		問5	

2

問1	A　　県	B　　県	C　　県
	D　　県	E　　県	F　　県
問2	A	B	C
	D	E	F

3

問1	A				B					
問2	ア				イ					
問3	(1)		(2)		問4	→　→　→　→				
問5										
問6			問7							
問8	(あ)		(い)		(う)		(え)		(お)	
問9										

4

問1	
問2①	写真ア
	写真イ
問2②	行動が異なる理由とあなたの考え

（注）この解答用紙は実物を縮小してあります。Ｂ５→Ａ３(163%)に拡大コピーすると、ほぼ実物大の解答欄になります。

〔社　会〕50点(推定配点)

1　問1　(1)　1点　(2)　2点　問2～問5　各1点×4　2　問1　各2点×6　問2　各1点×6　3　問1～問4　各1点×7＜問4は完答＞　問5　2点　問6～問8　各1点×7　問9　2点　4　問1　1点　問2　各2点×3

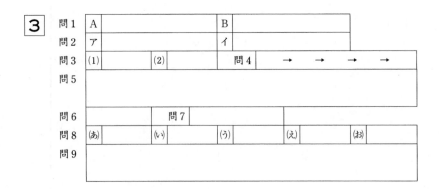

２０２３年度　　工学院大学附属中学校　第１回Ａ

理科解答用紙

番号		氏名		評点	／50

1

問１（ア）	問１（イ）	問２ （種類）
問３ （種類）	問４ （種類）	問５

2

問１	問２	問３
問４	問５	問６

3

問１	問２	問３	問４
問５①	問５②	問６	

4

問１	問２	問３
問４	問５ mL	問６ mL

（注）この解答用紙は実物を縮小してあります。Ｂ５→Ｂ４（141%）に拡大コピーすると、ほぼ実物大の解答欄になります。

〔理　科〕50点（推定配点）

1～4　各２点×25

二〇二三年度　工学院大学附属中学校　第一回A

国語解答用紙　No. 1

番号

氏名

評点　/100

一

問一

問二

問三

問四　季節

様子

二

問一

問二　1

2

問三

問四　もの。

問五　4

5

問六　あ

い

う

え

二〇二三年度　工学院大学附属中学校　第1回A

国語解答用紙　No.2

二

問七　(a)　　(b)　ね　　(c)

(d)　　(e)　やす　　(f)

三

問一

問二

問三　　問四

問五
・
・

問六　→　→ウ→　→　→

問七　　問八

問九　いつ / 原因

問十　(a)　　(b)　める　　(c)

(d)

（注）この解答用紙は実物を縮小してあります。B5→B4（141%）に拡大コピーすると、ほぼ実物大の解答欄になります。

〔国　語〕100点（推定配点）

一　問1　5点　問2，問3　各4点×2　問4　7点　二　問1　4点　問2，問3　各2点×3　問4　3点　問5　各1点×2　問6　各4点×4　問7　(a)，(b)　各1点×2　(c)，(d)　各2点×2　(e)　1点　(f)　2点　三　問1　2点　問2　3点　問3，問4　各2点×2　問5　各4点×2　問6　5点<完答>　問7，問8　各2点×2　問9　各4点×2　問10　(a)　1点　(b)　2点　(c)　1点　(d)　2点

２０２３年度　工学院大学附属中学校　第１回Ｂ

算数解答用紙　No.１

番号		氏名	

評点	／100

1

(1)	(2)	(3)	(4)

2

(1)	(2)	(3)	(4)
	度	cm^2	回転

(5)	(6)
円	人

3

(1)	(2)	(3)
：	m	毎秒　m

4

(1)	(2)	(3)
cm^3	cm	cm^3

算数解答用紙　No.２

5

(1)	(2)
g	%

(3)

＜考え方＞

答え（　　　　g）

（注）この解答用紙は実物を縮小してあります。Ｂ５→Ｂ４（141%）に拡大コピーすると、ほぼ実物大の解答欄になります。

〔算　数〕100点(推定配点)

1　各５点×４　2～4　各６点×12　5　(1)，(2)　各２点×２　(3)　４点

二〇二三年度　工学院大学附属中学校　第一回B

国語解答用紙　No. 1

番号　　氏名　　評点　／100

一

問一　問二　問三

問四　A　B

二

問一

問二

問三

問四　2　3

問五　問六

問七　(a)　(b)　(c)　(d)　(e)

二〇二三年度　　工学院大学附属中学校　第1回B

国語解答用紙　No. 2

三

問一

問二

問三

問四

問五　　　　点。

問六

問七

問八　(a)　(b)　(c)　(d)　なで　(e)

（注）この解答用紙は実物を縮小してあります。B5→B4(141%)に拡大コピーすると、ほぼ実物大の解答欄になります。

〔国　語〕100点(推定配点)

一 問1, 問2　各3点×2　問3　4点　問4　各5点×2　二 問1　8点　問2　6点　問3　2点　問4　各5点×2　問5　2点　問6　4点　問7　(a)　1点　(b)～(d)　各2点×3　(e)　1点　三 問1　2点　問2　5点　問3　7点　問4　5点　問5　7点　問6　3点　問7　4点　問8　(a)　1点　(b), (c)　各2点×2　(d), (e)　各1点×2

適性検査Ⅱ解答用紙　No.1

番号		氏名		評点	／100

1

〔問題１〕

5枚目のカード

<3, 2>の数字

〔問題２〕

(ア)	(イ)	(ウ)	(エ)

(エ)の求め方

〔問題３〕

(1)

(2)　<　　,　　>

２０２３年度　　工学院大学附属中学校　適性検査型ＭＴ①

適性検査Ⅱ解答用紙　No.２

2

〔問題１〕

(あ)	(い)	(う)	(え)
代	代		

〔問題２〕

あなたの考え

〔問題３〕

より良い形
院制

長所
短所
短所の改善策

適性検査Ⅱ解答用紙　No.３

３　〔問題１〕

(1)	cm
(2)	cm
(3)	(あ) 理由

〔問題２〕

(1)		
(2)	理由	
(3)	(い)	(う)

（注）この解答用紙は実物を縮小してあります。Ｂ５→Ａ４（115％）に拡大コピーすると、ほぼ実物大の解答欄になります。

〔適性検査Ⅱ〕100点（推定配点）

１　問題１　各３点×２　問題２　各４点×５　問題３　(1)　４点　(2)　３点　２　問題１　各２点×４　問題２　11点　問題３　長所…６点，短所…６点，短所の改善策…６点＜「より良い形」の記入がないときには採点しない＞　３　問題１　(1)，(2)　各４点×２　(3)　番号…２点，理由…４点　問題２　(1)　４点　(2)　番号…２点，理由…４点　(3)　各３点×２

二〇二三年度　工学院大学附属中学校　適性検査型MT①

適性検査Ⅰ解答用紙

番号		氏名		評点	/100

〔問題1〕

20　40　60　80　90

〔問題2〕

20　40　60

〔問題3〕

100　200　300　400

（注）この解答用紙は実物を縮小してあります。169％拡大コピーをすると、ほぼ実物大の解答欄になります。

〔適性検査Ⅰ〕100点(推定配点)

問題1　25点　問題2　15点　問題3　60点

2022年度　工学院大学附属中学校　第１回Ａ

算数解答用紙　No.１

番号		氏名		評点	／100

1

(1)	(2)	(3)	(4)

2

(1)	(2)	(3)	(4)
通り	度	cm^2	年後

(5)	(6)
円	点

3

(1)	(2)	(3)
毎時　km	時間　分後	km

4

(1)	(2)	(3)
cm	cm^2	cm^2

算数解答用紙　No.２

5

(1)			
ア	イ	ウ	エ

(2)
答え（　　　　　　）

（注）この解答用紙は実物を縮小してあります。Ｂ５→Ｂ４（141%）に拡大コピーすると、ほぼ実物大の解答欄になります。

〔算　数〕100点(推定配点)

1　各５点×4　2〜4　各６点×12　5　(1)　各１点×4　(2)　４点＜完答＞

2022年度　工学院大学附属中学校　第1回A

社会解答用紙

番号		氏名		評点	／50

1

問1	①	②	
	③		
問2		問3	
問4	記号		
	自然条件		
問5	(1)	(2)	(3)

2

問1	①	②	
問2		問3	
問4			

3

問1	(1)	(2)			
問2	(1)	(2)			
問3		問4		問5	
問6	(あ)	(い)	(う)		
問7		問8			

4

問1	
問2	

（注）この解答用紙は実物を縮小してあります。B５→B４(141%)に拡大コピーすると、ほぼ実物大の解答欄になります。

〔社　会〕50点(推定配点)

1　問1，問2　各2点×4　問3　1点　問4　記号…1点，自然条件…2点　問5　各1点×3　2　各2点×5　3　問1，問2　各2点×4　問3～問5　各1点×3　問6　各2点×3　問7，問8　各1点×2　4　各3点×2

２０２２年度　工学院大学附属中学校　第１回Ａ

理科解答用紙

番号		氏名		評点	／50

1

問１	問２	問３		
問４	問５			

2

問１	問２	問３	問４	問５	問６

3

問１（電気用図記号を使用し、丁寧《ていねい》にかく）

問２（電気用図記号を使用し、丁寧にかく）

問３

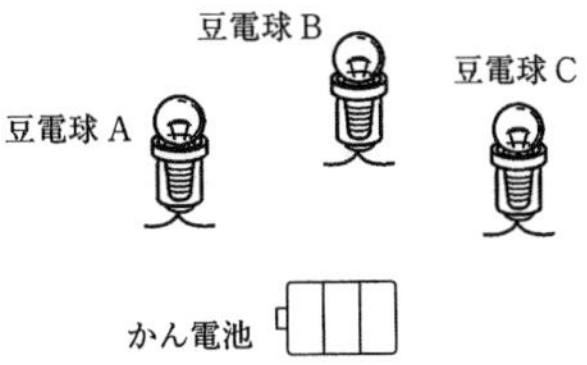

問４

問５

4

問１	問２	問３
問４		問５
問６		

（注）この解答用紙は実物を縮小してあります。Ｂ５→Ａ３（163％）に拡大コピーすると、ほぼ実物大の解答欄になります。

〔理　科〕50点（推定配点）

1　問１　３点　問２～問５　各２点×５　2　各２点×６　3　問１，問２　各１点×６　問３　３点　問４，問５　各２点×２　4　各２点×６

二〇二三年度　工学院大学附属中学校　第一回A

国語解答用紙　No. 1

番号

氏名

評点　/100

一

問一

問二

問三

問四

二

問一

問二

問三

問四

(1) 出来事

(2) 想定できるトラブル

(3) 手立て

問五

2

3

問六

(a)

(b)

(c)

(d)

(e) かれた

二〇二二年度　工学院大学附属中学校　第1回A

国語解答用紙　No. 2

三

問一

問二

問三

問四　1　2　3

問五　問六

問七

問八　(a)　(b)がって　(c)り　(d)てて　(e)えた

（注）この解答用紙は実物を縮小してあります。B5→B4（141%）に拡大コピーすると、ほぼ実物大の解答欄になります。

〔国　語〕100点(推定配点)

一　問1　4点　問2　5点　問3　4点　問4　7点　二　問1　4点　問2　6点　問3　4点　問4　(1)　3点　(2), (3)　各5点×2　問5　各3点×2　問6　(a)　1点　(b), (c)　各2点×2　(d), (e)　各1点×2　三　問1～問3　各4点×3<問2は完答>　問4　各2点×3　問5, 問6　各4点×2　問7　6点　問8　(a)　1点　(b)～(d)　各2点×3　(e)　1点

２０２２年度　工学院大学附属中学校　第１回Ｂ

算数解答用紙　No.１

番号		氏名	

評点	／100

1

(1)	(2)	(3)	(4)

2

(1)	(2)	(3)	(4)
	度	cm^2	本

(5)	(6)
g	ページ

3

(1)	(2)	(3)
毎時　km	回	時　分　秒

4

(1)	(2)	(3)
cm^3		cm^3

算数解答用紙　No. 2

5

(1)	(2)
円	個以上

(3)

＜考え方＞

答え（　　　　　　個）

（注）この解答用紙は実物を縮小してあります。Ｂ５→Ｂ４（141%）に拡大コピーすると、ほぼ実物大の解答欄になります。

〔算　数〕100点(推定配点)

1 各５点×4　2〜4 各６点×12　5 (1), (2) 各２点×2　(3) ４点

二〇二二年度　工学院大学附属中学校　第一回B

国語解答用紙

番号		氏名		評点	/100

一

問一　問二

問三　問四　問五

二

問一　問二

問三　問四　あ　い　う

問五

問六　問七

問八 (a)　る　(b)

(c)　じている　(d)

三

問一　から。

問二

問三

問四

問五

問六

問七 (a)　つ　(b)　(c)　す

(d)　き　(e)　な　(f)

(注) この解答用紙は実物を縮小してあります。B５→A３（163%）に拡大コピーすると、ほぼ実物大の解答欄になります。

〔国　語〕100点(推定配点)

一　各４点×５　二　問１～問３　各４点×３　問４　各２点×３　問５　８点　問６　５点　問７　４点　問８　(a)～(c)　各１点×３　(d)　２点　三　問１　５点　問２　４点　問３　７点　問４　３点　問５　７点　問６　４点　問７　(a), (b)　各１点×２　(c)～(f)　各２点×４

２０２２年度　　工学院大学附属中学校　適性検査型ＭＴ①

適性検査Ⅱ解答用紙　No. 1

番号		氏名		評点	／100

1　〔問題１〕

求める過程

答え
グループ（　　　）

〔問題２〕

1段目　1
2段目　1 1
3段目　1 2 1
4段目　1 0 0 1
5段目　1 1 0 1 1
6段目　1 2 1 1 2 1
7段目　1 0 0 2 0 0 1
8段目　1 1 0 2 2 0 1 1
9段目　1 2 1 2 1 2 1 2 1
10段目　1 0 0 0 0 0 0 0 0 1
11段目　1 1 0 0 0 0 0 0 0 1 1
12段目　1 2 1 0 0 0 0 0 0 1 2 1
13段目　1 0 0 1 0 0 0 0 0 1 0 0 1
14段目　1 1 0 1 1 0 0 0 0 1 1 0 1 1
15段目　1 2 1 1 2 1 0 0 0 1 2 1 1 2 1
16段目
17段目
18段目

〔問題３〕

(あ)　個	(い)　個	(う)　個	(え)　個
式			

適性検査Ⅱ解答用紙　No.２

2　〔問題１〕

理由

〔問題２〕

(あ)
約　　　　億人

〔問題３〕

あなたの考え

〔問題４〕

業種

理由

適性検査Ⅱ解答用紙　No.３

3　〔問題１〕

(1)	式
(2)	
(3)	

〔問題２〕

(1)	③	④	⑤	⑥
(2)	式や考え方			
	答え			
(3)				

（注）この解答用紙は実物を縮小してあります。Ｂ５→Ａ４(115%)に拡大コピーすると、ほぼ実物大の解答欄になります。

〔適性検査Ⅱ〕100点(推定配点)

1　問題１，問題２　各８点×２　問題３　(あ)～(え)　各３点×４　式　２点　2　問題１　12点　問題２　４点　問題３，問題４　各12点×２　3　問題１　各３点×３　問題２　(1)　各２点×４　(2)　９点　(3)　４点

二〇二二年度　工学院大学附属中学校　適性検査型ＭＴ①

適性検査Ⅰ解答用紙

番号		氏名	

評点	/100

〔問題一〕

〔問題二〕

〔問題三〕

(注) この解答用紙は実物を縮小してあります。172%拡大コピーをすると、ほぼ実物大の解答欄になります。

〔適性検査Ⅰ〕100点(推定配点)

問題1，問題2　各20点×2　問題3　60点

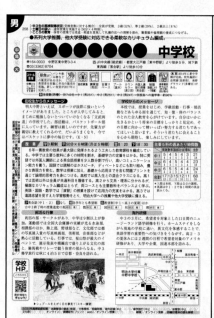